아! 그렇구나

# 우리 역사

근대

＊ ＊ ＊
이 책에 관해 궁금한 점이 있으면 서영희 선생님께 이메일로 문의하세요.
이메일 주소 : suhyh@kpu.ac.kr
＊ ＊ ＊

아! 그렇구나
우리 역사

⑫ 근대

2012년 4월 10일 1판 1쇄 펴냄
2014년 3월 10일 1판 2쇄 펴냄

글쓴이 · 서영희
펴낸이 · 조영준

책임 편집 및 교열 교정 · 최영옥
본문 디자인 · 골무
그림 · 김수희


펴낸곳 · 여유당출판사 | 출판등록 · 395-2004-00068
주소 · 서울 마포구 서교동 451-48(2층)
전화 · 02-326-2345 | 팩스 · 02-326-2335
이메일 · yybooks@hanmail.net
블로그 · http//blog.naver.com/yeoyoubooks

ISBN 978-89-92351-03-4
ISBN 978-89-955552-0-0(전15권)

ⓒ 서영희 · 여유당, 2012
협약에 따라 인지를 붙이지 않습니다.

이 도서의 국립중앙도서관 출판시도서목록(CIP)은 e-CIP 홈페이지(http://www.nl.go.kr/ecip)와
국가자려공동목록시스템(http://www.nl.go.kr/kolisnet)에서이용하실 수 있습니다.
(CIP제어번호:CIP2012000972)

* 이 책은 한국간행물윤리위원회의 1인 출판사 지원 사업 당선작입니다.

아! 그렇구나

# 우리 역사

## ⑫
## 근대

서영희 지음

여유당

# 아! 그렇구나 우리 역사 – 근대 편을 펴내며

2011년에는 《아! 그렇구나 우리 역사》 시리즈를 반드시 완간할 것이라 다짐이 다시 무색하게 무너지고 만 지난 한 해였습니다. 기다리다 지칠 만도 하련만 이 시리즈의 완간을 기다리던 독자들은 새해에 들어서도 한편으로 성화를, 한편으로는 재촉의 전화를 잊지 않았습니다. 특히나 순서상 일제 강점기 편이 먼저 출간된 터라 열두 번째 책인 근대 편을 무척이나 서둘렀으나, 책마다 생기는 변수를 어찌 할 수가 없었습니다. 어쨌든 근대 편은 예상치 못한 우여곡절 끝에 2012년 봄날에 들어 출간을 하게 되었습니다.

《아! 그렇구나 우리 역사》 1권(원시 시대 편)을 출간할 때까지만 해도 어린이·청소년층을 위한 역사 관련 책들을 찾기가 쉽지 않았으나, 10년이 지난 지금에 이르러서는 무척 다양한 역사 책들이 여러 출판사에서 쏟아졌습니다. 그런 가운데서도 이 시리즈가 독자들뿐만 아니라 여러 분야의 관계자들에게 소중한 자료로, 혹은 읽기 쉽고 재미있는 통사로서 자리매김했다는 사실에 적잖은 보람을 느낍니다.

한 사람이 태어나서 성장하는 동안 그때 그때 두루 많은 변화와 추억이 뒤따르듯이, 세상은 날마다 수많은 변화와 사건으로 채워집니다. 특히 강대국을 주변에 둔 동북아 정세는 분단 국가인 우리나라에 아주 민감하고 중요한 사안이라 여겨집니다. 우리와 일본은 독도 문제로 해묵은 분쟁을 거듭해 오고 있으며, 중국은 동북 공정을 들먹이며 고구려·발해 역사를 중국 역사로 규정하고 있는 실정입니다. 러시아와 일본, 중국과 일본은 제각기 영토 분쟁을 해결하지 못한 채 갈등의 불씨를 품고 있습니다. 또한 서해는 분단된 상태에서 서로 한 치를 양보할 수 없는 NLL(북방 한계선)을 놓고 남과 북이 끊임없이 대치하고 있는 화약고입니다. 오늘날 이 땅에 살고 있는 우리가 우리 역사를 제대로 이해하고 제대로 바라봐야 할 이유입니다.

따라서 우리 역사는 한낱 조상들이 남긴 흔적만이 아니라, 자신의 가치관을 여물게 하는 귀중한 텃밭이요, 세계 무대에서 한국인이라는 자신감으로 당당히 어깨를 나란히 할 수 있는 핏줄 같은 유산임을 잊지 않아야 합니다. 비록 오늘날 교육 현장에서 역사(국사)

과목이 필수가 아닌 선택이라는 초라한 대접을 받을지라도, 오래도록 이어 온 역사에 대한 잘못된 인식을 꿈 많은 10대들에게 그대로 물려줄 수는 없습니다.

지금은 전문가가 직접 쓴 책도 눈에 띄지만, 초·중학생이 좀 더 체계적으로 우리 역사를 꿰어 볼 수 있는 책은 여전히 많지 않습니다. 이 시리즈는 10대의 눈높이에 맞춰 서술한 책입니다. 역사의 의미를 제대로 이해할 수 있게 관점을 제시하며, 역사 이해의 근거로서 봐야 할 풍부한 유적·유물 자료, 상상력을 도와주는 바람직한 삽화, 게다가 청소년이 읽기에 적절한 활자의 크기와 종이 질감 등을 고민한 책이 꼭 필요하다는 판단 아래 이 시리즈를 기획하게 되었습니다. '처음으로 해당 시대 전문 역사학자가 쓴 10대 전반의 어린이·청소년용 한국 통사'라는 뚜렷한 특징과 의미를 갖는 《아! 그렇구나 우리 역사》 시리즈는 이렇게 만들었습니다.

첫째, 이 책은 전문 역사학자들이 소신 있게 들려주는 우리 조상들의 삶 이야기입니다.

원시 시대부터 해방 후 1987년 6월 항쟁을 거쳐 민주 정권 탄생 전후까지를 15권에 아우르는 《아! 그렇구나 우리 역사》는 한 권 한 권, 해당 시대의 역사를 연구해 온 선생님이 직접 쓰셨습니다. 고구려 역사를 오래 공부한 선생님이 고구려 편을 쓰셨고, 조선 시대 역사를 연구해 온 선생님이 조선 시대 편을 쓰셨습니다.

둘째, 초등학교 고학년과 중학생 연령층의 10대 어린이·청소년을 위해 만들었습니다.

지금까지 초등학교 저학년 어린이를 위한 위인전이나 동화 형식의 역사물은 여럿 있었고, 또 고등학생을 대상으로 펴낸 생활사, 왕조사 책도 눈에 띕니다. 하지만 위인전이나 동화 수준에서는 벗어나고, 고등학생의 독서 수준에는 아직 미치지 못하는 단계에 필요한 징검다리 책은 찾아볼 수 없었습니다. 《아! 그렇구나 우리 역사》는 초등학교 5·6학년과 중학생 연령층의 청소년에게 바로 이러한 징검다리 역사책이 될 것입니다.

셋째, 각 시대를 살았던 일반 백성의 생활을 구체적으로 생생하게 묘사했습니다.

그 동안 어린이·청소년을 위한 역사책이 대부분 영웅이나 사건 중심으로 이야기했다면, 이 시리즈는 과거 조상들의 생활에 역사의 중심을 두고 시대에 따른 정치·경제·사회의 변화를 당시의 국제 정세와 함께 이해할 수 있도록 구성했습니다. 이 책을 읽으면서 독자 여러분은 당시 사람들의 생활 세계를 머리 속에 그려 나갈 수 있을 것입니다.

넷째, 최근 연구 성과에 따른 글쓴이의 목소리에도 힘을 주었습니다.

이미 교과서에 결론이 내려진 문제라 할지라도, 글쓴이의 견해에 따라 당시 상황의 발단과 과정에 확대경을 대고 결론을 달리 생각해 보거나 논쟁할 수 있도록 주제를 끌어냈습니다. 곧 암기식 역사 교육의 틀을 깨고, 독자 한 사람 한 사람이 다양한 각도에서 역사의 비밀을 푸는 주인공이 되어 보게 했습니다. 이는 역사적 사실과 인물을 통해 자신의 현재와 미래를 통합적인 시각으로 내다보게 하는 장치이며, 여기에 바로 이 시리즈를 출간하는 의도가 있습니다.

다섯째, 전문적인 내용일수록 이해하기 쉽게 풀어 쓰려고 노력했습니다.

주제마다 독자의 상상력만으로 해결되지 않는 부분은 권마다 200여 장에 이르는 유적·유물 자료 사진과 학계의 고증을 거친 그림을 통해 충분히 이해할 수 있도록 했습니다. 또한 중간중간 독자 여러분이 좀 더 깊이 있게 알았으면 하는 주제는 네모 상자 안에 자세히 정리해 정보의 극대화를 꾀했습니다.

이 책을 위해 젊은 역사학자 9명이 힘을 합쳐 독자와 함께 호흡하는 한국사, 재미있는 한국사를 쓰려고 노력했습니다. 그러나 역사란 너무나 많은 것을 품고 있기에, 집필진 모두는 한국 역사를 쉽게 풀어서 새롭게 쓴다는 것 자체가 매우 어려운 일임을 절감했습니다. 더구나 청소년의 정서에 맞추어 우리 역사 전체를 꿰뚫는 책을 쓴다는 것은 박사 학위 논문을 작성하는 것 못지않게 힘든 과정이었습니다. 거기에 편집진들은 한 문장 한 단어마다 뜻을 제대로 전할 수 있도록 수없이 많은 교열·교정을 거듭했습니다.

이렇게 만들어진 이 시리즈는 단지 10대 어린이·청소년만을 위한 책이 아닙니다. 우리 역사를 소홀히 지나쳐 버린 어른이 있다면, 이 책을 함께 읽으면서 과거 역사를 거울 삼아 현재와 미래를 설계할 새로운 양식을 얻을 수 있으리라 생각합니다. 나아가 이 시리즈는 온 가족이 함께 읽는 데 큰 어려움이 없게 공을 들였습니다. 아직 부족한 점이 있으나, 이 시리즈를 통해 여러분이 우리 역사를 올바로 이해하고, 더불어 자신의 세상을 열어 나가는 데 도움이 되기를 바랍니다.

2011년 완간을 미루었던 여유당 출판사의 《아! 그렇구나 우리 역사》 시리즈가 다시 한 해를 넘긴 이즈음, 이제 마무리가 눈앞에 와 있습니다. 장장 10년의 긴 세월을 견뎌온 이 시리즈는 도중에 포기하고플 만큼 지치고 힘들었지만 그래도 오랫동안 기다려 주고 격려해 주신 독자분들 덕분에 완간을 앞두고 있습니다. 혹독할 만큼 어려워진 출판 시장에서 그래도 꿋꿋이 딛고 견딜 수 있게 해 준 고마운 마음을 어떻게 갚아야 할지 모르겠습니다. 이 시리즈가 독자들의 책장에 두고두고 읽을 양서로 남아 준다면 그나마 그 빚을 조금이라도 덜 수 있는 것은 아닐까요?

2012년 4월
여유당 출판사 편집부

| 차 례 |

# 1

## 조선의 문호를 개방하다
### - 개화와 수구의 갈등

## 개화 앞에 선 사람들

*12세의 어린 왕과 카리스마 넘치는 아버지 흥선 대원군*

1863년 12월, 12세의 어린 고종이 갑작스레 왕위에 올랐습니다. 철종이 뒤를 이을 아들 없이 사망하자, 오랜 안동 김씨 세도를 끝내고자 왕실 어른인 조 대비가 종친(임금의 친족)인 흥선군 이하응과 손잡고 그의 둘째 아들을 왕으로 결정한 것입니다. 순조, 헌종, 철종으로 이어지는 19세기 세도 정치기의 왕들은 모두 어린 나이에 왕이 되어 아무런 실권이 없었고, 안동 김씨 가문에서 대대로 왕비 자리를 차지하여 왕비의 아버지나 오라버니들이 권력을 휘둘러 왔습니다. 순

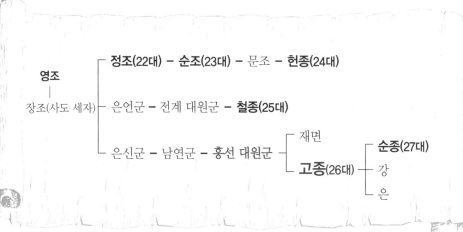

영조

정조(22대) - 순조(23대) - 문조 - 헌종(24대)

장조(사도 세자)

은언군 - 전계 대원군 - 철종(25대)

은신군 - 남연군 - 흥선 대원군 - 재면

고종(26대) - 순종(27대)
강
은

대원군 집안 계보도

종비, 헌종비, 철종비를 줄줄이 배출한 안동 김씨 김조순 가문의 경우, 고종이 즉위할 때까지 60여 년 동안 천하를 거머쥐어 왕을 허수아비로 만들고 왕실의 종친들까지도 심하게 압박했습니다. 심지어는 별 이유도 없이 모반 혐의를 씌워 사약을 내렸지요.

사도 세자의 후손인 흥선군 이하응은 이러한 안동 김씨 세도에서 살아남기 위해 일부러 시정잡배들과 어울리며 망나니 노릇도 하고, 가난한 살림살이에 보태려고 화폭에 난을 그려 팔면서 기회를 엿보고 있었습니다. 조 대비는 안동 김씨의 라이벌인 풍양 조씨 가문 출신으로, 순조의 아들이었던 남편이 왕세자 시절에 사망하여 왕비에 오르지 못하고 구중궁궐에서 과부 신세로 오랜 통한의 세월을 견뎌야 했습니다. 따라서 이번 기회에 안동 김씨의 득세를 끝장 내고자, 종친 중에서 지략이 뛰어난 흥선군과 손잡고 고종을 왕으로 내세운 것이지요.

흥선군 이하응은 고종의 살아 있는 아버지로서 '대원군'에 봉해지자, 기다렸다는 듯 세도 정권기에 엉망이 된 왕조 질서를 바로잡기 시작합니다. 먼저 세도 정권 인사들이 독차지하던 비변사를 축소하

추사 김정희와의 인연을 만들어 준 대원군의 난 그림

**금관 조복을 입은 고종의 아버지 이하응의 초상**
이하응은 둘째 아들이 고종에 즉위하면서 대원군에 봉해진 인물이다. 왕의 아버지를 대원군이라 하는데, 살아서 대원군이 된 이는 흥선 대원군이 유일하다. 비단에 채색, 그린 이는 알 수 없다.

고 의정부 기능을 되살렸습니다. 안동 김씨의 세도 정치기에 철저히 소외되었던 남인이나 북인도 정계에 등용하고, 중인층이나 서리층에서도 능력 있는 인재들을 뽑았습니다.

또한 그동안 전국 방방곡곡에 넘치도록 세워진 많은 서원들을 정리했습니다. 각 당파의 이익에 따라 들쭉날쭉 만들어진 서원은 양반 유생들의 여론을 한데 모으는 근거지 역할을 하며 당쟁의 배경이 되었고, 주변 백성들을 수탈하여 많은 피해를 주었기 때문입니다. 하지만 서원 철폐는 그동안 군역을 면제해 주었던 양반들에게도 전격적으로 군포를 매긴 조치와 더불어 대원군이 양반들의 원성을 사는 계기가 되었습니다. 반면 관청의 고리대업으로 백성들에게 엄청난 고통을 주었던 환곡 제도를 개혁한 사창제는 백성들에게 큰 인기를 얻었습니다.

그렇지만 임진왜란 때 불탄 뒤 270여 년 동안 폐허로 남아 있던 경복궁을 다시 짓는 일에 지나치게 많은 비용을 들이면서, 백성들

**원납전**

흥선 대원군이 경복궁을 다시 짓기 위해 턱없이 부족한 재정을 채우려고 강제로 거두어들인 일종의 기부금. 원해서 내는 돈이 아니라 원망하면서 내는 돈이라 해서 '원납전'이라 했다.

**당백전**

대원군 집권기에 부족한 재정을 메우기 위해 발행한 동전. 실제 가치는 상평통보의 5~6배에 지나지 않으나, 액면 가치가 100배에 이르는 고액 동전이어서 일반인들은 사용하기 어려웠다. 당백전 발행은 당시의 화폐 경제에 혼란을 불러오고, 결국 대원군 정권 몰락의 중요 요인이 되었다.

**상평통보(엽전)**

사이에서도 점점 대원군을 향한 원망이 쌓이기 시작했습니다. 왕실의 권위를 과시하기 위해 다시 짓는 경복궁 건설에 백성들을 동원하고 강제로 원납전*을 거두어들이고, 나중에는 아예 당백전* 같은 악화를 마구 찍어 내서 돈을 쓰니 물가가 날로 치솟았기 때문입니다.

## 서구 열강의 아시아 진출과 대원군의 고민

그런데 대원군의 더 큰 고민거리는 나라 안에 있기보다는 그즈음 우리나라 해안에 자주 나타난 서양 선박들에 있었습니다. 모양이 이상하다 하여 '이양선(異樣船)'이라 부른 서양 선박들은(일본 사람들은 색깔이 까맣다고 해서 '흑선'이라 불렀답니다) 이미 중국과 일본을 개항시키고 통상을 시작했으며, 이제 조선에도 나라 문을 열라고 요구해 왔습니다.

영국과 프랑스 같은 서양 선진국들은 18세기 말부터 19세기 초에 이미 산업 혁명을 마치고, 값싼 상품을 대량으로 만들어 내는 자본주의 경제 체제를 뿌리내렸습니다. 그리고 좀 더 넓은 시장을 찾아 아시아로 진출하기 시작했지요. 이미 아프리카나 아메리카 대륙에서 식민지 쟁탈전을 벌였던 이들 제국주의 세력은 아시아 지역에서는 인도, 인도차이나 반도에 이어 중국에 진출했습니다(1842년 남경 조약). 이웃 나라 일본 역시 미국의 페리 제독에 의해 1854년 개항되었습니다. 다음은 한반도 차례였지요. 중국이나 일본에 비해 늦었지만, 대원군 집권 시절 한반도 해안에도 이양선이 부쩍 눈에 띄게 늘었습니다.

이에 대원군은 전국 해안에 포대를 쌓고 포군을 양성하며 새로운 무

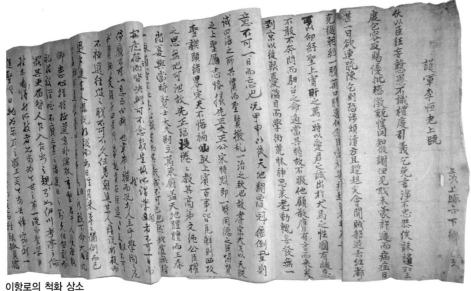

**이항로의 척화 상소**
이항로 선생이 대원군의 정책을 비판하며 관직을 사임하고 낙향하면서 올린 상소문이다.

기를 개발하는 등 강병책으로 맞섰습니다. 문호를 열지 않으려는 대원군의 쇄국 정책은 당시 우리나라 지식인 대부분을 차지하던 위정 척사론자들의 지지를 받았습니다. 이들은 여전히 전통 중화 사상에 사로잡혀, 서양은 이단이요 오랑캐라는 생각을 버리지 않고 있었지요.

위정 척사론자들은 중화 문명 중심의 세계관, 특히 한족인 명나라가 만주족인 청나라에 망한 뒤에는 조선이 중화 문명의 핵심을 이어 가고 있다는 '소중화 의식'을 갖고 있었습니다. 중화 문명을 이어받은 조선이 오랑캐나 짐승에 빗대어지는 서양 세력과 대등한 통상 외교를 할 수는 없다고 생각한 것입니다. 이항로, 기정진 등 유생들은 개항을 요구하는 서양 세력은 짐승과 같은 나라이고, 또 천주교는 충효를 모르는 이단이므로, 이들이 들어오면 조선의 풍속을 어지럽힐 거라고 걱정했습니다. 한마디로 유교 사상에 따른 양반 지배 체제를 그대로 지켜 가자는 주장이었지요.

사실 소중화 의식은 이미 중국조차 세계 열강에 문호를 연 상황에서 시대에 뒤떨어진 생각이었지만, 이들 주장에도 일리 있는 구석은 있었습니다. 서양 나라가 조선에 팔려는 물건은 공장에서 대량 생산할 수 있을 뿐 아니라 있어도 되고 없어도 되는 사치품인 반면, 우리나라가 수출할 수 있는 농산품은 우리가 먹고사는 데 꼭 필요한 것으로, 서로 교역해 봤자 우리만 손해라는 주장 말입니다. 이는 공산품과 농산품 교역의 문제점을 잘 파악한 논리였지요.

하지만 언제까지나 문을 닫고 그동안 살아온 방식만 고집할 수는 없는 노릇이었습니다. 위정 척사 세력이 높은 문화적 자부심을 지켜나가려 한 점과, 외세에 맞서 우리 것을 지키려 한 강한 저항 의식은 높이 평가해야 합니다. 그렇지만 변화하는 세계 정세에 맞추어 새로운 해결 방법을 찾지 못하고 언제까지나 시계 바늘을 붙잡으려 했던 그들의 선택에는 아쉬움이 남습니다.

특히 위정 척사 세력이 이단 사상이라며 끔찍이도 싫어한 천주교는 중국을 거쳐 조선에 전해진 뒤, 18세기 후반부터 신자가 빠르게 늘어났습니다. 천주교 교리에 있는 평등 사상은 엄격한 봉건적 신분 질서를 고집하던 양반 지배층에게는 커다란 도전이었습니다. 따라서 여러 차례 박해 사건을 일으켜 천주교 신자 수백 명을 처형한 것이고요.

그런데 대원군은 처음부터 천주교 세력을 적대시했을까요? 그렇지는 않았습니다. 대원군의 부인도 천주교 신자였다고 하니까요. 대원군이 천주교 신자들과 긴밀히 접촉하게 된 것은 당시 한반도 쪽으로 남하하던 러시아 때문이었습니다. 러시아는 유럽에서 영국의 무적 함대 때문에 대서양으로 가는 길이 막히고, 페르시아와 아프가니

스탄 쪽에서도 영국에 저지당하자, 아시아 태평양 쪽으로 눈을 돌렸습니다. 시베리아를 거쳐 계속 남쪽으로 내려오던 러시아는 마침내 1860년 청과 베이징 조약(북경 조약)을 맺어 연해주를 얻고, 드디어 조선과 국경을 맞대게 됩니다. 청나라는 이렇게 내려오는 러시아와 국경 분쟁을 겪고 있었으므로, 조선에도 러시아를 경계하라는 강력한 메시지를 보냈지요. 대원군도 자꾸만 두만강을 건너와 통상을 요구하는 러시아를 큰 골칫거리로 생각하고, 러시아를 막기 위한 방책을 심각하게 고민하기 시작했습니다.

고민하던 대원군에게 천주교 신자 남종삼이 접근했습니다. 그는 마침 조선에 들어와 포교하고 있던 프랑스 신부 베르뇌 주교를 만나 러시아의 남하를 막을 수 있는 방법을 프랑스와 의논해 보라고 조언했지요. 남종삼은 이 기회를 이용해 최고 실력자인 대원군의 인정을 받아 천주교를 탄압하는 보수 지배층의 편견을 깨고 신앙의 자유를 얻고자 꾀를 낸 것입니다.

대원군은 남종삼의 권유대로 베르뇌 주교와 접촉합니다. 하지만 베르뇌 주교는 정치와 종교는 따로여서 러시아 문제에 개입할 수 없다고 대답합니다. 대원군은 격분했습니다. 더군다나 자신이 몰래 천주교 쪽과 접촉했다는 사실이 알려지는 날에는 정치적 반대 세력들이 이때다 하고 반격해 올 게 뻔했습니다. 결국 대원군은 천주교 신자들을 대대적으로 탄압하기 시작합니다. 이른바 병인박해지요. 그동안 보수적인 주자학을 비판하면서 천주교에 대해서도 관대하던 대원군이 갑자기 무서운 척사 세력이 되어 버린 것입니다. 병인박해 동안 프랑스 신부 9명을 포함해서 천주교도 8000여 명이 처형되었

겸재 정선이 그린 〈양천팔경〉 중 양화진 전경

양화진 절두산의 옛 모습(왼쪽 위)과 현재
《동국여지승람》에 따르면 누에 머리를 닮았다 하여 '잠두봉'이라는 이름이 붙여졌다. 오늘날은 절두산이라 부른다.

습니다. 오늘날 서울 한강변 양화진에 있는 절두산 성당은 바로 천주교 신자들의 목이 잘린 자리에 세워진 것이랍니다.

## 양요를 두 차례나 막아 냈지만

한편 병인박해를 피해 중국으로 탈출한 프랑스 신부 리델은 본국에 조선을 처벌해 달라고 요청합니다. 그리하여 몇 달 뒤인 1866년 9월, 로즈 제독이 프랑스 군함 4척에 병력 900여 명을 싣고 강화도에 쳐들어옵니다. 그들은 프랑스 신부 살해에 대한 책임을 묻는다며,

한 달 가량 강화도를 점령하고 배상금 지급과 통상 조약 체결을 요구했지요.

이에 대항하기 위해 조선군은 양헌수 장군의 지휘 아래 몰래 강화 해협을 건너 정족산성에 들어갑니다. 프랑스 군이 엄청난 화력으로 정족산성을 공격해 왔지만, 결과는 프랑스 군 전사자 6명, 사상자가 80여 명이었던 데 반해, 조선군은 전

정족산성을 공격해 오는 프랑스 군대

사자 1명, 부상자 4명뿐이었습니다. 정족산성 전투에서 패한 프랑스 군은 서울까지 진격하려던 계획을 포기하고 강화도에서 떠납니다.

하지만 그들은 물러가면서 외규장각 건물을 불태우고, 그 안에 보관하고 있던 왕실 관련 책 340여 권, 은괴 19상자를 약탈해 갔습니다. 외규장각은 정조가 창덕궁에 설치한 왕실 도서관이자 서고인 규장각 별관으로, 왕실 족보(선원보), 임금 초상화(어진), 임금의 글씨(어제)와 함께, 왕실의 각종 행사를 문자와 그림으로 기록한 의궤* 수백 권을 보관하고 있었습니다.

이때 약탈된 조선 왕조 의궤들은 그동안 파리 국립 도서관 창고에 보관되어 있던 것을 100여 년이 지난 1970년대에 한국인 유학생 박병선 여사가 발견하여 세상에 알려졌습니다. 그 뒤로 20여 년 동안 조선 왕조 의궤를 돌려받기 위해 프랑스와 지리한 협상이 계속되다가, 2011년 여름 마침내 의궤들은 모두 한국으로 돌아왔습니다.

**의궤**
조선 시대 왕실과 나라의 중요 행사를 그림과 함께 꼼꼼하게 기록해 놓은 책으로, 2007년 유네스코 세계기록유산으로 지정되었다.

# 145년 만에 돌아온 조선 왕조 의궤 297권

**《장렬왕후존숭도감의궤》(왼쪽)와 《서궐영건도감의궤》**
《장렬왕후존숭도감의궤》는 1686년(숙종 12) 5월, 인조의 계비 장렬왕후에게 존호를 올릴 때의 의식 절차를 기록한 의궤이다. 《서궐영건도감의궤》는 1830년(순조 30)부터 1831년(순조 31) 사이 화재로 절반 가량 타 버린 경희궁을 중건한 과정을 기록한 책이다. 《장렬왕후존숭도감의궤》는 구름무늬 초록색 표지 그대로 잘 보존되어 온 것이고, 《서궐영건도감의궤》는 보관 문제로 본디 표지는 따로 관리하고 1970년대에 프랑스에서 서양 비단으로 다시 만들어 보관해 왔다.

**강화도 외규장각 전경(복원)**
1866년 9월, 해군 제독 로즈가 이끄는 프랑스 군은 강화도를 1개월 남짓 점령했다가 돌아가면서 관아에 불을 지르고, 이곳 외규장각에 있던 의궤도 약탈해 갔다.

**조선 왕조 의궤 환수에 평생을 바친 박병선 박사**

1866년 병인양요 때 프랑스가 약탈해 간 외규장각 의궤가 145년 만인 2011년 모두 돌아왔다. 그동안 프랑스 파리 국립 도서관이 보관해 오던 조선 왕조 의궤들이 아쉽지만 5년마다 재계약하는 영구 임대 방식으로 돌아온 것이다. 우리나라는 1993년 프랑스로부터 《휘경원원소도감의궤》를 반환받은 뒤 20년 가까이 반환 협상을 펼쳤으나, 프랑스 측은 이런저런 이유로 시간을 끌어 왔다. 약탈 문화재는 반환해야 한다는 국제법이 있음에도 불구하고, 19세기에 소급하여 적용되지 않는다는 점을 핑계로 삼았다. 의궤와 동일한 가치를 가진 문화재를 가져오면 교환해 주겠다는 궤변도 늘어놓았다. 하지만 우리는 조건 없는 반환을 요구하며 협상을 계속했고, 마침내 2010년 한국에서 열린 G20 정상회의에 참석한 사르코지 프랑스 대통령의 약속으로 의궤가 돌아오게 되었다.

외규장각 의궤는 대부분 왕이 열람하기 위해

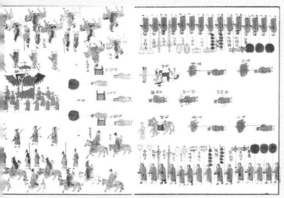

〈영조정순후가례도감의궤〉(부분)
1759년(영조 35) 6월에 영조와 계비 정순왕후의 혼례식 과정을 기록한 의궤. 정비인 정성왕후가 사망한 뒤 영조가 66세 되던 해에 15세의 신부를 계비로 맞이했다.

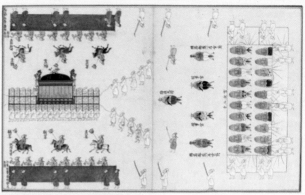

〈장렬왕후국장도감의궤〉(부분)
1688년(숙종 14) 8월에서 12월까지 치러진 인조의 계비 장렬왕후의 국장 과정을 기록한 의궤이다.

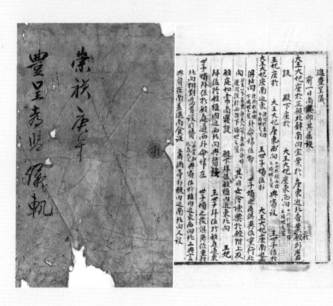

**외규장각 의궤 중 가장 오래된 〈풍정도감의궤〉**
1630년(인조 8) 3월에 만들어진 것으로, 인조가 인목대비의 장수를 기원하기 위해 인경궁에서 올린 잔치를 기록한 의궤이다. '풍정'이란 국가에 경사가 있을 때 이를 축하하기 위해 신하가 국왕 또는 왕비에게 음식을 바치는 것을 말한다.

고급스럽게 만들어진 어람용(御覽用)으로, 그만큼 가치가 크다. 이 의궤들은 1977년 프랑스 유학생 출신으로 파리 국립 도서관에서 사서로 일하던 박병선 박사가 우연한 기회에 도서관 서고에서 발견하였다. 이후 그는 누구의 도움도 없이 끈질기게 조사·정리하고 반환의 중요성을 알려, 외규장각 의궤가 우리나라에 돌아오는 데 절대적인 공을 세웠다. 역시 프랑스에 있는 〈직지심체요절〉이 세계에서 가장 오래된 금속활자 인쇄본이라는 사실을 세상에 알려 '직지 대모'라고 불리기도 한 박병선 박사는, 외규장각 의궤가 돌아오는 것을 보고 2011년 11월 생을 마감했다.

조선 왕조 의궤는 2007년 유네스코 세계기록유산에 등재되었다. 서울대학교 규장각 한국학연구원에 있는 2940권과 한국학중앙연구원 장서각에 있는 490권이 그 대상이다. 그 밖에 몇몇 기관에도 의궤가 소장되어 있는데, 일본 궁내청 소장 의궤 역시 2011년 모두 돌아왔다.

신미양요 때 초지진에서 미군 함대를 공격하는 장면

　병인양요가 끝난 지 얼마 지나지 않아 신미양요(1871년)가 일어납
니다. 신미양요는 1866년 7월에 있었던 제너럴 셔먼호 사건이 발단
이 되어 미국 함대가 강화도를 공격한 사건이지요. 제너럴 셔먼호는
미국 상선으로, 그 해 2월과 5월 조선 해안에 나타나 통상을 요구하
다가 거절당하자 다시 대동강에 나타났습니다.

　당시 상선 대부분이 그러했듯이, 제너럴 셔먼호도 대포를 갖춘 군
함 같았는데요, 평양 관리들이 식량과 땔감까지 제공하며 영해 밖으
로 나가라고 경고했음에도 불구하고, 오히려 대동강을 거슬러 올라
와 민가를 약탈하고 교섭에 나선 조선 군인까지 납치했습니다. 이에
분노한 평양민(감영군)들은 평양 감사 박규수의 지휘 아래 화공 작전
을 펼쳐 셔먼호에 있던 무장 선원 24명이 모두 죽는 사건이 일어납
니다.

신미양요 때 미 군함이 광성보 용두돈대를 공격하는 장면

또 1868년에는 미국의 부추김을 받은 독일 상인 오페르트 등이 충청도 덕산에 침입하여 대원군의 아버지 남연군 묘를 도굴하려다 실패한 사건이 있었는데요, 조상 묘를 소중히 여기는 조선 사람들에게 이 일은 너무나 충격적인 사건이었습니다. 더구나 하늘을 나는 새도 떨어뜨릴 수 있을 만큼 한창 높은 권세를 자랑하던 대원군의 아버지 묘를 감히 도굴하려 하다니요. 오페르트 말로는 그동안 수차례 통상을 요구했으나 조선이 응하지 않자, 묘를 파헤쳐 이를 미끼로 통상 수교를 요구하려 했다는 것입니다. 조상 숭배를 미덕으로 알고 살아온 조선 사람들은 이러한 어처구니없는 요구에 분노하면서 더욱 굳게 문을 닫고 통상을 거절하게 됩니다.

이에 미국은 제너럴 셔먼호 사건의 책임을 묻는다며, 로저스 제독의 지휘 아래 군함 5척과 1200여 병력을 이끌고 1871년 4월 강화도

신미양요 당시 콜로라도호의 로저스 해군 제독(한가운데)의 작전 회의

1871년 덕진진을 점령한 미군들

**신미양요의 마지막 격전지 광성보 전투 현장**
이 전투에서 어재연 장군은 결사항전했으나 자신의 목숨은 물론 350명에 이르는 병사들이 목숨을 잃었다.

수(帥) 자 기
조선 후기 중앙의 독립 군영이나 지방 군사 조직의 총지휘관이 있는 곳에 꽂았던 깃발이다.

에 쳐들어왔으니, 이 사건이 바로 '신미양요'입니다. 대포와 기관총으로 무장한 미군은 초지진과 덕진진을 점령하고 마지막으로 광성보 점령 작전에 들어갔지요.

당시 강화도의 초지진, 덕진진, 광성보 등에는 조선 수비병 3000여 명이 배치되어 있었는데요, 광성보 전투에서 어재연 장군이 이끄는 조선군 600명이 목숨을 걸고 싸웠지만, 미군은 우세한 화력으로 광성보를 함락하고 말았습니다. 어재연 장군은 항전 중에 장렬히 전사했고, 미군은 '수(帥)' 자 기*를 내린 뒤 성조기를 달았습니다.

**수(帥) 자 깃발을 내린 미국 해병들의 기념 사진**
퍼비스 일병(왼쪽)이 수(帥) 자 깃발을 내리고 찍은 기념 사진이다.
노획된 이 깃발은 미국 해군사관학교 박물관에 보관되어 있다가
2007년 우리나라에 대여 형식으로 반환되었다.

**콜로라도호에 잡혀 있는 조선군 포로들**

　미국은 강화도를 함락하면 조선이 통상 수교에 나설 줄 알았겠지
요. 하지만 강화도 전투에서 수백 병이 전사했음에도, 조선은 여전
히 수교 협상에 응하지 않았습니다. 오히려 수교 협상을 단념한 미국
이 물러가자마자 전국 곳곳에 척화비를 세우고, "서양 오랑캐가 침범
하는데 싸우지 않고 화친을 주장하면, 그것은 곧 매국이다"라며 쇄국
정책을 고집했습니다.

　강화도는 예부터 서해 바다에서 한강을 거슬러 올라와 서울로 들
어오는 관문 역할을 해 왔습니다. 특히 강화도와 김포 사이의 강화

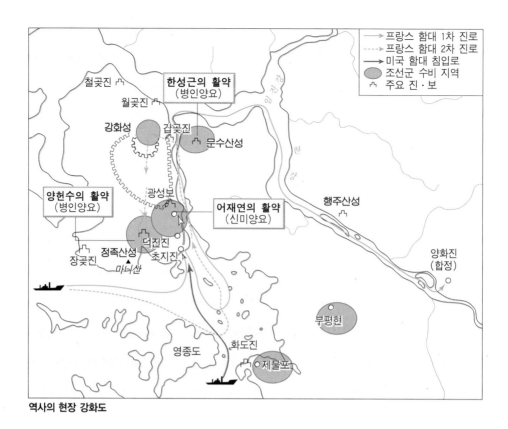

역사의 현장 강화도

해협은 해로가 좁고 물살이 드세서 적을 방어하기에 적절했지요. 그래서 외국 선박이 올라오면, 그곳 양안에 설치한 포대에서 집중 공격하여 배를 침몰시키곤 했습니다.

병인양요와 신미양요 두 차례의 외적 침입, 그것도 근대식 무기와 군함으로 무장한 서양 열강의 군대를 물리쳤다고 판단한 대원군은 쇄국 정책에 더욱 자신감을 얻었습니다. 대국인 청나라가 1840년 아편 전쟁에서 형편없이 패하여 1842년 개항하고, 일본이 미국의 페리 함대에 의해 1854년 개항된 데 비하면, 조선은 잘 버티고 있다고 판단했던 것 같아요. 하지만 지금 와서 생각해 보면, 서양 열강들이 중국이나 일본의 개항만큼 조선의 문호 개방을 그다지 중요하게 생각하지 않았기 때문에, 강화도 침공 정도에서 물러났는지도 모릅니다.

일본을 개항시킨 미국의 페리 함대

**이와쿠라 사절단**
메이지 유신 이후 일본은 서양 문물을 받아들이기 위
해 이와쿠라 사절단을 미국과 유럽에 파견했다. 왼쪽
부터 기도 다카요시, 야마구치 마쓰카, 이와쿠라 도모
미, 이토 히로부미, 오쿠보 도시미치.

그리고 그보다 더 중요한 것은, 근대 세계는 각 나라가 서로 교역하
며 살아가야 하고 서양 문명을 받아들여야 했던 만큼, 차라리 조금
이라도 빨리 나라 문을 열었어야 했다는 사실입니다.

일본의 경우, 개항 이후 서구화 정책을 둘러싼 여러 논란에도 불
구하고 1868년 메이지 유신 뒤 많은 지도자들이 유럽에 건너갑니다.
그리고 직접 서양 문물을 낱낱이 배우고 돌아와서 일본에 맞는 근대
화 정책을 실시합니다. 그런 다음 머지않아 조선에 쳐들어왔고요.
대원군 집권기에 두 차례의 양요를 이겨 낸 것은 서양 오랑캐를 물
리쳤다는 자신감을 주었을지 모르지만, 한편으로는 근대 세계로의
진입을 10여 년 늦추는 구실을 한 것도 사실입니다. 빠르게 변하는
근대 세계의 흐름을 따라잡지 못하고, 기존 사회의 틀에 갇혀 시간

을 버리는 결과를 가져온 것이지요. 어차피 시간은 되돌릴 수 없고 이미 지나 버린 역사에서 "그랬더라면……" 하는 가정은 쓸데없는 것이라지만, 다시는 이런 실수를 하지 않기 위해서라도 우리는 가끔 그때 그랬더라면 하는 가정을 해 볼 필요가 있겠습니다.


## 고종, 친정을 선언하다

대원군의 지도력과 카리스마는 두 번에 걸친 양요에서 대단한 위력을 발휘했지만, 다른 한켠에서는 그에 대한 불만도 싹트고 있었습니다. 특히 이제 성년이 된 국왕 고종에게 10년에 걸친 대원군의 철권 통치는 넘어야 할 큰 장벽이었지요. 고종은 이제 아버지 대원군에게서 왕권을 되찾아와 직접 나랏일에 나서겠다며 친정 의지를 다지고 있었습니다. 1873년 10월, 최익현이 대원군 하야와 고종 친정을 요구한 상소문을 올린 계기로 한 달 남짓 진통 끝에 드디어 고종의 친정이 시작되었습니다.

고종이 왕권을 찾아오기까지 가장 큰 역할을 한 사람은 다름 아닌 명성 황후였습니다. 알다시피 명성 황후는 대원군이 자신의 처가에서 발탁한 며느리인데, 시아버지와 권력 다툼을 하게 됩니다. 정치적 야심이 컸던 명성 황후는 전통적인 왕비 혹은 며느리 위치에 만족하지 않고, 직접 나서서 고종의 참모 역할을 시작하지요.

사실 즉위한 지 10년 만에 겨우 친정을 시작한 고종에게 흥선 대원군의 철권 통치에 견줄 만한 정치적 기반은 없었습니다. 그래서 고종은 명성 황후의 조언과 그녀의 친정 가문인 여흥 민씨 일족에게 기댈 수밖에 없었지요. 여흥 민씨는 고종에게 처가일 뿐 아니라, 어머니의 친정인 외가요 심지어 할머니의 친정인 진외가이기도 하니, 오히려 종친보다 더 안전한 기반일 수 있었습니다.

고종과 명성 황후는 자신들에게 충성을 다할 친위 세력으로 민씨 일족을 많이 등용합니다. 민씨 일족이 이전의 안동 김씨 세도 가문과 다른 점은, 왕권을 억압하고 국정에 간섭할 만한 재상이 없었다는 점입니다. 명성 황후의 아버지는 일찍 세상을 떴고, 친정에 남자 형제가 없어 국왕 고종의 권위를 억누르고 세도를 부릴 인물이 없었다는 뜻이지요. 그러다 보니 명성 황후가 직접 나서서 정치에 간여하는 경우가 많았습니다. 그것이 명성 황후가 사람들에게 권력을 탐한 여인으로 낙인찍히는 원인이 되었지요.

또한 민씨 일족이 너무 짧은 기간에 권력을 얻다 보니, 갖가지 일들을 무리하게 밀어붙이고 부정부패도 심해서 백성들의 반감을 더욱 키웠다고 할 수 있습니다.

하지만 명성 황후의 역할은 어디까지나 고종의 충실한 참모이자 정치적 반려자였지, 고종을 무시하고 왕권을 거머쥐면서 국정을 마음대로 했다고 볼 수는 없습니다. 만약 그랬다면, 명성 황후도 당장 폐비가 될 운명에 처했겠지요. 조선 왕조 500년 동안 왕비 자리에 올랐다가 이런저런 사소한 이유로, 혹은 당파 싸움에 휘말려 폐비가 된 왕비가 한둘이 아니었으니까요. 왕비 자리는 결코 정년이 확실하게 보장되는 자리가 아니었습니다.

## 명성 황후에 대한 오해와 진실

명성 황후는 철종 2년(1851년) 9월 25일 경기도 여주 근동면 섬락리에서 태어났다. 오늘날 소설이나 드라마 같은 데에서는 "어려서 양친을 잃고 자란 고아 소녀"라거나, "태어나자마자 어머니를 잃고 계모에 의해 길러졌다", 혹은 "몰락한 가문의 고아 소녀가 일약 중전마마가 되었다"는 식으로 묘사하는데, 이는 사실과 많이 다르다.

명성 황후는 조선 왕조에서 태종비 원경 왕후와 숙종비 인현 왕후(장희빈에게 쫓겨난 왕비) 등을 배출한 노론 양반 여흥(驪興) 민씨로, 민치록(1799~1858)의 딸이다. 명성 황후 집안은 고조부와 증조부는 물론 아버지 민치록에 이르기까지 대대로 벼슬살이를 한 경화사족(京華士族: 서울과 서울 인근에 세거하는 관료·지식인 집단) 가문이다. 민치록은 19세기 노론 낙론 학맥의 정통 산림인 오희상의 사위였다. 그는 첫번째 부인인 오희상의 딸이 일찍 죽자 두 번째 부인 한산 이씨를 맞이했고, 명성 황후는 한산 이씨의 막내딸로 태어났다. 하지만 남자 형제들이 모두 일찍 죽은 데다 아버지마저 그녀의 나이 9세에 사망하는 바람에 홀어머니 밑에서 외동딸로 외롭게 자란 것은 사실이다.

명성 황후의 어릴 때 이름이 자영(紫英 혹은 玆暎)이라고 알려져 있으나, 이는 소설에 나온 이름이고 공식 사료에는 왕비의 이름이 나타나지 않는다. 명성 황후가 고향인 여주를 떠나 서울에 올라온 시기에 대해서는 정확히 알 수 없지만, 양오라버니 민승호를 통해 대원군 집안과 연결된 시점에는 이미 옛날 인현 왕후가 살던 서울 안국동의 감고당(感古堂)이라는 곳에서 생활하고 있었다.

명성 황후의 출세 과정에서 매우 중요한 역할을 한 민승호는 대원군의 부인인 부대부인(府大夫人) 민씨의 친동생으로, 명성 황후와 대원군 가문을 이어 주는 다리 역할을 했다. 사실 명성 황후와 시어머니 민씨는 같은 여흥 민씨로서 12촌 자매 사이인 셈인데, 민승호가 아들이 없는 명성 황후의 친정에 양자로 들어간 것이다. 이것이 인연이 되어 명성 황후는 고종의 왕비감으로 적극 추천되었고, 대원군 또한 친정 아버지가 없는 명성 황후가 자신의 말을 잘 들을 것이라고 생각해서 결혼을 밀어붙였다. 요즘의 통념으로는 좀처럼 받아들이기 어려운 정략 결혼이었다.

고종에게는 외삼촌이자 동시에 처남이 되는 민승호는 누이동생을 믿고 세도를 부리다가 대원군이 보낸 것으로 짐작되는 선물 상자를 열어 보다가 폭약이 터져 명성 황후의 생모 이씨와 함께 사망하였다. 얽히고설킨 가족 관계가 권력 쟁탈을 위한 암투로 말미암아 끔찍한 비극으로 끝나고 만 것을 보면, 영원한 정치적 맞수 명성 황후와 대원군의 만남은 아마도 잘못된 만남이요 궁중 비극의 씨앗이었던 것 같다.

하여간 정략 결혼으로 16세 되던 해인 1866년, 15세 소년 고종과 결혼한 명성 황후는 결혼한 지 다섯 해에 접어들도록 자식을 낳지 못했다. 고종 8년(1871년) 11월 드디어 첫 왕자를 낳았는데, 이 아이는 쇄항증(鎖肛症)이라는 선천적 기형으로 5일 만에 죽어 버렸다. 이후에도 명성 황후는 모두 4남 1녀를 낳았으나 대부분 어려서 죽고 1874년에 낳은 왕자 이척(李坧)만이 살아남아서 나중에 순종이 되었다. 하지만 순종마저도 어려서부터 잔병치레가 많고 병약해서, 어머니로서 명성 황후는 매우 불행했다. 이 때문에 명성 황후가 무당에 의존하고 명산대천에 수만 냥 거금을 써 가며 세자를 위해 기도를 드리게 하여, 백성들에게 사치를 일삼는다는 비난을 받기도 했다.

**고종과 명성 황후가 일본 공사 이노우에 가오루를 접견하는 모습**
동행한 일본 화가가 명성 황후를 직접 보고 그린 것으로 추정되는 이 삽화는 일본 잡지 《풍속화보》 84호에 실려 있다. 이노우에와 이야기 나누고 있는 명성 황후의 모습을 고종이 바라보고 있다. 명성 황후의 정치적 위상을 짐작할 수 있는 대목이다.

# 명성 황후에 대한 호칭과 사진 문제

명성 황후에 대한 호칭은 무엇이 옳은 것일까?

'민비'라는 호칭은 을미사변을 자행한 일본인들이 그녀를 낮춰 부르기 위해 사용하기 시작했으므로 적절한 호칭이 아니다. 그런데 명성 '황후'가 된 것은 그녀가 죽은 뒤인 대한제국기에 고종이 황제 자리에 오르면서 함께 호칭이 승격되면서부터이다. 따라서 명성 황후는 살아 생전에는 왕후였다가 죽은 뒤에 '황후'가 되었으므로 호칭에 혼란이 일어났다.

또 현재까지 명성 황후라고 알려져 있는 사진들도 그 진위 여부가 아직 가려지지 않은 상태이다. 문제의 사진들이 과연 명성 황후인지, 아니면 궁녀나 기생의 사진을 일본인들이 의도적으로 둔갑시켜 놓은 것인지, 하루빨리 결론을 내려야 할 것이다.

덧붙이자면, 정적이 많았던 명성 황후는 아마도 살아 생전에 사진을 찍지 않았을 가능성이 높다. 그 때문에 을미사변 당시 왕비를 살해하려던 일본인들은 궁궐의 이 방 저 방을 찾아다니며 얼굴을 확인해야 했다.

**명성 황후로 알려진 여러 사진과 삽화들**
학계에서는 명성 황후 사진을 추적하는 데 많은 노력을 하고 있지만 아직 확실한 것은 없다.

# 쇄국에서 개항으로

## 드디어 나라 문을 열다

친정을 선언한 뒤 서양 세력의 움직임에 많은 관심을 보이던 고종은 1876년 1월, 마침내 개항을 결심합니다. 메이지 유신 뒤 끊임없이 수교를 요구해 온 일본은, 1875년 4월 무렵부터는 군함을 동원하여 대포를 쏘아 대는 시위를 했습니다. 그럼에도 불구하고 정부 대신들 대부분은 개항을 반대했지요. 하지만 고종은 결국 일본과 수교하기로 결정합니다. 이미 청나라에서 수교를 권고한 데다 대원군의 쇄국 정책에 반대하고 보자는 정치적 측면도 있었지만, 더 큰 이유는 무력 충돌을 무릅쓰면서 쇄국을 고집할 수 없다고 판단했기 때문이지요.

이에 앞서 청은 고종 11년(1874년) 6월 조선에 밀서를 보내 왔습니다. 일본이 대만에 출병한 병력으로 곧 조선을 침공할 것이라고 경고하면서 일본과 국교 교섭을 다시 열라는 내용이었지요. 그리고 1875년 운요호 사건 이후 본격적인 개항 회담이 진행될 때에도 일본과 수교하여 전쟁을 피하라고 권했고요. 러시아의 남하를 걱정하던 청은 차라리 일본이 조선에 들어가 있는 것이 전통적인 이이제이 전략에서 볼 때 자기 나라에 유리하다고 본 듯합니다.

하지만 고종은 청의 밀서가 있기 전인 1874년 1월에 이미 동래 부사 박제관을, 2월에는 경상 좌도 암행어사 박정양을 보내 동래에서 대일 척화책을 주도한 전 동래 부사 정현덕과 전 훈도 안동준 같은 대원군 세력을 숙청했습니다. 고종은 청의 권고가 없었더라도 일본

운요호 사건 당시 영종도에 상륙하는 일본군

과의 관계를 고쳐 나가려 했던 것 같습니다. 대원군 세력이 양요 이후에 더욱 강경한 척사론을 고집하면서 일본이 메이지 유신 뒤에 보내 온 국서를 접수조차 하지 않았던 데 비하면 엄청난 변화였지요.

일본은 조선이 문호 개방 요구에 호락호락 응하지 않자, 군함을 파견하여 무력 시위를 벌였습니다. 미국 등 서양 열강의 포함 외교로 강제 개항을 당한 일본이 그 방법을 그대로 조선에 써 먹은 것입니다. 1875년 4월 군함 운요호를 부산항에 들여보낸 일본은 연습을 핑계로 함포 사격을 가해 부산 주민들을 놀라게 한 뒤, 8월에는 강화도 해안에 나타납니다. 우리 관군은 강화도 초지진에서 운요호에 경고 사격을 가했는데요, 이들은 마치 기다렸다는 듯 곧바로 영종도에 상륙하여 민간인을 살상하고 방화를 저지른 뒤 돌아갔지요. 그러고는 1876년 1월, 운요호 사건의 책임을 묻고 수교 문제를 협의하겠다며, 전권 대신 구로다 기요타카 일행을 조선에 파견합니다.

그러면 이때 일본이 우리나라에 개항을 요구한 이유는 어디에 있

1873년 일본의 정한론 논쟁 모습과 조선 정벌의 묘수를 내었던 사이고 다카모리(오른쪽)

었을까요? 서양 열강들이 그랬던 것처럼 일본에 넘쳐 나는 물건을 우리나라에 팔기 위해서였을까요? 아닙니다. 일본 역시 개항한 지 20여 년이 채 안 된 나라이고, 1868년 메이지 유신으로 새로 집권한 관료들이 한창 서양 문물을 배우고 흉내내는 데 힘을 쏟던 시기였지만, 아직은 산업혁명 근처에도 못 간 상태였습니다. 그렇다면 왜 일본은 군함을 이끌고 쳐들어오는 서양의 함포 외교를 흉내냈을까요? 그들에게는 다른 특별한 사정이 있었습니다.

당시 일본에서는 메이지 유신으로 일자리를 잃은 무사 계급들이 큰 골칫거리였습니다. 왕정이 복구되고 막부가 해체되자, 봉건 영주 계급을 위해 봉사해 오던 무사 계급의 일자리가 모두 없어졌습니다. 일자리가 없어진 이 사무라이들을 그대로 놔두면 사회적 불만이 쌓여 어떤 일이 일어날지 알 수 없었지요. 이때 이들을 일찌감치 한반도 정벌, 나아가 대륙 침략에 내보내자는 의견이 나왔는데요, 이것이 바로 1873년 일본 정계를 들끓게 한 '정한론(征韓論)'입니다.

따라서 근대 일본의 끊임없는 대외 침략은 경제적 이유보다도 군사적 배경에서 먼저 시작되었다고 볼 수 있습니다. 물론 경제적으로도 일본은 한반도가 필요했습니다. 서양 선진국보다 뒤늦게 산업화 과정에 들어갔기에, 손쉽게 상품 판매 시장을 확보하고 값싼 원료 공급지로 삼기 위해서 말이에요.

이러한 배경을 가진 일본의 개항 요구를 당시 조선의 대신들은 대부분 반대했습니다. 최익현 등 위정 척사 세력들은 '왜양일체론'에 따라 격렬한 개항 반대 상소문을 올렸습니다. 서양 문명을 받아들인 일본 역시 서양과 똑같이 오랑캐가 되었으므로, 결코 교류해서는 안 된다는 주장이었지요.

그러나 이러한 개항 반대론에도 불구하고, 고종은 전격적으로 문호 개방을 결심합니다. 대원군이 쇄국 정책을 펴 나가는 동안, 고종은 스승 박규수에게서 개화는 이제 피할 수 없는 큰 흐름임을 배웠습니다. 또한 고종을 보좌하던 민씨 척족들도 개화를 받아들이는 편에 서 있었고요. 흔히 민씨 척족 정권을 수구 사대 정권이라고 평가하고 그 중심에 명성 황후가 있다고 오해하지만, 명성 황후는 본디 개화와 서양 문물에 남다른 관심을 보였습니다.

명성 황후의 친정인 여흥 민씨 일족은 북학의 전통을 이어받은 동도서기론* 입장에 서 있었습니다. 명성 황후의 아버지 민치록이 노론 산림(山林) 오희상의 애제자였고, 오희상의 문하생인 유신환의 제자 중에서 김윤식 같은 개화파가 배출된 것을 기억해야 합니다. 따라서 고종과 명성 황후 그리고 민씨 일족에게 개항과 개화는 이미 거역할 수 없는 선택이었고, 다만 방법론이 문제가 될 따름이었지요.

**동도서기론**
서양의 기술은 받아들이되 중화 문명의 가치는 지키자는 입장. 청의 양무 운동의 사상적 배경인 '중체서용론'과 비슷한 맥락이다.

## 강화도 조약 – 최초의 근대적 조약이자 불평등 조약

1876년 2월, 조선은 마침내 일본과 〈조·일 수호 조규(강화도 조약)〉를 맺고, 7월에는 〈조·일 수호 조규 부록〉과 통상 장정인 〈무역 규칙〉을 조인합니다. 오랜 고립의 시대에 마침표를 찍고 마침내 근대 세계로 한 걸음 내딛게 된 것입니다. 물론 근대 세계는 자본주의 경제와 제국주의 체제가 지구를 호령하는 약육강식의 세계였지요.

강화도 조약을 맺기 위해 일본은 전권 대신 구로다 기요타카와 부대신 이노우에 가오루를 파견했고, 조선의 대표는 신헌이었습니다. 강화도 연무당에서 맺은 강화도 조약은 조선이 맺은 최초의 근대적 조약입니다. 하지만 이때 조선 사람들은 아직 개항 통상 조약에 어떤 내용이 들어가야 하는지, 그것이 앞으로 어떤 결과를 가져올지 정확히 알지 못했습니다. 다만 천주교 세력이 확대되는 걸 막고, 중국처럼 아편이 들어오지 못하게 하는 데에만 신경을 곤두세우고 있었지요. 두 나라 사이에 통상 무역이 시작되면 수입품과 수출품이 드나들면서 조선 경제에 어떤 영향을 미칠지 등에 대해서는 별로 관심이 없었던 것입니다. 반면 일본은 자신들이 서양 열강과 맺은 불평등 조약은 고치려고 노력하면서도, 조선에는 자신들이 서양에게 당한 것 그대로 불평등 조약을 강요했습니다.

그럼 강화도 조약의 내용을 찬찬히 살펴볼까요?

먼저 일본은 조약 제1조에 조선이 자주국임을 명시하자고 주장했습니다. 그런데 이것은 우리나라의 자주를 인정해서라기보다는 청과 조선 사이를 떼어 놓으려는 의도에서 나온 것입니다. 앞으로 청이 조선에 대해 종주권*을 주장하지 못하도록 쐐기를 박자는 것이었

**종주권(宗主權)**
중국이 조선에 대해 사대 외교를 요구하며 행사해 온 권리를 말한다.

지요. 조선은 그때까지 늘 스스로 자주국이라고 생각해 왔는데, 난데없이 자주국임을 넣자는 주장에는 이런 꿍꿍이가 있었습니다. 이 조항을 빌미로 일본은 나중에도 말끝마다 자신들이 조선을 청에서 독립시켜 주었다고 주장합니다.

그런데 더 큰 문제는 일방적으로 조선의 이익을 침해한 여러 독소 조항들입니다. 강화도 조약으로 조선은 부산과 그 밖에 2개 항구를 더 개항하고, 일본은 조선 연해를 자유롭게 측량할 수 있는 권리를 얻습니다. 또 일본인이 조선에서 범죄를 저지르면 조선 법에 따라 처벌받는 게 아니라, 일본 영사가 재판한다는 영사 재판권(이른바 치외법권)을 챙겨 조선의 주권을 침해합니다. 나중에 을미사변을 저지른 일본 낭인들이 우리나라 법정에 서지 않고 히로시마 재판소에서 모두 무죄로 풀려난 것도 바로 이 영사 재판권 때문이지요.

그 밖에 부록 및 통상 장정에서는 일본 화폐 사용권, 쌀과 잡곡의 무제한 유출, 무관세 무역이 허용되었습니다. 이에 따라 조선은 일본의 경제 침탈에 아무 대책도 없이 문을 열어야 했습니다. 개항장에서 일본 화폐를 사용할 수 있다는 것은 우리의 화폐 주권이 침해받는다는 것을 뜻합니다. 요즘 우리나라 가게에서 우리나라 돈 대신 달러화를 직접 사용할 수 있게 하는 것과 마찬가지인 조치였지요. 당시 일본 엔화는 은화로 우리나라 엽전에 비해 고액 화폐였으므로, 큰 상거래 때에는 무거운 엽전보다는 누구나 편리한 일본 은화를 선호했습니다.* 일본 은화를 계속 사용하다 보면 자연히 우리 엽전은 무시되고, 결국은 우리나라가 근대적인 화폐 제도를 마련할 기회를 잃고 마는 거지요.

엽전은 동전이고 소액 화폐이므로, 큰 거래가 있을 때는 엄청나게 많은 동전을 지게에 지고 가야 해서 고액 화폐인 일본 은화를 쓰게 된다는 뜻이다.

**강화도 조약(조·일 수호 조규) 체결 장면**
1876년 2월, 강화부 연무당에서 체결한 이 조약은 조선의 자주권을 침해하는 불평등 조약이자 최초의 근대적 조약이다.

**강화도 조약 체결 장면을 본뜬 일본 전통 판화 우키요에**

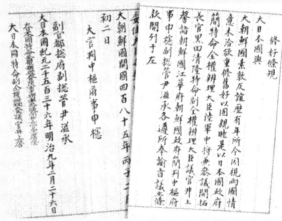

**강화도 조약의 전권 대사 신헌(왼쪽)과 일본 대표인 구로다 기요타카**

**강화도 조약 원문**

**개항 이후 제물포항(왼쪽)과 부산항**

또한 관세 없이 무역이 시작되면서 일본 상품들이 쏟아져 들어와 우리나라 시장을 장악했을 뿐 아니라, 관련 산업이 처음부터 발전하지 못하게 되는 결과를 가져왔습니다. 오늘날에도 값싼 수입 상품이 제한 없이 들어오면, 가격 경쟁력이 없는 국내 상품은 아예 생산을 포기해야 하는 것과 같은 이치이지요.

근대 산업 혁명 초기에는 어느 나라든지 옷감 짜는 직조업 분야에서부터 기계화를 시작하고 공장에서 대량 생산 체제를 갖추어 갔는데요, 일본도 이제 막 시작한 기계제 방직 공장에서 대량으로 생산한 값싸고 질긴 옷감들을 조선에 팔기 시작했습니다. 개항 이후 일본에서 알록달록 때깔 좋은 옷감들이 들어오자, 농촌의 나무꾼들까지도 다투어 사 입었다고 하네요(조금은 과장이겠지요!). 이런 사정이니 그동안 우리나라 부녀자들이 집에서 직접 짜서 팔던 투박한 베나 면포(흔히 토포라고 한다)를 누가 사 입겠습니까?

일본과의 무역이 계속될수록 실제로 이런 일이 일어났습니다. 우리나라 사람들이 일본 옷감을 사 입는 사이에 조선이 꼭 다져 놔야 했던 근대적인 직조업은 성장할 수 없었지요. 오늘날 수입 자동차에 높은 관세를 매기지 않으면, 세계 여러 나라의 값싸고 질 좋은 외제 차가 쏟아져 들어오고, 그 사이에 우리나라 자동차 산업은 망할 수밖에 없듯이 말입니다.

값싼 물건을 골라 살 수 있는 소비자의 권리를 위해 자유 무역을 주장하는 흐름도 있지만, 어느 나라건 산업화 초기에는 정부가 높은 관세 장벽을 쌓아 국내 시장을 보호하여 산업을 발전시키는 법이지요. 당장은 값싼 수입 상품이 좋다 해도 거기에 너무 의존하면, 나라의 산업과 경제가 완전히 외국에 종속되는 결과를 가져오기 때문입니다. 정부가 나서서 수입품에 관세를 적당히 매겨서 자기 나라 상품을 보호하고, 한편으로 경쟁력 있는 상품을 개발해야 하는 이유가 여기에 있습니다.

특히 농산물 같은 경우에는 살아가는 데 반드시 필요하므로 싸다고 수입품에만 의존했다가 그것이 끊기면 큰 문제가 되고, 또 수출길이 열렸다고 끝없이 외국으로 내보냈다간 국민들이 먹을 게 없어집니다. 개항 당시 우리나라는 일본으로 주로 쌀을 수출했는데요, 그 결과 조선에서는 식량이 모자라서 쌀값이 점점 올라 큰 사회 문제가 되었습니다. 쌀이 넉넉한 지주층은 일본으로 쌀을 수출하여 큰 돈을 벌었겠지만, 쌀을 사 먹어야 하는 빈농층이나 도시 빈민들에게는 크나큰 고통이었겠지요.

그래서 지방관들은 흉년이면 방곡령을 내려 쌀 수출을 막아 보려 했지만, 일본은 조약 내용에 어긋난다고 거세게 항의했습니다. 일본은 값싼 조선 쌀을 수입해다가 자기 나라 근로자들에게 공급하여 저임금 체제를 유지할 수 있었습니다. 쌀값이 낮아야 월급을 조금 주어도 일본 근로자들이 불만을 갖지 않을 테니까요. 결국 일본 근로자들은 조선에서 수입한 값싼 쌀을 먹고, 조선에선 그들이 공장에서 만든 옷감을 다시 사 주는 무역 구조(미·면 교환 체제)가 개항 이후 만들어집니다. 다시 말해 조선은 일본의 산업화를 위해 값싼 쌀을 제공하고, 대신에 그들이 생산한 기계제 상품을 사 주는 역할을 하여, 원료 공급지이자 상품 시장이 되어 갔지요.

강화도 조약과 무역 규칙은 이렇게 서서히 심각한 결과를 가져왔습니다. 뒤늦게 관세 문제의 심각함을 깨달은 조선 정부는 일본에 조약 개정을 요구합니다. 그 결과 1882년 조·일 무역 규칙 개정에서 수출입 상품에 관세를 매기게 되지요.


## 일본 사정을 알아 오라

조·일 수호 조규 체결을 계기로 쇄국에서 개항으로 정책이 바뀌었지만, 아직 본격적인 개화 정책은 시작되지 않고 있었습니다. 여전히 화이론(華夷論)적 세계관을 지닌 정부 관료들 대부분은 개항을 단지 일본과 옛 외교 관계를 회복한 것 정도로 받아들였습니다. 하지만 운요호 사건으로 일본의 막강한 군사력에 큰 충격을 받은 고종은 군비 강화와 부국 강병에 큰 관심을 가집니다. 조약 체결 직후 일본에 수신사 김기수를 보내 일본 근대화의 실상을 샅샅이 알아 오라고 지시하지요.

일본으로 떠나는 김기수에게 사람들은 여러 주문을 했습니다. 어떤 사람은 "왜인들은 서양의 앞잡이이며 귀신이고 적이면서 간첩"이니 조심하라 하고, 또 어떤 이는 "일본이 겉으로는 서양이나 속은 아니며, 일본·조선·중국 3국이 동맹하면 구라파를 이겨 낼 수 있으니, 이번에 일본의 실정을 타진하고 친교를 맺어 함께 서양을 방어할 술책을 찾아보라"는 제휴론을 내세우기도 했습니다. 개화파의 스승 박규수는 김기수에게 편지를 보내 격려하고, 어윤중은 직접 그를 환송하러 나왔습니다. 개항 이후 첫 번째로 떠나는 일본 출장에 조선의 여러 세력들이 모두 주목하고 있었던 것입니다.

**1차 수신사 김기수 행렬(1876년)과 김기수(오른쪽)**
1876년 2월, 1차 수신사로 임명되어 일본에 다녀온 김기수는 이듬해에 일본 여행 경험을 기행문 형식으로 쓴 《일동기유》를 펴냈다.

　김기수는 한 달 동안 일본에 머무르면서 이토 히로부미, 이노우에 가오루 등 일본 정부의 주요 인사들을 두루 만나고, 해군성·육군성·공부성 같은 정부 시설과 근대식 학교 시설을 둘러보았습니다. 그의 일본 견문기는 《일동기유(日東記遊)》라는 책에 남아 있지요.

　하지만 김기수는 일본 사람들이 두세 차례 권해야만 마지못해 따라나설 만큼 소극적이었습니다. 서양인 항해사가 있는 배에는 타지 않겠다고 우길 정도로, 아직은 근대 문물을 맞이할 준비가 안 된 인물이었지요. 일본인들이 서양식 문물을 직접 본 소감을 묻고 배울 의사가 있으면 도와주겠다고 해도, "이번에는 수신(修信)이 목적이니 유학(遊學)은 다음 기회에 하겠다"고 답했답니다. 또 육군성 무기

수신사 김기수 일행이 일본에 갔을 때 처음 타 본 기차

제조소의 근대적 기계 시설을 보고는 너무 놀란 나머지, 일본에 가면 함부로 돌아다니지 말라던 주위 사람들의 충고를 어긴 것을 후회할 정도였다고 합니다. 새로운 문물을 보고 호기심을 느끼고 배우려 하기보다는 그동안의 가치관과 세계관을 고집하려는 입장이었지요.

근대화된 일본을 직접 보고도 김기수는, "그들이 꾀하는 것은 모두 겉치레에 지엽적인 것이니, 우리가 내치만 잘 하면 저들은 스스로 복종할 것이다. 저들의 부국강병은 우리가 해서는 안 될 것이다. 우리 것을 버리고 남의 것을 따라갈 수는 없다"라고 되새겼습니다. 바야흐로 부국강병이 시대의 흐름인데, 김기수는 근대적 서양 문물에 아직 눈이 어두웠던 것이지요.

김기수가 귀국하자, 고종은 일본이 부국강병을 꾀하는 모습에 대해 꼬치꼬치 캐물었습니다. 특히 근대적 군사력과 전선(電線), 화폐 주조, 화륜선(火輪船), 농기구 같은 서양 기술 문명 도입에 대해 상세히 묻고, 그것을 배울 수 있는지에 관심을 나타냈지요. 또한 일본에

서양 학자가 있는지도 묻고, 일본인들이 타고난 재능에 부지런히 배워 기계 문명을 습득했다면서 부러워했습니다. 서양 각 나라와의 통상 외교 현황과 조선에 대한 일본인들의 태도, 미국과 러시아에 대해서도 여러 질문을 던졌고요.

하지만 김기수는 "일본이 통상으로 인해 부강하기는 하나, 물가가 급격히 올라 그것이 오래갈 것 같지는 않습니다"라고 답변하는 등, 처음부터 끝까지 소극적이고 부정적인 태도를 보였습니다. 김기수는 고종의 관심을 만족시키지 못했지요. 일본에 다녀온 수신사 김기수의 태도가 이 정도였으니, 다른 정부 관료들의 개화에 대한 태도는 어땠을까요? 아직 본격적인 개화를 밀어붙이기에는 시간이 더 필요했던 것입니다.

## 개화 정책 추진과 갈등

강화도 조약을 맺은 뒤, 부산 말고도 두 개 항구(원산, 인천)를 더 개항하라는 일본과 계속 줄다리기를 하던 조선은 1880년 5월, 다시 제2차 수신사 김홍집을 일본에 보냅니다. 이조연, 강위, 윤웅렬을 중심으로 수행원 58명과 함께 한 달 동안 일본에 머문 김홍집의 공식 임무는 관세 협정, 미곡 수출 금지, 인천 개항과 같이 눈앞에 닥친 문제들을 해결하는 것이었습니다. 준비 없이 체결한 강화도 조약에서 무관세 무역 등을 허락하는 바람에 큰 피해를 보고 있다고 판단한 정부가 그 개선에 나선 것이지요. 한편으로는 일본 정세를 정탐하여 이에 대처하면서 개화를 추진하려는 의도도 있었습니다.

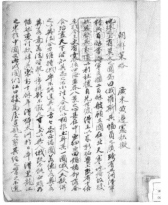

**황쭌셴과 《조선책략》**
황쭌셴이 쓴 《조선책략》에는 당시 러시아의 남하 정책에 대비하기 위해 청나라·조선·일본 3국뿐만 아니라 미국과도 연합해야 한다는 내용이 들어 있다. 2차 수신사로 김홍집이 일본에 갔을 때 저자에게 직접 받은 책으로, 고종의 개화 정책에 큰 영향을 주었다.

**청 말의 정치가 리훙장**
이이제이 정책으로 조선에 미국과 수교를 권하며 러시아를 견제하게 하는 등 내정과 외교에 끝없이 끼어들었다.

그런데 이때 김홍집을 만난 주일 청국 공사 허루장(何如璋 ; 하여장)과 참찬관 황쭌셴(黃遵憲 ; 황준헌)은 조선을 둘러싼 열강의 움직임을 설명하면서 미국과의 수교를 강력히 권합니다. 앞으로 러시아의 남하에 대비하려면 미국에 나라 문을 열어야 한다는 주장이었지요. 청의 실력자 리훙장(李鴻章 ; 이홍장)은 이미 신미양요 때부터 조선과 수교를 원해 온 미국의 슈펠트를 직접 만나 조선을 설득하겠다고 약속한 상태였습니다. 리훙장은 1879년 7월에도 러시아의 남하를 막기 위해 조선이 서양의 여러 나라와 수교해야 한다고 제안한 적이 있습니다. 중국이 예부터 써 온 이이제이 정책을 조선에 적용하려 한 것이지요.

황쭌셴은 《조선책략》이라는 책을 써서 김홍집에게 건넸는데요, 그 요지는 조선이 서둘러야 할 일은 러시아를 막는 데 있고, 러시아를 막기 위해서는 중국과 친하고(친중국), 일본과 연결할 것이며(결일본), 미국과 연계하라는(연미국) 것이었습니다. 마침 청은 러시아와 국경 문제로 분쟁을 하고 있었던 만큼 러시아에 대한 위기 감이 높았고, 김홍집에게도 러시아를 두려워하는마음을 불어넣은 것입니다.

김홍집은 귀국하여 일본의 군사 시설과 통상 외교, 근대 교육 등에 대해 궁금해하는 고종에게, 일본을 믿을 수 없으니 우리도 부강한 나라가 되는 수밖에 없다고 보고했습니다. 김홍집은 이때 일본에서 《조선책략》과 함께 슈펠트와 이노우에 가오루가 보낸 편지도 가져왔는데, 이는 미국과 수교를 권고하는 편지였지요.

고종은 정부 대신들에게 《조선책략》을 읽게 하는 한편, 곧바로 개화승 이동인을 비밀리에 일본에 보내 미국과 수교하겠다는 결심을 밝힙니다. 정부 대신 중에서 《조선책략》에서 제의한 '연미'에 찬성하는 사람은 소수였고 대부분 마지못해 양해하는 수준이었으나, 고종은 이에 상관없이 미국과 수교를 결심한 것입니다.

고종은 청의 권고대로 미국 같은 강대국이 조선에 들어오면 러시아나 일본을 견제해 줄 것으로 판단했습니다. 미국은 영국이나 프랑스처럼 영토에 야심을 품은 나라가 아니니까, 조선을 식민지로 차지할 위험성도 없다고 생각했지요. 오히려 우리나라에 일이 생기면 미국이 나서서 중재해 줄 것으로 기대했습니다. 하지만 미국은 경제적 이권에만 관심을 두었을 뿐, 다른 나라의 정치나 군사 문제에 거의 나서지 않는 것을 원칙으로 삼았습니다. 나중에 조선에 진출한 미국은 금광 개발권, 철도 부설권, 전기 회사 설립 따위에서 많은 특혜를 받지만, 정작 고종이 도움을 요청했을 때는 외면하고 맙니다.

고종의 밀사로 파견된 이동인

# 《조선책략》의 방아론 – 친청, 결일, 연미

1880년 일본에 2차 수신사로 간 김홍집에게 청의 외교관 황쭌셴은 조선이 취해야 할 외교 정책을 적은 《조선책략》이라는 책을 건네 주었다. 그 요지는 러시아의 남하를 막기 위해 중국·일본·미국과 연대하라는 것이었다. 《조선책략》의 내용을 직접 한번 살펴보자.

"……조선의 땅덩어리는 실로 아시아의 요충을 차지하고 있어 형세가 반드시 다투게 마련이며, 조선이 위태로우면 중동(中東)의 형세도 날로 위급해질 것이다. 따라서 러시아가 강토를 공략하려 할진대 반드시 조선부터 시작할 것이다. ……그렇다면 오늘날 조선의 책략은 러시아를 막는 일보다 더 급한 것이 없을 것이다. 러시아를 막는 책략은 어떠한가? 중국과 친해지고, 일본과 맺고, 미국과 이어짐으로써 자강을 도모할 따름이다.

**중국과 친해진다는 것은 무엇을 말함인가?** ……세계는 러시아를 제어할 나라로는 중국만 한 나라가 없다고 생각하고 있다. 또한 중국이 사랑하는 나라로는 조선만 한 나라가 없다.……

**일본과 맺어야 한다는 것은 무엇을 말함인가?** 중국 말고 가장 가까운 나라는 일본뿐이다. ……그러므로 일본과 조선은 실로 서로 의지해야 하는 형세에 놓여 있다. ……

**미국과 이어져야 한다는 것은 무엇을 말함인가?** 조선 동해에서 곧장 가면 아메리카가 있으니…… 그 나라의 강성함은 유럽의 여러 대지와 더불어 동·서양 사이에 끼어 있기 때문에 항상 약소한 자를 돕고 공의(公義)를 유지하여 유럽 사람에게 그 악을 함부로 행사하지 못하게 하였다. 그 국세는 동양에 두루 가깝고 그 상업은 홀로 동양에서 성하였다. ……하물며 그들이 연이어 사신을 보내어 조선과의 연결을 유지하려는 의사가 있음에 있어서랴! 미국을 끌어들여 우방으로 삼으면 도움을 얻고 화를 풀 수 있을 것이다. 이것이 바로 미국과 이어져야 하는 까닭이다. ……"

청은 이때 왜 러시아의 남하만을 저지하려 했을까? 이때만 해도 청은 일본을 만만한 나라로 생각했다. 일본이 급성장해서 청일 전쟁에서 청을 무너뜨릴 줄은 생각지 못하고, 오로지 강대국 러시아가 남하하는 것에만 크게 신경 쓰고 있었다. 당시 청의 실력자 리훙장은 미국을 조선에 끌어들여 러시아를 견제하려는 전형적인 이이제이 정책을 구사한 것이다. 하지만 조선의 위정 척사론자들은 신미양요의 장본인인 미국과 손잡으라는 말에 격렬히 저항했다. 유생층이 《조선책략》에 반대하여 올린 〈영남만인소〉에 나타난 반대 논리를 들어 보자.

"무릇 중국은 우리가 신하로 섬기는 나라입니다. 해마다 요동을 거쳐 북경까지 옥과 비단을 보내고 삼가 분수를 지켜 번방(제후의 나라)의 직무를 공경스러이 수행해 온 지 이에 200년이 되었습니다. 그런데 일본 천황이 짐이니 하는 존칭을 써서 보내 온 국서를 우리가 하루아침에 안이하게 받아들여 그 사신을 가까이 하고 그 글을 보관할 경우, 중국이 이를 짚어서 문책해 온다면 전하는 장차 이를 어떻게 해명할 것입니까? ……

일본은 우리에게 매여 있던 나라로서 삼포의 난이 아직 어제 일과 같고 임진왜란 때의 숙원이 아직 풀리지 않고 있습니다. ……그들은 우리 족속과는 달라서 반드시 딴 마음을 가지고 있을 것입니다. ……만일 우리가 철저히 방비 조치를 하지 않으면 그들은 공격을 자행할 것인즉, 전하는 장차 이를 어떻게 막을 것입니까? ……

미국은 우리가 잘 모르는 나라입니다. 타인이 종용하는 바에 의해서 우리 스스로 그들을 끌어들인다면 풍랑과 험악한 바다를 건너와 우리 신하들을 피폐케 하거나 우리 재물을 고갈시키게 될 것입니다. ……

러시아 오랑캐는 본디 우리가 미워할 바가 없는 나라입니다. 공연히 타인의 말을 믿었다가 부른다면 우리의 체통이 손상되는 바가 큽니다. 그리고 먼 나라와의 외교에 기대어 가까운 이웃을 배척하는 것이 되

어 그 조치가 전도되고 허점을 드러내는 것이 됩니다. ……

또한 러시아·미국·일본은 모두가 오랑캐들이어서 그 사이에 차별을 두기가 어렵습니다. 그런데 두만강 일대는 국경이 서로 접해 있어 만일 러시아가 일본이 이미 하였던 예를 좇고 미국과 맺은 조약을 원용하여 토지를 요구하면서 살러 들어오거나, 화물의 통상을 요구하여 오면 전하는 장차 어떻게 이를 막으려 하십니까? ……

또한 세상에는 미국과 일본 같은 나라가 헤아릴 수 없이 많습니다. 만일 그들이 각자 비뚤어진 생각을 갖고 일본이 한 것과 같이 각자 이익을 추구하고 토지와 재화를 요구해 오면 전하는 장차 어떻게 이를 막으려 하십니까? ……러시아의 무심하던 마음을 자극하고, 아무 일도 없던 미국에 일을 만들어 주며, 왜구를 불러 전쟁을 자초하여 일부러 살을 깎아 부스럼을 만드시렵니까? ……"

여기까지 읽어 보면 《조선책략》의 주장도, 〈영남만인소〉의 주장도 모두 일리가 있다. 강대국으로 둘러싸인 한반도의 지정학적 특성상 주변 열강과 어떤 관계를 맺어야 할 것인지는 오늘날 21세기 우리에게도 숙제가 아닐 수 없다. 21세기 〈신조선책략〉도 한번 생각해 볼 필요가 있겠다. 앞으로 남북한 통일 같은 문제가 발생할 때, 중국, 러시아, 일본, 미국 등 열강은 과연 어떤 태도를 취할 것인가?

## 《조선책략》에 반대하는 유생들의 집단 상소

하지만 미국과의 수교에 대해서 척사 세력들은 목숨을 걸고 반대합니다. 일본과의 수교도 못마땅하던 참에 서양 오랑캐인 미국과 통상 조약을 맺는다니, 더 두고 볼 수 없다는 입장이었지요. 이들은 《조선책략》과 이를 일본에서 가져온 김홍집을 비판하는 집단 상소를 올리기 시작합니다.

**고종의 척사 윤음**
유생들이 올린 영남 만인소에 대해 이 뜻을 받아들이겠다는 내용을 담았다.

1881년 1월, 영남의 이만손을 대표로 한 수많은 유생들이 만인소를 올렸습니다. '만인소'는 1만 명에 가까운 많은 유생들이 집단으로 올린 상소라는 뜻입니다. 영남 만인소에 이어 3월 하순부터 전국에서 척사 상소가 올라오는 등, 일반 유생들의 여론은 아직도 개화보다는 척사 쪽이 훨씬 앞섰습니다.

고종은 처음에는 일단 '척사 윤음'*을 내려 이들의 거센 반대를 막아 보려 했지만, 개화 상소를 올리는 선비에게 곧바로 높은 벼슬을 내리며 개화 의지를 더욱 굳혀 갔습니다. 반면 극렬한 척사 상소를 올려 자신과 민씨 척족을 비난한 강원도 유생 홍재학 같은 선비는 바로 처형했습니다. 또 대원군 쪽 인사들이 고종 폐위 쿠데타를 꾸몄다는 것을 빌미로 자신의 이복 형인 이재선에게도 사약을 내렸지요. 이제 척사 세력과 완전히 결별하고 개화 정책을 추진하기로 작정한 것입니다.

**척사 윤음(斥邪綸音)**
조선 시대에 성리학이 아닌 서학이나 기타 모든 이단을 배척하기 위해 내린 임금의 말(윤음)을 일컫는다.

## 몰래 파견된 일본 시찰단이 보고 온 근대 문물

그리하여 1880년 12월, 개화를 제대로 추진하기 위해 '통리기무아문'을 설치합니다. 이어서 개화 정책을 밀어붙이는 데 필요한 정보 수집과 인재 양성을 위해 1881년 1월, 일본에 대규모 시찰단을 파견하기로 결정합니다. 이제는 더욱 전문적인 정보 수집이 필요하다고 생각한 것이지요.

일본 시찰단은 척사 세력들의 반대를 따돌리고 '동래부 암행어사'라고 위장하여 부산까지 내려갑니다. 시찰단은 박정양, 어윤중, 홍영식, 조준영, 엄세영, 강문형, 이헌영, 심상학 등 관료 12명과 수행원 62명으로 꾸려졌습니다. 이들은 4월에 일본에 도착한 뒤 7월까지, 3개월 남짓 각자 맡은 부문별로 일본의 근대 제도들을 꼼꼼하게 시찰하고 자료를 모읍니다. 관계자들을 만날 때마다 적극적으로 질문하고 배우기도 했고요. 메이지 유신 이후 일본의 부국강병책을 외치던 이토 히로부미, 이노우에 가오루, 마쓰카타 마사요시를 만났고, 시부자와 에이이치, 후쿠자와 유키치 같은 재야 인사들과도 만나 개혁을 발빠르게 추진할 것을 권고받습니다.

그런데 시찰단원 대부분은 일본의 근대화가 무조건 서양을 모방한 것이고, 관세 문제 등에서처럼 서양과의 통상이 자주적이지 못하고 예속적인 것이라고 비판했습니다. 또 일본의 부강은 감탄스러우나, 외채가 쌓이고 물가가 치솟는 걸 볼 때 속 빈 강정일 뿐이라고 생각했습니다. 한마디로 '동도서기론'(38쪽 참조) 입장이었지요. 개화파인 어윤중과 홍영식만이 일본의 부국강병에 긍정적인 반응을 보였습니다.

**일본 화가 테이슈가 그린 〈새로 개항한 요코하마 항구〉**
요코하마 개항 1주년을 기념한 일본 화가의 그림으로, 큰길에 네덜란드 의상을 입고 물건을 파는
사람, 외국에 보낼 비단을 수레에 싣고 바삐 가는 사람 등 당시 분주한 항구 모습을 그렸다. 와세다
대학교 도서관 소장.

    그럼에도 시찰단이 돌아온 뒤 개화 정책 추진에 필요한 정보와 지
식은 상당히 쌓였습니다. 시찰단원들과 그 수행원이었던 안종수, 고
영희, 이상재, 유기환, 유정수 등은 모두 각 분야에서 개화 관료로
활약하기 시작합니다. 각자 일본에서 시찰한 분야에 따라 통리기무
아문의 업무를 나눠 맡았고, 1881년 11월 통리기무아문의 체제를 바
꿀 때에도 이들은 중용됩니다. 해관과 각 개항장 감리서에도 배치되
어 통상 업무에 종사했고요. 이들의 영향으로 정부 안에 개화 관료
는 서서히 늘어 갔습니다.

    근대 기술을 배우려는 움직임도 두드러지기 시작했습니다. 피혁
제조법과 세관 사무를 배우기 위해 기술 유학생을 오사카와 나가사
키에, 광산 개발, 화폐·철·가죽 제조 기술과 기계 구입을 위해 정병
하를 오사카에 파견합니다. 특히 고종은 일본의 신무기에 커다란 관
심을 가졌는데요, 일본 시찰단을 파견할 때 이원회에게 따로 총포와

선함 구입을 명령하기도 했습니다. 그리고 김홍집을 따라 일본에 다녀온 적 있는 무위소 별선 군관 윤웅렬의 제안을 받아들여, 1881년 4월 신식 군대인 별기군을 창설합니다. 그리고 통리기무아문 군무사에 소속된 이 군대에 일본 육군 소위 호리모토를 초빙하여 일본식 군사 훈련을 시작합니다. 9월에는 관세 협정을 타결하고자 파견된 3차 수신사 조병호가 수행원 신복모, 이은돌을 일본 육군사관학교에 입학시켰지요.

청나라에도 새로운 무기 제조 기술을 배워 오도록 군사 유학생을 파견했습니다. 1880년 4월에 유학생 파견을 결정했지만, 척사 세력의 반대로 계속 늦추다가 1881년 9월에야 영선사 김윤식과 함께 유학생 38명이 톈진으로 출발했지요. 이들은 톈진 기기국에서 9개월 동안 연수하고 돌아와 나중에 기기국, 기기창, 전보국에 등용됩니다.


## 조미 조약 - 서양 열강과 맺은 최초의 통상 조약

그런데 청에 영선사로 파견된 김윤식에게는 군사 유학생 인솔이라는 역할 말고, 또 다른 임무가 있었습니다. 척사 세력의 눈을 피해 톈진에서 미국과 수교를 교섭하라는 밀명을 받은 것이지요. 하지만 김윤식이 미국과 직접 수교 협상에 참여한 것은 아니고, 리훙장에게 모든 것을 맡겼습니다. 워낙 척사 세력의 반대가 심하니까 고종이 청을 이용하기로 꾀를 내어, 미국 사절단이 조약을 맺으러 조선에 올 때 청나라 관원도 함께 와 줄 것을 요청했습니다. 결국 슈펠트가

**1882년 조·미 수호 통상 조약에 조인한 슈펠트 제독**
리훙장은 조선에 대한 청의 종주권을 지켜 줄 나라를 고심하다가 그 파트너로 미국을 택했다.

**조약이 체결된 화도진 내부 전경(복원)**
미국과 불평등 조약을 맺음으로써 조선은 미국을 최혜국으로 대우하고 수많은 특혜를 주었다. 이어서 체결된 다른 열강들과의 조약도 예외 없이 불평등 조약이었다. 이곳 동헌은 불타 없어진 땅에 한·미 수교 100주년을 기념하여 다시 지어진 건물이다.

마젠충(馬建忠 : 마건충)과 함께 조선으로 와서 1882년 4월 6일(양력 5월 22일), 조·미 수호 통상 조약이 체결됩니다. 정부 대신들은 슈펠트가 조선에 도착할 때까지 미국과 수교를 결정한 사실을 몰랐을 정도로, 조·미 조약은 교섭에서 체결까지 고종과 몇몇 개화 관료들에 의해 극비리에 이루어졌습니다.

  이렇게 미국은 서양 열강 가운데 조선과 수교한 첫 번째 나라가 되었습니다. 고종은 조·미 조약의 내용 가운데 "조선에 어떤 문제가 생기면 미국이 개입하여 중재한다"는 조항에 큰 기대를 걸었지만, 아쉽게도 그 조항이 실현된 적은 한 번도 없었습니다. 오히려 다른 나라가 조선에서 어떤 이권을 얻게 되면, 미국도 같은 이권을 똑같이 얻는다는 '최혜국 대우' 조항이 생겨 앞으로 있을 이권 침탈에 속도를 붙여 주었지요. 다만 일본과 맺은 조약과는 달리, 수입·수출품

**조·미 수호 통상 조약(재연)**
슈펠트가 조선측 전권 대신 신헌과 김홍집이 머물고 있던 제물포 행관(현재 인천 화도진 공원 자리)에 와서 조인했다.

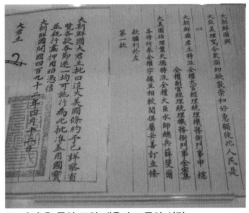

**조·미 수호 통상 조약 내용과 고종의 서명**
미국과 맺은 통상 조약에 대해 고종이 직접 서명하여 비준한 흔적이 보인다.

에 조선이 관세를 매길 수 있는 권리를 얻고 곡물 수출 금지권도 명시하여 불평등한 부분은 조금 덜었습니다.

　고종은 서양 여러 나라들과 수교하면 일본, 러시아, 청 같은 주변 열강을 견제할 수 있다고 판단하여 조·미 조약 이후에도 부지런히 통상 조약 체결에 나섰습니다. 그 결과 영국(1883), 독일(1883), 러시아(1884), 이탈리아(1884), 프랑스(1886), 오스트리아(1892)와 차례로 통상 조약을 맺었는데요, 모두가 한결같이 불평등 조약이었음은 더 설명할 필요가 없겠습니다. 특히 조·영 조약을 계기로 열강은 개항장 밖에서도 토지나 가옥을 얻을 수 있고, 자유롭게 장사에 나설 권리를 얻습니다. 그 결과 조선 시장이 완전히 개방되기에 이르지요.

**조·미 수호 통상 조약을 기록한 책**
조약 전문은 모두 14개 조로 되어 있다.

## 임오군란 – 구식 군인들이 개화에 반대한 까닭은?

1882년 6월 5일, 선혜청 도봉소에 구식 군인들이 줄을 섰습니다. 그 동안 밀린 1년 1개월 치 급료 중에서 한 달 분을 나눠 준다는 소식 때문이었지요. 개화 정책을 추진하면서 돈 쓸 데는 많아졌는데 나랏돈은 모자라서 군인들 봉급도 못 주는 형편이었습니다. 그래도 일본인 교관 호리모토를 초빙하여 근대식 군사 훈련을 하고 있던 신식 군대 별기군에는 좋은 군복과 서양식 무기를 지급하고 모든 면에서 특별 대접을 하고 있었으니, 월급도 제때 못 받는 구식 군인들의 불만은 쌓여만 갔습니다.

그런데 밀린 월급 중에서 겨우 한 달 치를 주면서도 겨와 모래가 절반 이상 섞인 쌀을 주자, 구식 군인들의 분노는 그대로 폭발합니다. 화난 군인들은 쌀을 나눠 주는 관리를 그 자리에서 두들겨 팼지요. 그런데 이 사건을 보고받은 선혜청 책임자 민겸호는 주동자 김춘영, 유복만, 정의길, 강명준을 곧바로 체포하여 포도청에 가두었습니다. 게다가 주동자들이 곧 사형당할 거라는 소문이 돌자, 하급 군인들이 많이 살고 있던 왕십리 일대에는 심상치 않은 사발통문이 돌았습니다. 무위

**구식 군인의 복장(포도대장과 군졸)**

영 소속 옛 훈련도감 군사들은 6월 9일 아침 동별영으로 모이라는 통문이었지요.

통문을 보고 모인 군인들은 먼저 무위대장 이경하를 찾아가 포도청에 갇힌 동료들을 풀어 달라고 요청하나 거절당합니다. 화가 난 군인들은 선혜청 당상이자 민씨 척족의 세도가인 민겸호의 안국동 집을 부수고 불을 지릅니다. 그리고 바로 흥선 대원군을 찾아 운현궁으로 가지요. 고종과 명성 황후에게 밀려 권력에서 물러나 있던 대원군은 봉기한 군인들이 찾아오자 반깁니다. 대원군은 자신의 심복을 보내 군인들을 지휘하게 합니다.

하급 군인들은 대원군이 자신들을 지지한다는 사실을 알고, 한층 용기를 내 본격적인 무장 봉기에 들어갑니다. 이들은 동별영 창고를 열어 무기를 꺼내 무장하고, 포도청을 습격하여 옥에 갇혀 있던 동료들을 구합니다. 또 의금부까지 달려가 다른 죄수들까지 풀어 주지요. 그리고 평소에 불만이 많던 별기군 부대에 쳐들어가 일본인 교관 호리모토를 살해합니다. 남대문 근처 거리에서 발견한 일본인들을 구타해 죽이는가 하면, 이들을 구하러 온 일본 공사관 순사까지 살해합니다.

**신식 군대인 별기군의 복장**

## 하급 군인들은 왜 왕십리에 살았나요?

임오군란 당시 구식 군인이란 1881년 옛 훈련도감을 비롯한 각 군영이 무위영과 장어영 2군영 체제로 개편되면서 이에 소속된 군인을 말한다. 신식 군대로는 일본인 교관 호리모토를 초빙하여 현대식 무기로 무장하고 신식 훈련을 받던 별기군이 있었다.

19세기에 군인들은 대부분 서울의 하층민 중에서 모집 방식으로 충원되었다. 개항 이후 서울 인구는 점차 늘고 있었는데, 농촌에서 올라온 도시 하층민들은 주로 한강변이나 도성 밖에 움막집을 짓고 마을을 이루고 살았다. 지금의 왕십리나 뚝섬 지역이다. 이들은 뚜렷한 직업 없이 날품팔이 등으로 생계를 이어 가거나, 훈련도감에서 모집하는 하급 군인에 응모하여 직업으로 삼아 살아갔다.

하지만 월급이 너무 적어서 부업으로 야채를 키워 팔거나 다른 잡다한 물건 행상에 나서기도 했다. 그런데 쥐꼬리만 한 월급마저 제때에 못 받는 데다 신식 군인 별기군과 비교해 차별 대우을 받자, 이들의 불만이 한꺼번에 폭발했다. 여기에 하급 군인들이 한데 모여 살던 왕십리, 뚝섬 일대의 하층민들까지 봉기에 가담하게 된 것이다.

시간이 흐를수록 서울의 다른 하층민들까지 합세하여 봉기군 세력은 눈덩이처럼 불어났습니다. 이들은 돈의문 밖에 있던 경기 감영에 쳐들어가 무기고에서 무기를 꺼내 들고 일본 공사관으로 몰려갑니다. 일본인들과 총격전을 벌이던 봉기민들은 일본 공사관에 불을 질렀지요. 그러자 일본 공사관원들은 조선 정부에 보호를 요청하다가 여의치 않자 결국 인천으로 도망가기에 이릅니다.

### 봉기민들, 궁궐 담장을 넘다

다음 날인 6월 10일, 봉기민들은 급기야 그 높고 높은 궁궐의 담장

**임오군란 당시 일본 공사를 습격하는 봉기민들**
봉기민들이 일본 공사관을 습격하여 불을 지르자, 하나부사 일본 공사 일행(동그라미 안쪽 일장기를 앞세운 행렬)이 탈출하고 있다(민족 기록화).

**임오군란 당시 남대문을 떠나는 일본 군인들**
하나 부사 일행은 폭우 속에 일장기를 앞세우고 남대문을 빠져나와 제물포에 도착, 영국 함선의 도움을 받아 일본으로 탈출하는 데 성공했다.

을 넘습니다. 창덕궁으로 몰려 들어가 고관대작들을 살해하기에 이른 것이지요. 먼저 대원군의 형으로 종친 세력을 대표하여 고종을 도운 이최응을 살해합니다. 명성 황후 친정 일족인 민씨 중에서는 민겸호를 살해했고요. 민겸호는 명성 황후가 총애하던 친정 조카 민영익의 숙부로, 당시에 가장 영향력 있는 세도가였습니다. 민영익의 처조부인 김보현도 난리 중에 살해되었습니다. 민영익은 명성 황후의 친정 오빠인 민승호의 양자로, 어린 나이에 고위직에 올라 개화 정책을 추진하고 있었지요. 봉기민들은 민씨 척족 세력, 그리고 그들이 추진하던 개화 정책에 격렬한 반감을 표시한 것입니다.

그런데 봉기민들의 최종 목표는 놀랍게도 개화의 상징이자 민씨

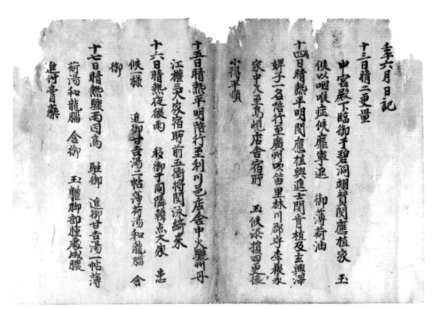

**임오군란 동안 명성 황후의 피난 기록이 담긴 《임오유월일기》**

임오군란 중 명성 황후가 궁궐을 빠져나와 여주를 거쳐 장호원, 충주에 이르기까지 황후의 피난 51일 동안을 붓글씨로 쓴 일기이다. 명성 황후를 가까이에서 모셨던 사람으로 추측할 뿐, 누가 썼는지는 확실히 밝혀지지 않았다.

**일기 내용(일부)**

6월13일 맑음. 2경(更)쯤, 중궁 전하께서 벽동 익찬 민응식 집에 가셨다. 옥후가 인후 증세로 편찮으셨다. 박하유를 올렸다.

6월14일 맑고 더웠다. 새벽에 민응식과 진사 민긍식, 현흥택, 계집종 1명이 중궁 전하를 모시고 광주 취적리 임천 군수 이근영 집에 이르러 점심을 자시고 조현점사 숙소에 이르렀다. 옥후가 더 불편했다가 4경이 지나 조금 평안해지셨다.

6월15일 맑고 더웠다. 새벽에 모시고 나가 이천읍 점사에 이르러 점심을 자시고 여주 단강 권삼대 집 숙소에 이르렀다. 전 오위장 민영기가 왔다.

6월16일 맑고 더웠다. 밤에 이슬비가 왔다. 중궁 전하께옵서 이웃 한 점대 집으로 옮기셨다. 환후는 그만했다. 감길탕 두 첩, 박하탕에 용뇌를 타서 올리니 자셨다.

6월17일 맑고 더웠다. 소나기가 왔다. 그대로 머무르셨다. 감길탕 한 첩, 박하탕에 용뇌를 타서 올리니 드셨다. 다리 부스럼 난 곳에 고름이 생겨 고약을 붙여 드렸다.

척족 세력의 우두머리인 명성 황후 처단에 있었습니다. 이들은 명성 황후를 처단하기 전에는 절대로 물러가지 않겠다며 궁궐 곳곳을 샅샅이 뒤졌습니다. 하층민 신분으로 궁궐에 쳐들어간 것도 모자라 평소에는 함부로 쳐다보기조차 어려운 왕비를 죽이겠다고 나선 것입니다. 이러한 광경은 왕조 시대에는 흔히 볼 수 없는 큰 난리였습니다. 그만큼 구식 군인들과 하층민들의 분노가 하늘을 찌를 듯했다는 뜻이지요.

하지만 명성 황후는 이미 무예별감 홍계훈의 도움을 받아 궁녀가 탄 가마로 변장하고 도성을 빠져나간 뒤였습니다. 장호원을 거쳐 충청도 충주 민응식의 시골집에 피난 가 있었지요. 하지만 봉기군에 의해 옹립되어 입궐한 대원군은 왕비가 살해되었다면서 국상을 반포합니다. 명성 황후의 시신을 찾지 못했지만, 설혹 왕비가 살아 있다 하더라도 다시 대궐에 돌아올 수 없게 정치적 사망 선고를 한 것이지요. 그런데도 명성 황후에 대한 민중의 반감은 사그러들지 않았습니다. 국상을 치르기 위해 설치한 망곡(望哭) 처소에 분향하러 오는 양반 관료들을 길에서 가로막고 가마를 부수기까지 했습니다.

하급 군인들과 서울 하층민들이 살기 어려워진 것이 오로지 명성 황후의 책임인가에 대해서는 논란이 있지만, 개항 이후 나날이 치솟는 물가와 생활고에 시달리던 민중들은 누군가에게 화풀이라도 해야 했습니다. 봉기민들은 자신들이 힘들게 사는 이유가 개화를 한답시고 자꾸만 비용을 쏟아붓고, 명성 황후가 세자를 위해 전국 명산대천에 기도를 하면서 국고를 낭비하기 때문이라고 믿었습니다. 명성 황후가 개화 정책 추진의 핵심에 있는 데다가, 근대화를 밀어붙이며 새롭게 만들어진 중요한 자리를 모조리 민씨 척족들이 차지했으니, 개화는 오로지 민씨 척족들을 위한 것이라는 불신과 오해를 낳을 만도 했지요. 따라서 봉기민들은 서교서(西敎書)라고 하면서 궁중의 서적들을 모두 불태워 버리고, 새로이 들여놓은 각종 기기나 물건들을 부숴 버리는 반개화적 행동을 서슴지 않았습니다.

　사실 개화 정책 추진은 당시에 꼭 필요한 일이었지만, 민씨 척족들끼리 권력을 독차지하고 부정부패를 저질러 개화에 대한 민중의 불신을 키우는 근본 원인이 되었습니다.

## 인질로 잡혀간 대원군과 강화된 청의 내정 간섭

한편 봉기민들에 의해 옹립된 대원군은 6월 10일부터 청군에 의해 납치되는 7월 13일까지 33일 동안 다시 집권하면서 하급 군인들과 도시 하층민들의 절대적인 지지를 받았습니다. 대원군 역시 봉건 지배층 가운데 한 사람이지만, 민중들의 개화에 대한 반감이 대원군에 대한 기대와 지지로 나타난 것이지요.

　그런데 이때 군인 봉기 중에 자국민이 살해되고 공사관이 불타는 피해를 본 일본은 군함과 병력 1500여 명을 파견하여 피해 보상을 요구해 옵니다. 일본이 군함을 파견했다는 소식을 들은 청나라도 군란을 진압한다는 명목으로 오장경의 지휘 아래 병력 3000명을 파견하고요. 당시 톈진에 머물던 김윤식과 어윤중이 파병을 요청했다고 합니

**대원군을 받들어 임오군란을 일으킨 하층민들**
영화 〈청일 전쟁과 여걸 민비〉의 한 장면으로, 대원군은 하층민들의 지지를 받았다.

다. 서울에 들어온 청군은 배후에 대원권이 있다고 지목하고, 갑자기 대원군을 청의 보정부라는 곳으로 납치해 갑니다. 그러고는 서울 도성 안 곳곳에 청군을 배치하여 난민을 진압한 뒤, 신식 군대인 별기군과 구식 군영을 모두 없애 버리고 청군이 지배하는 친군영 체제로 바꿉니다.

청나라에 잡혀 있을 당시의 흥선 대원군

대원군이 납치된 뒤에도 봉기민들은 며칠 동안 도성 곳곳에서 청군에게 저항했지만, 엄청난 화력을 가진 청군에게 모두 진압되고 맙니다. 청군은 봉기의 진원지이자 하급 군인들이 모여 살던 왕십리, 이태원 일대까지 쑥대밭을 만들었습니다. 임오군란은 개항 이후 높아진 도시 하층민들의 불만을 드러내고 대원군의 재집권을 불러왔지만, 이렇게 외세에 의해 진압됨으로써 막을 내렸습니다.

대원군의 재집권이 더 오래 지속되었더라면, 개화 정책이 중단되고 개항 이전의 조선 사회로 되돌아갔을지, 또 그것이 구식 군인들을 비롯한 하층민들이 바라는 세상이었을지는 알 수 없습니다. 분명한 건 임오군란 이후 일본에 막대한 배상금을 지불해야 했고, 청의 내정 간섭이 심해졌다는 사실입니다. 일본은 조선의 사죄와 피해 보상금을 요구했으며, 공사관 수비를 빌미로 군대를 주둔할 수 있는 권리를 '제물포 조약'을 통해 얻습니다. 또 청나라는 조선에 일본과 개항할 것을 권고하고 미국과 수교를 주선하던 이이제이 정책을 버리고, 이제 직접 군대를 파병하고 조선을 중국의 속방(예속국)으로 만들기 시작합니다.

**조·청 상민 수륙 무역 장정**
조선과 청나라 사이에 체결된, 두 나라 상인들의 수상과 육지 무역에 대한 규정.

조선은 개화 정책을 시작하면서 예부터 청나라에 행해 온 사대 사행을 폐지하고 근대적인 통상 관계를 요구했습니다. 1881년 1월, 역관 이용숙을 청에 보내 근대적인 통상을 요청하고, 10월 어윤중이 리훙장과의 회담에서 조선 외교 사절단을 베이징에 상주시키는 문제를 논의했습니다. 조선 왕조 수백 년 동안 해마다 사절단을 파견하고 조공을 바치던 관행을 버리고, 이제는 조선의 외교관들이 직접 베이징에 머물면서 근대적이고 대등한 외교 관계를 맺겠다는 제안이었지요.

그러나 임오군란을 진압한 청군이 조선에 주둔하면서 조선의 자주 의지는 꺾이고 말았습니다. 1882년 8월, 청은 '조·청 상민 수륙 무역 장정'*을 통해 일방적으로 조선이 청의 속방이라고 규정합니다. 치외법권을 주장했을 뿐 아니라, 양화진과 서울 도성 안에서 청나라 상인들이 직접 가게를 차릴 권리를 가져가고, 연안 어업권 및 무역권, 청국 군함의 연안 항행권 등을 챙겨 경제 침탈에 열을 올렸습니다. 조선이 개항 이후 전통적인 동아시아 국제 질서인 중화 체제에서 벗어나 근대적인 국제 관계로 나아가려던 시도를 억누르고 오히려 '속방'이라고 못박아 버린 것이지요.

따라서 이 장정은 조·일 수호 조규나 조·미 조약보다도 더 심각하게 조선의 주권을 침해하는 불평등 조약이었습니다. 처음에 러시아의 남하 위협을 부풀려 조선에 개항을 권했던 청은, 조선이 청에게도 근대적인 국제 관계를 요구하자 오히려 종주권을 강화하는 쪽으로 정책을 바꾼 것입니다.

## 그래도 개화는 멈출 수 없다

임오군란은 민씨 척족들을 앞세워 개화를 추진해 온 고종과 명성 황후에 대한 정면 도전이었습니다. 하지만 임오군란 이후에도 고종의 혁신 의지는 꺾이지 않았습니다. 오히려 더욱 확고해져서 대원군이 청에 납치되고 다시 권력을 회복하면서부터 여러 혁신 조치를 발표합니다.

7월 22일, 고종은 '문벌 숭상 타파' 교서를 내립니다. 서북인, 개경인, 서얼, 의·역 중인, 하급 서리와 군졸 들을 모두 차별하지 않고 중요한 직책에 등용하겠다는 선언이었지요. 전통적인 양반 지배 체제 아래에서는 정치에 참여할 수 없었던 소외 계층들에게 활짝 문을 열어 준 것입니다. 특히 개항 이후 개화 정책을 추진하는 과정에서 기존의 양반 관료들보다 뛰어난 능력을 보여 준 중인층 이하 출신들을 포용하겠다는 선언이자, 임오군란에서 나타난 하층민들의 불만을 조금이라도 살피겠다는 정치적 조치이기도 했지요.

7월 25일에는 개화 정책을 추진하기 위해 대궐 안에 다시 기무처를 설치하고, 8월 5일에는 동도서기론에 따라 부국강병을 지향하는 교서를 발표합니다. 그리고 나라 곳곳에 세웠던 척화비를 뽑아 내고 개화 정책 추진을 내놓고 선언합니다. 지금까지 척사 여론 때문에 조심스럽게 진행하던 개화 정책을 제대로 밀어붙이겠다는 의지였지요.

그러자 전국에서 개화를 바라는 상소가 쏟아져 들어왔습니다. 유생들의 여론은 여전히 반대 입장이었지만, 이제 개화를 지향하는 세력도 만만치 않게 생겨나고 있다는 증거였습니다. 개화 정책을 추진하는 데 옛 체제와 옛 세력은 걸림돌일 뿐이었습니다. 이에 관료들의 부패 방지와 기강 확립을 내세우며 정부 안에서 보수 여론을 만들어 내는 원로 대신들을 모조리 숙청합니다.

이어서 12월 28일에는 "앞으로 관료든 상민이든 천민이든 누구나 돈을 벌어 부자가 될 수 있고, 농민·상인·수공업자 자식일지라도 출신에 상관없이 학교에 입학할 수 있다"는 교서가 발표됩니다. 이렇게 되면 조선 후기 이래 무너져 가던 봉건적 신분제는 거의 폐지된 것이나 다름없고, 부자 나라가 되자는 목표 앞에서 전통적인 유교 사회의 직업관인 사농공상도 자리를 바꿀 것이라 기대했지요. 실제로 이러한 조치에 힘입어 개화 정책이 추진되면서 보수적 양반 관료들은 소외되는 반면, 서자나 중인 출신들의 활약이 두드러지게 나타납니다.

그 대표적인 사람이 바로 명성 황후가 임오군란으로 대궐에서 떠나 있는 동안 고종과 연락병 노릇을 한 이용익입니다. 함경도의 보부상 출신이며 광산 개발에 참여한 인물로 알려져 있는 이용익은, 이 무렵부터 파격적인 대우를 받으며 출세 가도를 걷기 시작합니다. 군인 봉기가 진압된 뒤 50여 일 만에 궁궐로 돌아온 명성 황후는 권력에 불안을 느낀 나머지 민씨 일족에게 더욱 기대기 시작한 반면, 고종은 김옥균 등 개화파를 여전히 믿고 있었습니다.

그러나 무엇보다도 큰 문제는 고종과 명성 황후 그리고 개화 정권이 추진하는 개화 정책을 민중들이 전혀 지지하지 않는다는 사실이었습니다. 또 점점 거세지는 청의 압박 속에서 어떻게 하면 조선이 국권을 지키면서 근대화 정책을 추진할 수 있을지가 큰 숙제였습니다.

# 2

# 근대 국가를 세우기 위하여

### - 갑신정변, 개화파의 꿈과 좌절

## 가자, 개화의 세계로

### 개화 그룹이 형성되다

개화 정책이 본격적으로 실행되면서 그동안 재야에서 조용히 개화를 꿈꾸어 오던 개화파 인사들이 하나 둘 정치 세력을 만들어 정계에 나타나기 시작합니다. 개화파의 스승은 실학자 박지원의 손자인 박규수와, 중인 출신인 오경석과 유대치였지요. 역관인 오경석은 청나라에서 세계 지리와 서양 문물을 소개한 책 《해국도지》와 《영환지략》을 가져왔습니다. 또 1872년 두 번째로 청나라에 갔다 온 뒤부터 개국 통상론을 내놓고 주장해 온 박규수는 북촌의 양반 아들들을 그

노론의 명문가 아들들로 조선의 개화를 이끌었던 김옥균, 박영효, 서광범(왼쪽부터)

의 사랑방에 모아 놓고 개화 사상을 가르쳤습니다.

박규수의 집에 드나들던 청년들은 김옥균, 박영효, 서광범, 홍영식 등 노론 명문가의 아들들로, 이들은 왕실과도 인연이 깊어서 고종과 명성 황후가 개화를 결심하는 데 큰 영향을 미친 것으로 알려져 있습니다. 또 이들 주변에는 강위, 이동인, 탁정식, 정병하, 박제경 등 중인 이하 출신 개화 세력들도 모여들었습니다. 이들은 개화 정책이 궤도에 오르면서 서서히 정치 전면에 나서게 됩니다.

이 가운데 가장 선배 격인 김옥균(1851년생)은 본디 가난한 시골 양반의 아들로 태어나, 출세한 안동 김씨 친척에게 입양되어 서울 북촌으로 이사를 합니다. 이때 박규수, 오경석, 유대치를 알게 되어 개화 사상을 만나게 되지요. 그는 양아버지 김병기가 강릉 부사를 역임한 뒤 서울에 돌아와 형조 참의까지 오르는 동안, 박영효, 홍영식, 민영익, 김만식, 서광범 같은 당대 최고 명문가 자제들과 어울립니다. 또 왕실의 최고 어른인 조대비와 인척 관계라는 점 때문에 일찍부터 왕실에 출입하며 총애를 받았습니다. 그러나 고종 9년(1872) 20세가 넘어 문과에 장원급제하고 나아간 벼슬살이는 순탄치 못해서, 1882년 무렵까지 사헌부 지평, 홍문관 부교리 등 5품직을 벗어나지 못했습니다.

반면 김옥균보다 나이는 열 살 어린 박영효(1861년생)는 본디 가난한 시골의 진사 아들로 태어났으나, 먼 친척인 박규수의 천거로 철종의 딸 영혜옹주와 결혼하여 왕실의 부마가 됩니다(1872년). 이후 1875년 왕세자 책봉 문제로 청의 칙사가 왔을 때, 14세 소년의 몸으로 국왕을 대신하여 칙사 일행을 방문하는 등 왕실의 총애를 한몸에 받았지요. 그는 박규수에게서 개혁 사상을 이어받고, 형 박영교를 통해 김옥균과 알게 된 뒤 서로 불교 사상에 심취한 공통점 때문에 친교를 맺습니다.

서광범(1859년생)은 할아버지가 평안 감사, 부친이 이조 참판까지 지낸 달성 서씨 명문가 출신입니다. 고종 17년(1880) 22세 때 과거에 급제한 서광범은 부인이 안동 김씨인 관계로 일찍부터 김옥균과 형제처럼 지내 왔습니다.

이 세 사람은 박규수 집에 드나들며 서로 우정을 나누었고, 영의정 이최응의 아들로 고종의 사촌인 이재긍, 민씨 척족의 젊은 세도가인 민영익, 역시 영의정을 지낸 홍순목의 아들 홍영식 같은 최고 권력층 자제들과 만나며 개화의 꿈을 키워 갔습니다.

홍영식은 고종 10년(1873) 과거에 급제한 뒤, 뛰어난 가문을 배경으로 단번에 종2품 참판까지 올라 개화파 가운데 가장 관력이 화려

했습니다. 1년 먼저 과거에 장원급제하고도 본디 가문이 보잘것없었기 때문인지 승진이 빠르지 못했던 김옥균과는 차이가 있었지요. 홍영식은 1881년에 시찰단 일원으로 일본 육군성을 조사하고 돌아와 더욱 앞장서서 부국강병 추진을 주장하고, 통리기무아문에서 민영익과 함께 군무사를 맡았습니다.

그런데 고종이 김옥균과 박영효를 총애한 반면, 명성 황후는 자신의 친정 조카 민영익을 후원하여 개화 정권의 핵심으로 삼으려 했습니다. 민씨 척족의 젊은 세도가로 떠오른 민영익(1860년생)은 어려서부터 영리하기로 소문이 나서 명성 황후의 친정에 양자로 들어온 인물입니다. 1874년, 대원군이 보낸 것으로 짐작되는 폭약 상자를 열어 보다가 명성 황후의 생모인 한산 이씨, 아들과 함께 폭사한 명성 황후의 양오라버니 민승호의 대를 이을 인물로 민영익을 발탁했지요. 고종과 명성 황후는 젊고 총명한 민영익을 민씨 척족의 핵심으로 삼고, 그 밖에 신진 개화 세력들을 모아 개화 정권을 다지고자 합니다.

민영익은 고종 14년(1877년)에야 과거에 합격했고, 고종과 명성 황후의 개화 정책 추진을 가장 가까이에서 보좌하는 역할을 합니다. 개화파들을 천거하고, 그들과 함께 1881년 일본 시찰단 파견을 주도하지요. 민영익의 개화파 발탁은 권력 기반이 미약한 민씨 일족이 대원군 및 기존의 세도 가문에 대항하여 단번에 정권을 장악하기 위해서였습니다. 당시 피할 수 없었던 개화를 추진하는 데 필요했기 때문이지요.

그러나 워낙 개화에 반대하는 척사 세력이 많아, 개화파들은 처음

탄탄한 배경과 함께 승승장구했던 홍영식(왼쪽)과, 고종과 명성 황후를 가장 가까이에서 보좌했던 민영익

에는 직접 앞에 나서기보다 이동인 같은 양반이 아닌 사람들을 고용하여 비밀리에 개화를 추진합니다. 이동인은 일본과 강화도 조약 체결 당시 전권 대신 하나부사의 통역으로 조선에 왔던 일본 승려와 친분을 나눈 뒤 일본에 관심을 갖게 됩니다. 그 인연으로 일본의 개화 실정에 많은 관심을 두고 있던 유대치, 김옥균, 박영효 등의 위촉을 받아 1879년 8월 처음으로 일본에 건너갑니다. 그는 일본 재야의 유명한 문명 개화론자인 후쿠자와 유키치 문하에서 1년 남짓 머무르며 근대 문물을 배우던 중, 1880년 8월 수신사로 일본에 온 김홍집 일행을 만납니다. 김홍집 일행과 함께 귀국한 이동인은 개화 정권의 실력자 민영익에게 소개되지요. 그리고 민영익의 천거로 고종에게 발탁된 뒤, 일본을 왔다갔다 하며 밀사 역할을 하게 됩니다.

  이동인은 1880년 9월 승려 탁정식과 함께 두 번째로 일본에 건너가, 미국과 수교를 원한다는 고종의 밀서를 주일 청국 공사 허루장에게 전달합니다. 12월에 귀국한 뒤에는 다시 대규모 일본 시찰단 파견을 기획하고, 그 자신도 시찰단의 길잡이로 통리기무아문 별선군관(別選軍官)을 맡습니다. 하지만 일본에서 총포와 선박을 구입해 오라는 고종의 밀명을 따로 받은 이동인은 이원회와 함께 일본으로 갈 채비를 하는 도중에 그만 행방불명이 되고 맙니다. 아마도 왕실이 개화를 밀어붙이는 데 불만을 품은 척사 세력에 의해 암살된 것이 아닌가 추측하고 있지요.

한편 중견 관료층 안에서는 김홍집, 어윤중, 김윤식이 고종의 신임을 받는 개화 관료로 성장하고 있었습니다. 흔히 온건 개화파라고 불리는 이들은 김홍집이 1880년 수신사로 일본에 파견되고, 1881년 어윤중, 김윤식이 각각  일본 시찰단과 영선사로 임명되면서 정계에 두각을 나타내기 시작합니다.

김홍집(1842년생)은 소론 명문가 출신이나 북촌의 노론 자제들과 어울리면서 김옥균을 알게 되고, 또 중인 출신 강위 같은 개화 세력들과 친분을 쌓아 왔습니다. 1880년 2차 수신사로 뽑혀 일본의 근대 문명을 시찰한 김홍집은 이후 동도서기적인 부국강병론 입장에 서게 되었으며, 귀국할 때 《조선책략》을 가져왔다 하여 척사 세력의 공격을 받기도 하지요. 그는 수신사로 다녀온 뒤 신설된 통리기무아문에 참여하여 일본과의 인천 개항 교섭, 조·미 조약 체결 등 외교 통상 분야에서 활약합니다.

어윤중(1848년생)은 가난한 선비 집안에서 태어나 어려서 부모를 여의고 주경야독으로 21세에 과거에 합격, 정계에 진출했습니다. 조부의 영향으로 다산 정약용의 실학을 이어 가던 어윤중은 1872년 김

외교 통상 분야에서 활약한 김홍집, 다산의 실학 사상에 영향을 받은 어윤중, 정통 유학파이나 현실 참여적인 김윤식
(왼쪽부터)

옥균을 장원급제시킨 시험관이기도 했습니다. 그 역시 홍영식, 김옥균과 함께 당대의 실세인 민영익 집에 드나든 8학사(學士) 가운데 한 사람으로, 오경석, 유대치 같은 개화 세력과 깊은 관련을 맺고 있었지요. 1881년 34세에 시찰단에 발탁된 어윤중은 일본에 다녀온 뒤부터 개화에 더욱 열심히 참여합니다. 그는 시찰단원으로 일본의 갖가지 근대 시설을 둘러보던 중 고종의 밀명을 받습니다. 그 길로 청나라로 간 어윤중은 미국과의 수교 교섭을 진행하면서 톈진 기기국을 둘러봅니다. 또한 수행원 윤치호, 유길준, 유정수를 일본에 유학시켜 개화 세력을 넓히는 데도 큰 역할을 합니다.

　김윤식(1835년생) 역시 어려서 부모를 잃고 숙부 집에서 사촌 형제들과 어울리며 자랐습니다. 정통 유학파이면서도 현실 참여적이고 실학적 측면이 짙은 노론 낙파 오희상의 학통을 이어받은 유신환에게서 수학했지요. 이때 민태호, 민규호, 민영목 등 민씨 척족들과 함께 공부한 인연으로 나중에 자연스레 권력의 핵심부에 다가갈 수 있었고, 유신환이 죽은 뒤에는 박규수에게 가르침을 받습니다. 김윤식은 1881년 영선사에 임명되었는데, 이 일 역시 민씨 척족들과의 인연 때문이며, 이후 톈진에서 리훙장과 조·미 조약 체결을 논의하면서부터 개화 관료로 활약합니다.

그런데 이들 온건 개화파들은 주로 막후에서 활동하던 급진 개화파와 달리 청, 일과의 공식적인 외교 채널에 투입되었습니다. 고종은 이들의 온건 성향이 척사 세력의 반대를 완화시킬 수 있다고 생각한 것 같습니다. 온건 개화파는 청의 양무 운동처럼 전통을 유지한 채 서양 문명의 이로운 기술만 받아들이는 점진적이고 개량적인 근대화를 추구했습니다. 서양 문명을 선별해서 받아들여 외세를 막자는 것이었지요.

하지만 이들의 움직임은 중화 문명에서 완전히 벗어나려는 것은 아니었습니다. 때문에 청에 대한 조공사행* 폐지와 조선 외교 사절단의 베이징 상주 등 근대적 외교 관계를 주장하면서도, 조선을 '속방'이라고 주장하는 청을 그대로 인정하는 한계를 보였지요. 이것이 청으로부터의 완전한 독립과 동도 폐기를 주장한 급진 개화파와 다른 점이었습니다.

## 친청과 반청으로 갈라선 개화 세력

온건 개화파와 달리 김옥균 등 급진 개화파들은 청이 아닌 일본을 근대화의 모델로 삼았습니다. 이동인이 일본에 다녀온 뒤 일본에 대

**조공사행(朝貢使行)**
때를 맞춰 종주국(받드는 나라)에 예물을 바치러 가는 사신 일행을 일컫는 말.

해 더욱 호기심이 커진 김옥균은 마침내 스스로 일본행을 결심합니다. 고종도 이를 허락하고 명성 황후는 민영익에게도 동행하라고 권했지만, 사정상 김옥균만 처음으로 일본에 가게 되었지요.

1881년 12월, 서광범, 유혁로, 변수와 함께 일본에 도착한 김옥균은 근대 문명의 실상을 직접 보게 됩니다. 이듬해 1882년 6월에 귀국하기까지 6개월 동안 후쿠자와 유키치의 문명 개화 사상을 접하고, 그의 소개로 이노우에 가오루, 이토 히로부미, 오쿠마 시게노부, 시부자와 에이이치, 고토 쇼지로 등 일본 정부 및 민간의 유력 인사들과 만납니다. 박규수에게 북학 사상을 배우며 개화를 꿈꾸던 김옥균은 이처럼 일본의 눈부신 발전상을 보고 개화 의지를 더욱 불태웁니다.

그런데 김옥균은 귀국 도중 임오군란 소식을 듣습니다. 청이 대원군을 납치해 갔다는 소식에 분개하지요. 왕의 아버지를 함부로 납치해 간 청의 행위는 독립국 조선에 대한 심각한 주권 침해라고 생각했습니다. 그러니 청에게 파병을 요청한 김윤식, 어윤중을 중심으로 한 친청 온건 개화파들에게 심한 분노를 느낄 수밖에요. 곧바로 이들과 절교를 선언하면서 개화 세력은 친청파와 반청파로 갈라집니다. 개화 세력들이 함께 힘을 합쳐 근대화를 추진해도 보수적인 척사 세력 때문에 어려운 처지에서, 청에 대한 입장 차이로 온건파와 급진파로 나뉜 것은 개화 세력에게 큰 불행이었습니다.

급진 개화파 주변에는 주로 일본 유학생 출신의 소장파들이 모여들었습니다. 대표 인물이 윤치호와 서재필, 유길준입니다. 윤치호는 무반인 윤웅렬의 서자로 일본 시찰단 어윤중의 수행원으로 일본에

갔다가 유학하고 돌아와, 통리기무 아문 주사 겸 미국 공사관 통역관 으로 일하고 있었습니다. 서재필은 김옥균의 권유로 일본 도야마(戶山) 육군학교에서 유학하고 돌아와 나중에 갑신정변에 적극 가담합니 다. 그 밖에 신복모, 이은돌, 임은 명, 이규완, 정난교, 신응희 등 일 본에서 유학한 무관들과 이인종, 유혁로 등 하급 군인, 역관 변수 등 이 급진 개화파에 속했습니다. 역 시 어윤중의 수행원 출신으로 일본에서 유학한 유길준만이 민영익 과의 친분으로 온건 개화파와 입장을 같이했지요.

이때 김윤식, 김홍집, 어윤중이 속한 온건 개화파들은 청의 지원 을 받아 세력을 더욱 넓히고 있었습니다. 조영하, 김병시, 신기선도 친청 세력으로, 청나라 방식대로 동도서기적인 개혁을 추진하자고 주장했습니다. 청나라 실력자 리훙장의 추천으로 조선에 온 마젠창 (馬建常 : 마건상)과 독일인 묄렌도르프가 내정과 외교를 쥐락펴락하 는 가운데, 김윤식은 위안스카이(袁世凱)의 도움으로 강화도에 진무 영을 설치하여 청나라식 군사 훈련을 시작합니다.

이렇게 청의 간섭이 있기 전에는 정도 차이만 있을 뿐 다 같이 개 화를 꿈꾸던 온건파와 급진파는, 김윤식이 이끄는 친청 세력과 김옥 균이 이끄는 반청 세력으로 완전히 갈라집니다.

## 급진 개화파, 일본의 발전상을 보며 조바심 내다

청의 내정 간섭과 속방화 정책에 가장 큰 불만을 가진 사람은 역시
고종이었습니다. 따라서 비밀리에 급진파를 지원하며 독자적인 근
대화를 추진합니다. 임오군란으로 인한 손해 배상 문제, 제물포 조
약 비준서 교환, 그리고 관세 문제 협의차 1882년 8월 일본에 파견
한 수신사절단에는 주로 급진 개화파들을 선발했습니다. 정사에 박
영효, 부사에 김만식, 종사관에 서광범이 임명되었고, 고종의 밀명
을 받은 김옥균과 민영익이 고문으로 함께했습니다. 박영효는 뒷날
이때 메이지 일본의 발전상을 본 것이 큰 충격으로 다가와 갑신정변
을 충동적으로 일으켰다고 회고했지요. 또 이때 김옥균, 박영효가
일본에서 극진한 대접을 받는 바람에 일본에 의존할 것을 결심하게
된 것도 사실입니다.

박영효 일행은 3개월 동안 일본에 머무르면서 오쿠마 시게노부,
이토 히로부미, 이노우에 가오루, 후쿠자와 유키치, 시부자와 에이
이치, 오이 겐타로, 이누카이 쓰요시 등 일본 정
계와 재야의 유력 인사들을 두루 만납니다. 또한
일본에 주재해 있던 청, 미국, 영국, 독일, 러시
아, 프랑스, 네덜란드, 벨기에, 스페인, 이탈리아
의 외교 사절들과 폭넓게 사귀면서 세계 정세를
파악합니다. 마침 조선과 수교를 준비 중이던 프
랑스 공사에게는 특별히 서신을 보내 어떻게 수
교 교섭을 해야 유리한지 그 전략을 조언하기까
지 했습니다.

**1882년 박영효가 일본행 배에서 그렸다는 태극기**

이들은 일본 천황을 만나고 일본 외무성 관료들과 각 나라 공사들을 초청하여 대규모 연회까지 열었는데요, 이전의 수신사절과 달리 이렇게 화려한 외교 활동을 펼 수 있었던 것은 아무래도 왕실의 부마라는 박영효의 지위 덕분이었습니다. 수교를 앞둔 각 나라 외교 사절들은 조선의 실력자와 미리 친해 두는 게 교섭에 유리하다고 계산했을 테지요.

일행 가운데 민영익은 청나라에 가기 위해 10월 19일 가장 먼저 귀국길에 올랐습니다. 11월에 박영효와 김만식도 귀국했고요. 하지만 김옥균과 서광범은 고종의 특명에 따라 3개월 더 일본에 머물렀습니다. 김옥균은 이때 오랜만에 우부승지로 승진하는 등 고종의 상당한 기대를 받고 있었지요.

김옥균은 고종의 신임과 1년 전 일본에 처음 갔을 때 사귄 일본 사람들과의 친분을 바탕으로 차관 교섭에 나섭니다. 개화 정책을 추진하려면 막대한 자금이 필요한데, 일본이 조선의 개화를 지원할 수 있는지 타진해 본 것이지요. 관병식*에 참석하고 공과대학 등을 둘러보면서 일본의 근대적 군비와 기계화에 감탄한 김옥균은 더욱 개화를 서두르게 되었고, 이를 위해서는 많은 자금이 필요하다는 걸 알았기 때문이지요.

일본의 외무 대신 이노우에는 일본 정부의 조선 정책이 소극적으로 바뀌었음에도, 요코하마 정금(正金) 은행에서 차관 17만 원을 얻어 주었습니다. 이 차관은 겨우 유학생 비용을 충당하는 정도였지만, 김옥균은 일본의 지원이 계속 이어질 거라 믿습니다. 그리고 고토 쇼지로라는 사람과 제주도 벌채 사업, 포경 사업을 함께 하기로

**관병식(觀兵式)**
지휘관이 군대를 사열하는 의식으로, 열병식과 분열식이 있다.

약속한 뒤, 1883년 3월에 돌아옵니다.

　한편 김옥균보다 먼저 귀국한 박영효는 일본에서 데리고 온 육군 사관학교 졸업생 신복모와 이은돌, 게이오 의숙 유학생 유길준과 함께 개화를 추진하고 있었습니다. 1882년 12월, 23세의 젊은 나이로 한성 판윤이 된 박영효는 고종에게 신문 발간을 건의하여 허락을 받습니다. 그리고 유길준을 통리교섭아문의 주사로 발탁하여 우리나라 최초의 근대식 신문인 《한성순보》를 발간합니다. 또 김옥균이 쓴 《치도약론(治道略論)》에 따라 도로를 정비하기 위해 치도국을 설치하고, 서울의 치안을 담당하는 순경부(巡警部)를 만드는 등, 의욕적으로 근대화 사업에 뛰어들었지요.

　하지만 도로 정비 사업에 대한 주민들의 불만이 거세지자, 3개월 만에 한성 판윤을 그만두고 광주(廣州) 유수로 자리를 옮깁니다. 그리고 고종의 허락 아래 광주에 특별 군영을 설치하고, 이은돌, 신복모를 시켜 신식 군대를 양성합니다.

1883년에 창간한 우리나라 최초의 근대식 신문 《한성순보》

　한편 일본의 재정 지원을 믿고 돌아온 김옥균은 동남 제도 개척사 겸 포경사로 임명되어 차관 교섭을 위해 필요한 담보를 마련하고 재원을 개발하는 데 힘을 쏟습니다. 그러나 청이 임명한 외교 고문 묄렌도르프와 민태호, 민영목, 민응식 등 척족 세력들은 당오전이라는 악화를 찍어 내서 부족한 재정을 메우려 했습니다. 이에 김옥균은 그것이 근본적인 해결책이 될 수 없다고 주장하며 묄렌도르프 세력과 대립하고, 다시 차관 교섭을 위해 1883년 6월 일본으로 향합니다.

고종은 김옥균에게 동남제도 개척사라는 직함이 있는 신임장을 주어 차관 교섭을 맡기면서 큰 기대를 걸었습니다. 개항 이후 급작스레 늘어난 개화 비용을 마련해야 했으니까요. 서양에서 들여온 갖가지 근대 문물들을 사용하거나, 각 나라 사신 및 내방객을 접대하고 사교하는 데 비용이 만만치 않게 들었거든요. 뿐만 아니라 근대적 무기로 무장한 정예병을 길러 청의 간섭에서 벗어나기 위해서도 많은 자금이 필요했습니다.

## 태평양 건너 미국에 간 보빙사*가 본 신세계

1883년 7월(양력), 조선은 서양 국가로는 최초로 미국에 외교 사절단을 파견합니다. 1882년 체결된 조·미 조약의 결과로 미국이 1883년 5월 조선에 특명 전권 공사 푸트(Lucius H. Foote)를 파견하고 국제 사회의 일원으로 대접해 준 데 대한 답례였습니다.

이 무렵 청의 간섭이 심해지면서 서양 강대국인 미국에 기대어 청을 견제해 보자는 생각도 있었습니다. 물론 미국에 가서 직접 서양 문명의 실체를 접하고, 가능하면 그들의 관심과 지원을 이끌어 내려는 목적도 있었지요. 그동안 일본을 통해 서양 문명을 체험해 왔는데, 이제 그 본고장에 직접 나가 보자는 용기를 낸 것이겠지요. 이에 따라 이제까지 막후에서 개화를 조종하던 민영익이 직접 나서게 됩니다. 정사에 민영익이 임명되고, 부사와 서기관도 왕실의 신뢰가 높은 홍영식과 서광범이 임명됩니다.

태평양을 건너 긴 항해 끝에 9월 초 샌프란시스코에 도착한 사절

**보빙사**
외교 관례상 상대국 외교관이 온 것에 대한 답례로 파견된 외교 사절을 일컫는다.

단은, 다시 철도로 갈아타고 미 대륙을 횡단한 뒤 뉴욕에 가서 아서(Chester Arthur) 대통령에게 국서를 전달합니다. 그리고 40여 일 동안 수도 워싱턴의 정부 기관들을 방문하고 뉴욕, 시카고, 보스턴 등지에서 수많은 상공인들의 접대를 받습니다. 근대 시설을 갖춘 공장, 농장, 병원, 전신국, 전기 시설, 우체국, 신문사, 육군사관학교를 시찰하고 박람회도 참관했고요. 특히 박람회에 전시된 갖가지 근대 문물을 보고 놀라움을 감추지 못하면서, 나중에 조선에서도 국제 박람회를 열겠다고 제의했다 합니다.

조선과 수교한 뒤 무역 통상을 크게 기대하던 미국 상공인들은 사절단을 융숭하게 대접했습니다. 사절단원들은 연회에는 관심이 없고 오로지 한 가지라도 더 배우려는 열의에 차서 어디든 지칠 줄 모르고 구경했다고 합니다. 또 미국 국무장관을 방문한 자리에서는 외교 고문과 군사 고문, 그리고 교사를 파견해 달라고 요청했고요.

이처럼 적극적으로 미국을 배우고 의존하려는 태도를 보였기 때문에, 미국 정부는 특별히 민영익, 서광범, 변수 일행을 해군 함정에 태우고 대서양을 횡단하여 유럽 일주 여행까지 시켜 주었습니다. 유럽 각국을 보고 수에즈 운하를 통과해서 인도양을 지나 조선에 오는 6개월에 걸친 세계 일주 여행이었지요.

프랑스, 영국, 이탈리아, 이집트, 인도, 싱가포르, 홍콩, 일본 나가사키를 방문한 민영익 일행이 귀국한 것은 1884년 5월이었습니다. 홍영식과 나머지 사절단은 1883년 11월에 먼저 귀국하고, 수행원으로 갔던 유길준은 민영익의 배려로 미국에 남아 보스턴에서 유학 생활을 시작합니다.

# 조선 최초의 서양 사절단(보빙사)의 미국 여행

전권 대신 민영익, 부대신 홍영식, 종사관 서광범, 그리고 수행원 유길준, 고영철, 변수, 현흥택, 최경석으로 이루어진 8명의 보빙사절단은 1883년 7월 14일(양력) 인천항을 출발한다. 일행에는 중국인 통역관 우리탕(吳禮堂)과 일본인 통역관 미야오카 츠네지로(宮岡恒次郎), 안내 겸 비서로 미국인 로웰(Percival Lowell)이 합류한다.

7월 21일 일본 나가사키에 도착한 보빙사절단은 기선으로 갈아타고 요코하마에 도착해서, 8월 18일 아라빅호를 타고 태평양을 항해하여 9월 2일 샌프란시스코에 도착한다. 드디어 한국인 최초로 아메리카 대륙에 도착한 보빙사절단은 샌프란시스코 시내 버키트가 28번지 팰리스 호텔에 여장을 푼다.

조선의 인천항을 출발한 지 거의 한 달 반 만에 최초로 미국 땅을 밟은 소감이 어떠했을까. 요즘엔 인천 공항에서 비행기로 10시간 남짓이면 닿는 샌프란시스코를 보름 동안이나 배편으로 여행하며 그 긴

**샌프란시스코 팰리스 호텔 로비에서 찍은 보빙사절단 기념 사진**
뒷줄 왼쪽부터 현흥택, 미야오카 츠네지로, 유길준, 최경석, 고영철, 변수.
앞줄 왼쪽부터 퍼시벌 로웰, 홍영식, 민영익, 서광범, 우리탕.

시간 동안 무슨 생각을 하고 무엇을 하며 지냈을지 문득 궁금해진다. 이들이 일기나 기행문, 메모 정도는 남겼을 텐데, 지금은 알 수 없는 게 안타깝다.

보빙사절단은 샌프란시스코 도착 기념으로 호텔 로비에서 단체 사진을 찍고, 다시 대륙 횡단 열차를 타고 시카고를 거쳐 미국의 수도인 워싱턴D.C.에 9월 15일 도착한다. 미국 역사에서 서부 개척의 역사는 곧 대륙 횡단 철도인 유니언 퍼시픽과 센트럴 퍼시픽 두 철도 노선 건설의 역사이다. 지금은 아메리카 대륙을 횡단하는 데 철도를 이용하는 경우는 거의 없지만, 당시만 해도 아시아 쪽에서 태평양을 건너 미국에 도착하면, 동부로 가기 위해서는 누구나 대륙 횡단 철도를 타고 일주일씩이나 또 한 번의 긴 여행을 할 수밖에 없었다.

워싱턴D.C.에 도착한 보빙사 일행은 미국무성의 안내 장교 2인을 배속받는데, 해군 도서관 소속 포크 소위와 해군 정보국 소속 메이슨 중위다. 이들의 안내로 여러 공공 기관을 시찰한 보빙사절단은 이때 미국 정부에 외교 고문과 군사 교관, 농업 기술자 파견을 요청한다. 당시 우리나라의 개화가 시급했던 만큼 미국에게 문명 개화를 배우려 한 것이다. 그런데 이때 미국 대통령 아서는 워싱턴이 아닌 뉴욕에 머무르고 있었다. 따라서 보빙사절단은 아서 대통령을 만나려고 또 뉴욕으로 향해야 했다.

9월 18일 드디어 뉴욕 5번가 호텔에서 조선 보빙사절단과 아서 대통령의 만남이 이루어진다. 아서 대통령을 만난 보빙사절단은 조선의 예법대로 호텔 바닥에 엎드려 큰절을 올려 미국인들을 당황하게

뉴욕 5번가 호텔 현재 모습

아서 대통령에게 큰절을 올리는 보빙사절단

했다.

120여 년 전 미국 땅을 처음 밟은 우리나라 외교 사절단이 아서 대통령과 처음 만난 5번가 호텔은 현재 뉴욕 브로드웨이와 5번가가 만나는 곳에 있다.

한편 보빙사절단은 아서 대통령을 만난 뒤, 미국 측 안내로 보스턴 여행에 나선다. 보스턴은 미국을 개척한 영국 출신의 청교도 상공업자들이 개발한 도시로, 당시에는 산업 혁명이 한창이었다. 보스턴 시뿐만 아니라 로웰(Lowell, 보빙사절단의 통역관 로웰과 같은 이름) 등 주변 산업 도시에 한창 방직 공장들이 들어서고 산업이 발전하는 분위기여서, 미국 측에서 개화를 원하는 보빙사절단에게 한번 시찰해 보기를 권한 것이다. 보스턴을 방문한 보빙사절단은 일주일 가량 보스턴 시내 무역 전시관, 박람회, 모범 농장을 시찰하고, 보스턴에서 북쪽으로 조금 떨어진 산업 도시 로웰에 가서 방직 공장, 의약품 제조 공장을 둘러본다.

보스턴은 영국 식민지로부터 독립 전쟁을 수행한 미국 건국의 역사를 가장 잘 간직한 역사 도시로, 오래된 건물들이 잘 보존되어 있다. 보빙사절단이 묵었던 밴덤 호텔도 현재 보스턴 시내를 흐르는 찰스강 남쪽 커먼웰스 애비뉴에 위치한 채, 현재는 고급 콘도미니엄으로 개조되어 있다.

보빙사절단은 뉴욕에서도 뉴욕 헤럴드 신문사, 뉴욕시 시립 병원, 우체국, 사진관, 철도 회사, 전신소, 소방서, 육군사관학교, 조선소, 제당 회사를 시찰하고, 워싱턴D.C.에서는 내무성의 교육국, 재무성, 농림성 등 미국 정부 각 부처를 순방한다. 백악관에 가서 다시 아서 대통령을 만나고 작별 회견을 한 보빙사절단은 10월 12일 귀국길에 오른다.

귀국길에 민영익은 서광범, 현흥택, 변수, 그리고 미군 무관 포크와 함께 유럽을 일주한다. 이들은 뉴욕 항을 출발할 배편을 기다리는 동안에도 뉴저지 뉴어크 시의 견직물 공장을 방문한다(《뉴욕타임스》 1883년 11월 16일 기사). 미국 군함 트렌턴호를 타고 1883년 11월 16일 뉴욕을 떠난 일행은 포크의 안내로 프랑스 마르세유 항구에 상륙하고, 영국 런던에서는 여드레 동안 궁전과 박물관을 구경한다. 또 일주일은 파리, 이틀은 이탈리아 로마를 여행한다. 그리고 이집트 카이로에서 나흘, 예멘 수도 아덴에서 사흘, 실론에서 닷새,

보빙사절단이 묵었던 보스턴의 밴덤 호텔 현재 모습

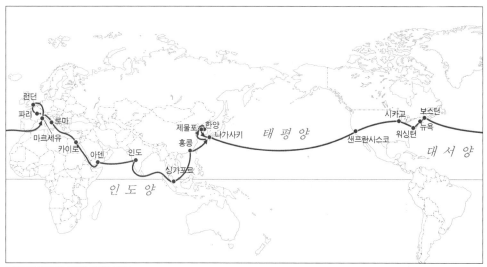

보빙사절단의 세계 여행 경로

인도에서 열사흘, 싱가포르에서 닷새, 홍콩에서 아흐레를 보낸 민영익 일행은 일본 나가사키를 거쳐 1884년 5월 31일 인천항에 귀국한다. 6월 2일 한양에 돌아오기까지 11개월에 걸친 세계 일주여행이었다.

이들과 달리 홍영식 일행은 고영철, 최경석, 로웰, 우리탕, 미야오카, 버나도(미국 해군 소속으로 스미스소니언 박물관 해외 특파원)와 함께 왔던 여정을 그대로 밟아 태평양을 건너 조선에 돌아온다. 10월 16일 워싱턴을 출발하여 약 두 달 만인 12월 20일 한양에 도착한다.

이렇게 해서 한국인 최초로 미국 땅을 밟은 보빙사절단의 긴 여행은 끝났다. 보빙사절단에 참여했던 홍영식, 서광범은 바로 1년이 지나 좀 더 급진적인 개화를 위해 갑신정변을 일으킨다. 반면 민영익은 이들 개화파의 정변에서 큰 부상을 당한다.

한국인으로는 처음으로 함께 미국 땅을 밟은 민영익과 홍영식, 서광범은 왜 끝까지 함께하지 못하고 서로 다른 길을 걷게 되었을까? 유럽 일주 여행까지 해서 좀 더 넓은 세계를 본 민영익은 왜 개화에 더 적극 나서지 않고 개화파와 사이가 멀어지게 되었을까? 이들이 자신들의 생각을 담은 일기장이나 여행기라도 남겼다면 속 시원히 그 속사정을 알 수 있을 텐데, 많은 아쉬움이 남는다.

# 최초의 미국 유학생 유길준의 더머 아카데미를 찾아서

최초로 미국 땅을 밟은 보빙사절단 가운데 수행원 유길준은 바로 귀국하지 않고 미국에 남아서 한국인 최초의 미국 유학생이 되었다. 유길준은 보빙사절이 되기 전에는 1881년 조사시찰단 어윤중의 수행원으로 일본에 갔다가 후쿠자와 유키치가 운영하는 게이오 의숙(慶應義塾)에 입학하여 외국인으로서 처음으로 일본에서 유학한 인물이기도 하다. 이번에는 민영익의 주선으로 미국 유학 생활을 하게 된 것이다.

유길준은 하버드 대학 입학을 목표로 보스턴 북쪽 도시 바이필드에 있는 더머 아카데미(Dummer Academy) 3학년에 입학하여 4개월 남짓 수학한다. 그런데 유길준은 어떻게 영어로 진행되는 수업을 따라갈 수 있었을까? 미국에 가기 전 영어를 미리 배운 것일까? 유길준은 더머 아카데미에 입학하기 전에 미리 에드워드 모스(Edward S. Morse, 1838~1925)라는 미국인 교수의 개인 지도를 받았다. 모스는 하버드 대학 출신의 생물학자로, 도쿄대 초빙 교수로 일본에 가서 최초로 찰스 다윈의 진화론을 소개한 학자다.

그러면 유길준은 모스를 어떻게 알게 되었을까? 유길준은 일본 게이오 의숙에서 유학할 때 모스 교수를 강연회에서 만났다고 한다. 이런 인연으로 당시 매사추세츠 주 세일럼 시에 있는 피바디 박물관장으로 있던 모스 교수를 찾아가 10개월 정도 개인 지도를 받은 것이다. 여기에는 보빙사절단의 통역을 맡은 퍼시벌 로웰의

**미국 유학 시절의 유길준과 그의 스승 에드워드 모스 교수**

소개도 큰 힘이 되었다. 로웰은 하버드 대학을 졸업했으며, 그의 형도 하버드대 총장을 지낸 보스턴의 명문가 출신이다. 그는 유길준을 대학 친구인 모스에게 소개했다.

유길준이 모스 교수에게 보낸 영문 편지가 남아 있다. 놀랍게도 유길준은 미국에 간 지 1년도 안 된 상태에서 모스 교수에게 영어로 편지를 썼다. 보통 한국 학생들은 영어 작문을 가장 어렵게 생각하는데, 유길준은 천부적으로 영어를 아주 잘했던 모양이다. 유길준은 더머 아카데미에 입학했을 때도 여러 과목에서 우수한 성적을 거두었다고 모스 교수에게 쓴 편지에서 자랑하고 있다. 미국 학생들과 함께 영어, 수학, 지리, 라틴어 따위를 공부하면서 실력을 겨루는 것이 쉽지 않았을 텐데, 유길준은 열심히 공부하여 석 달 만

에 영어 회화가 가능할 정도였고, 학업 성적도 우수했다.

1884년 11월 3일 모스 교수에게 보낸 그의 편지를 보면, 화산·지진·간헐천에 관한 지구과학 시험에서 94점을 받았고, 수학 시험에서 100점을 받아 매우 기쁘다고 했다. 다른 편지에서는 어제 시험에서 87점을 받았는데, 이는 다른 학생보다 16점 더 높은 점수라고 자랑하고 있다.

모스 교수가 박물관장으로 있던 피바디 박물관(Peabody Essex Museum)은 현재 보스턴 북쪽으로 24킬로미터 떨어진 세일럼이라는 도시에 있다. 세일럼은 19세기 미국 뉴잉글랜드 지역에서 해양 무역업이 번창했던 항구 도시이다. 1799년 설립된 피바디 박물관은 미국에서 가장 오래된 박물관으로, 중국·인도·일본·한국 등 동양에서 가져온 도자기, 상아 공예품,

유길준이 모스 교수에게 쓴 영문 편지

피바디 박물관 외관

**피바디 박물관의 유길준 특별 전시실(위, 아래)과 유길준이 모스 교수에게 선물한 조선 갓**

은제품, 비단 들이 전시되어 있다.

특히 1층 전시실은 현재 한국 국제교류 재단의 지원으로 유길준을 기념하는 특별 전시실로 마련되어 있다. 유길준 특별 전 시실은 2003년 9월에 만들어졌고, 미국 에서 한국 사람의 이름을 딴 최초의 전시 실이다. 피바디 박물관에는 유길준이 1884년부터 1897년까지 에드워드 모스 교수와 주고받은 영문 편지 20여 통과 유 길준이 모스에게 선물한 부채, 관복, 한 복, 갓, 망건, 토시 등 유품 70여 점이 소 장되어 있다.

피바디 박물관에서 500미터 떨어진 곳

에는 유길준이 살았던 하숙집, 그리고 하 숙집에서 1킬로미터 떨어진 곳에 모스 교 수가 살던 집이 지금도 있다.

유길준이 다닌 더머 아카데미는 세일럼 시에서 북쪽으로 30킬로미터 떨어진 바 이필드 시에 있다. 1763년 설립된 더머 아카데미는 유길준이 입학한 당시에는 모 든 학생들이 기숙사 생활을 했다. 이곳은 미국에서 가장 오래된 기숙 학교로, 주로 하버드대에 학생들을 입학시키는 명문 사 립 학교였다고 한다. 하버드대와 메사추 세츠 공과대학(MIT)이 있는 보스턴 지역 은 세계적인 교육 도시로, 유명한 사립 학

유길준이 다닌 거버너스
더머 아카데미 전경

유길준이 살았던 하숙집의 현재 모습(위)과
모스 교수가 살았던 집 현재 모습(아래)

더머 아카데미 휴게실에서
공부하고 있는 학생

교가 많이 몰려 있고 지금도 한국인 유학생이 매우 많다.

더머 아카데미에는 한국인 유길준이 이 학교에 다녔음을 알리는 안내판이 붙어 있다. 학교 도서관 앞에는 유길준 기념비도 세워져 있으며, 학교를 소개하는 안내 책자에도 유길준이 등장한다.

그런데 불행하게도 유길준의 더머 아카데미 생활은 길지 못했다. 갑신정변이 발발했다는 소식이 들려온 것이다. 개화 정책의 하나로 시작된 유길준의 미국 유학 생활도 개화파들이 정변을 일으켰다가 실패하는 바람에 중단될 수밖에 없었다. 유길준은 학비도 끊기고 귀국하라는 명령이 떨어졌기에 귀국길에 오를 수밖에 없었다. 하지만 그는 바로 귀국하지 않고 유럽 여러 나라를 만 1년에 걸쳐 여행한 뒤 1885년 11월 16일 귀국한다. 그리고 여행하면서 본 서양 사정을 그 유명한 《서유견문》이라는 저서에 남겼다.

유길준이 《서유견문》에서 언급한 도시들은 미국에서는 워싱턴, 뉴욕, 필라델피아, 시카고, 보스턴, 샌프란시스코이고, 이집트-런던-포르투갈-지브롤터-지중해-수에즈 운하-홍해-싱가포르-홍콩을 거쳐 귀국했다고 알려져 있다.

알렌이 설립한 1885년 광혜원(제중원) 당시 모습과 알렌(왼쪽)

보빙사행 이후 개화 정책의 통로는 미국 쪽으로 빠르게 기웁니다. 1883년 12월 창설된 기연해방영에 미국인 군사 교관을 초빙하고, 라이플 총 4000정을 미국에 주문합니다. 임오군란 이후 깊어진 청의 군사적 영향력에서 벗어나려는 노력이었지요. 1884년 1월에는 양잠 시설 설치와 상해-인천, 부산-나가사키 간 기선 항해를 미국 회사에 허락하고, 5월에는 민영익이 미국에서 구입해 온 가축들로 목장을 열었습니다. 또 9월에는 대궐에 쓸 전등 장비를 주문하고, 1885년 2월에는 의사 알렌이 근대식 병원인 광혜원(나중에 '제중원'으로 이름이 바뀜)을 열기에 이릅니다.

# 3일 천하로 끝난 갑신정변

갑신정변, 개화당 세상을 꿈꾸다

한편 미국을 통로로 개화가 추진되면서 일본에 의존해 근대화를 추진하려던 급진 개화파는 소외되기 시작합니다. 먼저 개화파를 적극 지원해 오던 민영익이 미국에 다녀온 뒤부터는 김옥균을 멀리합니다. 민영익은 서양 열강과 비교할 때 일본은 아직 문명 진보의 수준이 어린아이 정도라고 생각한 듯합니다. 게다가 일본과 차관 교섭을 벌이던 김옥균이 빈손으로 귀국하자, 급진 개화파는 더욱 찬밥 신세가 됩니다.

반면 정국은 점점 청의 지원을 받는 친청 세력 위주로 돌아가고 있었습니다. 미국은 기대했던 만큼 조선이 중요하지 않다고 판단했는지, 주한 미국 공사의 지위를 강등하고 군사 교관 파견 요청에도 응답이 없었습니다. 1884년 8월 친군영제 개편이 있었는데, 한규직, 이조연, 윤태준, 민영익을 중심으로 한 친청 세력들이 군사권을 모조리 장악하고, 미국 군사 교관 대신 청국 교관을 초빙한다는 계획을 발표합니다. 청의 내정 간섭에서 벗어나야 한다고 생각하던 급진 개화파들에게는 크나큰 위기가 온 것이지요.

이때 마침 베트남 문제를 둘러싸고 청·불 전쟁이 일어나면서 조선에 주둔해 있던 청군 3000명 중 1500명이 철수합니다. 개화당은 정변을 일으킬 기회는 바로 이때라고 생각합니다. 주한 일본 공사 다케조에도 이전의 냉랭하던 태도에서 돌변하여 개화당에 접근하며

갑신정변이 일어난 우정국 건물

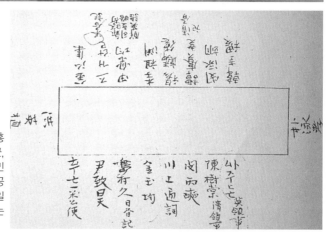

**우정국 낙성식 기념 축하연 자리 배치도**
우정국을 새로 지은 기념으로 우정국 총재 홍
영식이 초대한 이 자리에는 개화파인 김옥균,
박영효, 서광범과 개화파들의 제거 대상인 민
영익, 한규직, 이조연, 민병석 그리고 미국 공
사, 영국 총영사 등 18명이 참석했다. 《갑신일
록》에 나와 있는 김옥균의 필적으로 그렸다는
자리 배치도이다.

일본 공사관 호위 병력 150명을 지원하겠다고 약속합니다. 청이 조
선에서 잠시 군사력을 뺀 틈을 타서 일본 세력을 넓혀 보겠다는 속
셈이었겠지요.

드디어 1884년 10월 17일(양력 12월 4일), 우리나라 최초의 근대식
우체국인 우정국 낙성식을 거사 날로 잡습니다. 우정국 총재는 바로
개화파 홍영식이었지요. 저녁 7시, 축하연에 미국 공사 푸트, 영국
총영사 애스턴, 해관 세무사 묄렌도르프 등 외국 손님들을 비롯하여
홍영식, 박영효, 김홍집, 한규직, 민영익, 이조연, 김옥균, 서광범,

민병석, 윤치호 등 18명이 참석했습니다.

한 달 전부터 거사를 계획한 쿠데타 세력은 우정국 주변 민가에 불을 지르고, 소란을 틈타 정권 실세인 민영익을 칼로 찔러 중상을 입힙니다. 그리고 창덕궁에 쳐들어가 놀란 고종과 명성 황후를 경우궁으로 옮기고 호위 병사들로 에워쌉니다. 그들은 또 난리 소식을 듣고 입궐한 세 군영 책임자 윤태준, 이조연, 한규직과 친청파 고관인 민태호, 민영목, 조영하를 모두 살해합니다.

이때 행동 대원들은 개화당이 몰래 키워 온 비밀 결사인 충의계 회원 43명, 서재필이 지휘하는 일본 사관학교 출신 유학생 장교들, 박영효가 광주 유수로 있을 때 남한산성에서 훈련시킨 친군 전영 병사 500명, 개화당 인사들이 집에서 부리던 하인 등 심복들이었습니다. 또 궁궐 안 건물에 불을 지르거나 화약을 터뜨리고 문을 열어 준 수문장, 궁녀, 내시 같은 협조 세력도 있었습니다.

## 3일 천하로 끝난 개화당 정권

쿠데타 다음 날, 개화당은 홍영식을 좌의정으로 하는 새 내각을 구성해 발표합니다. 김옥균은 재정을 관리하는 호조 참판을 맡고, 박영효는 군사권과 경찰권, 서광범은 외교를 맡았습니다. 대원군 세력과 왕실 가족인 종친들, 김윤식과 김홍집 등 온건 개화파에게도 자리를 나눠 주었습니다. 민씨 척족들만 제외하고 일종의 연합 정권을 구성한 셈이지요.

명성 황후는 쿠데타 세력의 속셈을 재빨리 알아차리고 거처가 비좁다는 핑계를 대어 창덕궁으로 옮기자고 강력히 주장했습니다. 개화당은 적은 병력으로 호위하기 어려운 창덕궁으로 돌아가는 것이 부담스러웠지만, 일본군 150명을 믿고 계동궁을 거쳐 결국 창덕궁으로 환궁합니다. 그리고 10월 18일 오후부터 19일 새벽까지 열띤 토론 끝에 드디어 '혁신 정강'을 발표합니다. 새 정부의 방향을 제시한 조항들이지요.

그 내용은 대원군을 귀국시키고 청에 대한 사대를 폐지할 것, 문벌을 타파하고 인민 평등을 실현할 것, 전국의 지조법을 개정하고 재정을 통일할 것, 탐관오리들을 엄벌할 것, 백성들이 진 환곡 빚을 면제하고 특권 상인 단체인 혜상공국을 폐지할 것, 경찰 제도를 정비하고 군사 제도를 개혁할 것 들로 알려져 있습니다. 대체로 청의 압박에서 벗어나 자주 독립국 체제를 갖추고 반봉건적인 근대화 개혁을 추진할 것을 다짐한 내용이지요.

또한 이러한 조치들은 대신과 참찬이 의정부 회의에서 결정한 뒤 왕에게 보고하는 정치 체제를 구상했습니다. 국정 운영을 전제 왕권에 맡겨 두는 것이 아니라, 정부 관료들이 주도하는 체제로 그린 것이지요. 궁극적으로는 입헌군주제 아래 내각제를 지향한 것으로 보입니다.

하지만 개화당 천하는 잠시뿐이었고, 10월 19일 오후 3시부터 청군의 공격이 시작되었습니다. 청군 1500명이 두 부대로 나뉘어 창덕궁에 쳐들어왔으니, 개화당 측 군사 500명으로는 어림도 없었지요. 반면 지원을 약속했던 일본군은 청군과 전면전이 될까 두려웠는지 슬슬 꽁무니를 빼며 달아나기에 바빴습니다.

## 갑신정강 14개 조

김옥균이 갑신정변 실패 후 일본 망명지에서 기록한 《갑신일록》에 의한 것이다. 본디 80여 조항이 있었다고 한다.

1. 대원군을 며칠 안에 돌아오게 할 것, 조공하는 허례를 폐지할 것
2. 문벌을 폐지하여 인민 평등의 권리를 제정하고, 사람의 능력으로 관직을 택하게 하지 관직으로 사람을 택하지 않을 것
3. 전국의 지조법을 개혁하여 간사한 관리들을 근절하고 백성의 곤란을 구하며, 겸하여 국가 재정을 유족하게 할 것
4. 내시부를 폐지하고 그 중에서 참으로 우수하고 재능 있는 자는 등용할 것
5. 그동안 나라에 해독을 끼친 탐관오리 중에서 심한 자는 처벌할 것
6. 각 도의 환자(還上;환곡) 제도는 영구히 폐지할 것
7. 규장각을 폐지할 것
8. 순사 제도를 시급히 설치하여 도적을 방지할 것
9. 혜상공국을 폐지할 것
10. 그동안 유배, 금고된 사람들을 다시 조사하여 석방할 것
11. 4영을 합하여 1영으로 만들고, 장정을 선발하여 근위대를 시급히 설치할 것(육군대장은 세자를 추대할 것)
12. 모든 국가 재정을 호조로 하여금 관할케 하며, 그 밖의 모든 재무 관청은 폐지할 것
13. 대신과 참찬은 합문 안의 의정부에서 매일 회의를 하여 정사를 결정 한 뒤 왕에게 아뢴 다음, 정령을 공포해서 정사를 집행할 것
14. 정부는 6조 외에 불필요한 관청에 속하는 것은 모두 폐지하고 대신과 참찬으로 하여금 토의하여 처리하게 할 것

사태가 이렇게 되자, 개화당 세력들은 쿠데타 실패를 받아들일 수밖에 없었습니다. 이날 밤 김옥균, 박영효, 서광범, 서재필은 다케조에 일본 공사를 따라 일본 공사관으로 도피했습니다. 그리고 다음 날 인천으로 가서 일본 망명길에 올랐지요. 반면 끝까지 창덕궁에 남아 고종을 호위하던 홍영식과 박영효의 형 박영교, 신복모 등 7명의 사관생도들은 청군에 잡혀 재판도 없이 처형되었습니다.

겨우 3일 천하로 끝나고 만 개화 정권은 막대한 피해만 남긴 채 한낱 꿈으로 돌아갔고, 급진 개화파는 완전히 몰락했습니다. 임오군란에 이어 다시 갑신정변마저 진압한 청은 조선의 내정에 더 깊이 간섭하고, 김윤식 등 친청파들이 중요한 자리를 차지하게 됩니다.

갑신정변 실패의 원인은 여러 가지를 들 수 있습니다. 먼저 지원을 약속했다가 슬그머니 꽁무니를 뺀 일본의 배신도 문제였고요, 무엇보다도 아직 준비가 부족한데 섣불리 쿠데타부터 일으킨 급진 개화파 세력의 조급함이 문제였습니다. 특히 개화당이 자신들의 부족한 힘을 외세인 일본군에 의존하려 한 것은 큰 잘못이었지요. 이들은 근대화 개혁을 내세우면서도 일본을 끌어들여 왕을 협박하고 정권을 찬탈하려 했다는 점에서 내내 비난을 받게 됩니다. 앞으로 그들이 무엇을 하려고 해도 혹시 일본을 끌어들여 나라를 팔아먹으려는 게 아닌가 의심하게 만든, 큰 실수를 저지른 것이지요.

분명 개화당 세력은 당시 세계 정세와 근대 문물에 가장 밝았고, 개혁에 대한 열정으로 우리나라 근대화를 앞장서 지도해야 할 인재들이었습니다. 그런 그들이 조급하게 쿠데타를 일으켜 영원히 회복할 수 없는 불명예를 얻게 된 것은 너무나 안타까운 일입니다.

# 개화파가 구상한 근대 국가는 어떤 나라였을까?

만약에 개화파가 갑신정변에 성공해서 정권을 잡았다면, 조선은 과연 어떤 나라가 되었을까? 그들의 평소 주장을 종합해 보면 다음과 같은 나라가 그려진다.

먼저, 권력 구조는 전제 군주가 존재하지만 실권이 없고, 개화 관료들이 의정부 회의에서 뜻을 모아 정치를 운영하는 입헌군주제가 되었을 것이다. 오늘날 영국에 여왕이 있지만 수상이 내각을 이끌며 국정을 운영하는 체제를 상상하면 된다.

개화파는 이런 정치 체제를 군민공치(君民共治: 군주와 국민을 대표하는 세력이 함께 다스리는 정치)라고 표현하곤 했다. 1883년 보빙사로 미국에 다녀온 홍영식은 고종에게 미국의 대통령제에 대해 상세히 설명했지만, 조선에서는 아직 대통령을 선거로 뽑는다는 것은 상상조차 할 수 없는 일이었다.

따라서 갑신정변에 실패하고 일본으로 망명한 박영효도 1888년 고종에게 올린 상소문에서 오로지 '군민공치'만을 주장했다. 유럽의 제국주의가 약소국을 틀어쥐고 아시아에까지 다다른 위기 사태에 대처하기 위해서는 일대 변혁이 반드시 필요한데, 그 핵심은 정치 변혁에 있다고 주장했다.

여기서 정치 변혁이란 모든 문명국의 경우처럼 임금의 권리를 다소 제한하고 인민의 참정권을 보장하는 것이었다. 전제 군주권을 제한하고 인민에게 권한을 부여하면 인민은 부여받은 권한만큼 나라에 책임을 지게 되고, 이것이 문명 개화와 부국강병의 방도가 된다는 주장이었다.

개화파들은 대부분 '모든 인간에게는 하늘이 부여한 인권이 있다'는 천부인권론에 바탕을 둔 국민주권론을 지지했다. 군민공치는 바로 국민주권론을 실현하는 방법이었다. 이때 '국민'이란 전통 시대의 백성과는 달리, 봉건적 신분제의 차별을 받지 않고 누구나 다 같은 인권을 지닌 평등한 국민을 말한다.

박영효는 왕실의 부마 출신이면서도 "무릇 한 나라에서 같은 인간이고 같은 할아버지의 자손으로서, 귀천을 억지로 정하여 서로 결혼하지 않고 상하가 멀리 떨어져 살아야 하는 풍습은 진실로 천지의 이치와 선조의 의리를 저버리는 일"이라고 주장했다. 〈갑신정강〉에 문벌을 폐지하여 인민 평등의 권리를 제정한다고 한 것도, 이처럼 신분제를 없애고 민이 정치에 참여하는 국민 참정권 사상을 가지고 있기 때문이었다.

갑신정변에는 참여하지 않았지만 유길준 역시 《서유견문》에서 천부인권론을 말하면서, 천자(天子 : 하늘의 아들이란 말로, 옛 중국 왕조에서 군주를 부르는 칭호)에서부터 필부(匹夫 : 신분이 낮고 보잘것없는 사내)에 이르기까지 현명하고 어리석고, 귀하고 천하고, 가난하고 부유하고, 강하고 약하고에 상관없이 인간은 누구나 인권이 있는데, 태어난 뒤에 따라붙는 지위는 인위적 구별(신분)에 불과하다고 했다. 또한 빈부 귀천, 강약에 상관없이 모두 조선인이라는 이름을 똑같이 공유한다고 주장함으로써, 근대적인 민족 개념을 지니고 있었다.

한편 개화파는 기존의 경제 체제를 어떻게 바꿔서 부국강병한 근대 국가를 건설하려 했을까? 당시 지주제에 대한 농민들의 불만은 높았고, 몇몇 실학자들은 균전론(均田論 : 토지를 골고루 소유하자는 주장)에 따른 토지 개혁을 주장하고 있는 현실이었다. 〈갑신정강〉의 지조개정(地租改正) 조항으로 미루어 볼 때, 개화파는 지주의 토지를 빼앗아 농민에게 분배하는 토지 개혁론보다는 일본식으로 토지에 부과하는 세금, 곧 지세 제도를 근대적으로 개혁하려 했다. 몇몇 실학자들이 주장한 토지 개혁론은 나라에서 지주들의 토지를 빼앗아 농민들에게 주는 것으로, 이것은 지주들의 원망을 살 뿐 아니라 백성들에게는 남의 것을 공짜로 얻으려는 기대를 준다고 해서 반대했다.

그러면 조선 후기 이래 수많은 농민 봉기의 원인이었던 토지 소유의 편중과 빈부 갈등은 어떻게 해결하겠다는 것이었을까? 개화파의 주장은 농민들이 지주에게 내는 소작료를 줄이거나, 국가에 내는 지세 제도를 고치자는 것이었다. 이는 토지 소유의 재분배를 요구하는 농민적 토지 개혁론과는 거리가 멀었다. 이 점이 개화파가 농민층의 지지를 얻지 못한 근본 원인이었다. 개화파는 대부분 양반 지주 출신이었기 때문에, 농민들의 주장이나 농민들 편에 선 실학자들의 토지 개혁론을 받아들일 수 없었던 것이다.

개화파들은 토지 개혁을 한사코 반대했을 뿐 아니라, 가난한 사람들을 구제하는 것도 국가의 세금 낭비라고 생각했다. 빈민들이 못사는 것은 절약과 근로가 뭔지 잘 모르기 때문이지 국가가 책임질 일이 아니라는 것이었다. 반면 부자의 재산권은 국가가 보호해야 할 대상이며, 재산권은 인간이 누릴 당연한 권리라고 생각했다. 개화파는 결국 재산이 있는 계층인 지주들 중심으로 근대 국가를 만들어 가려고 생각한 것이다.

개화파는 땅 없는 농민들에게 토지를 나누어 주기보다는 차라리 공장이나 철도 건설 현장에 보내 일을 하게 하자고 했다. 돈 있는 지주들이 서양에서처럼 철도나 전선 혹은 공장을 세우면 가난한 농민들이 그곳에서 일할 수 있다는 논리였다. 개화파 중 한 사람인 김윤식은 우리나라 사람들은 대부분 부자를 미워하는데, 부자는 검소하고 부지런히 일해서 집안을 일으킨 사람이므로 오히려 보호받아야 한다고 주장했다(호부론). 나라는 부자의 이익을 보호해 주는 대신 세금을 받고, 가난한 사람들은 부자들에게 고용되니 당연히 부자를 보호하고 육성해야 한다는 생각이었다.

부자들이 모두 부지런해서 돈을 모은 것도 아니고, 가난에는 사회 구조적인 이유도 작용한다. 그런데 개화파들은 지주들을 보호하고 육성하여 그 자본으로 근대 자본주의 경제 체제를 만들려고 했다는 점에서 부르주아 경제 사상을 가지고 있었다고 평가된다.

또한 개화파는 자본주의 경제 체제를 만들기 위해 농업보다는 상업을 통한 발전을 강조했다. 김옥균이 평소에 교통·통신을 강조하고, 1886년 상소문에서 양반을 없애자고 주장한 것도 상업 발전을 위해서였다. 세계가 모두 상업 위주로 서로

경쟁하는데, 조선의 양반은 하는 일 없이 인민이 만든 부(富)를 중간에서 수탈만 하는 존재이므로, 이들을 없애야 나라가 발전한다고 주장했다. 개화파가 건의해서 만든 신문 《한성순보》에서도 서양의 회사 종류와 조직, 운영 방법 들을 상세히 소개하면서, 이것이 나라의 부강을 이룩하는 기초가 된다고 주장했다.

개화파는 또한 대외 무역을 중시했다. 특히 자유무역주의를 주장하면서 개항 통상이야말로 개화의 지름길이라고 생각했다. 서양에서 들여온 물건들을 사치품이니 금지하자고 주장한 위정 척사 세력과는 정반대 생각을 가지고 있었다. 개화파는 척사 세력과는 달리 선진 자본주의 국가들과의 통상에서 생길 수 있는 폐해를 전혀 인식하지 못했다. 선진 상품을 수입하면 국내 상권이 침탈될 수 있다는 것을 전혀 고려하지 않았을 뿐 아니라, 정부가 인위적으로 국내 산업을 보호하는 정책에 반대했다. 유길준의 경우, 영국의 국내 산업 보호 정책을 비난하면서 보호무역주의는 무역의 대도에 어긋난다고까지 주장했다. 개화파 세력이 대부분 지주 계급 출신이었으므로, 개항 이후 일본으로 쌀을 수출하여 부를 쌓아 가던 지주 계급의 입장을 대변한 것이다.

## 러시아를 끌어들여 청의 압박을 막아 보자!

한편 갑신정변마저 진압한 청은 조선의 내정에 더욱 심하게 간섭했습니다. 이에 고종과 명성 황후는 다시 개화를 추진하면서 청의 방해와 압박에서 벗어나기 위해 러시아를 끌어들입니다. 1885년 1월, 고종이 몰래 러시아 황제에게 보낸 친서가 발각되면서 큰 문제가 되는데요, 이것이 바로 1차 조·러 밀약 사건입니다. 외무 대신을 맡고 있던 친청파 김윤식 등이 맹렬히 반대해서 이 밀약은 깨지고, 여기에 개입한 외교 고문 묄렌도르프도 물러납니다. 청은 고종과 명성 황후의 반청 움직임을 견제하기 위해, 이 해 8월 청의 보정부에 연금되어 있던 대원군을 불러들입니다. 대원군을 통해 이들을 압박하자는 속셈이었지요.

조선에 와서 내정에 간섭하며 상왕처럼 군림한 위안스카이

청은 또 10월에는 위안스카이를 '조선 주재 총리교섭통상사의'라는 직책에 임명하여 조선에 압력을 더했습니다. 젊은 위안스카이는 오만방자하게 굴면서 마치 고종 위에 앉은 상왕처럼 군림했습니다. 고종은 이런 청의 압박에서 벗어나려고 또다시 러시아와 밀약을 추진합니다. 2차 조·러 밀약은 미국인 외교 고문 데니와 민영환 그리고 김가진, 김학우 등 신진 개화 세력이 1886년 3월, 다시 한 번 러시아에 보호를 요청한 사건이지요.

하지만 이번에도 위안스카이와 친청 세력의 강력한 반발로 밀약은 또다시 깨지고 맙니다. 위안스카이는 오히려 고종을 폐위하겠다고 협박까지 했습니다. 고종도 이에 맞서 친청 세력을 숙청하는 방식으로 저항했고요. 고종 폐위 음모에 연루되었다는 명목으로 친청 세력의 거두인 김윤식을 유배 보내고, 어윤중, 김홍집 등 친정파들도 모두 정계를 떠나게 했습니다.

이로써 갑신정변으로 급진 개화파가 몰락한 데 이어 온건 개화파들도 모두 정계를 떠나기에 이릅니다. 민씨 척족의 대표로서 명성 황후가 그렇게 믿었건만, 친청 세력으로 기울어진 조카 민영익마저 정계 은퇴를 선언하고 상하이로 망명해 버렸지요.

급진파, 온건파를 막론하고 개화파들이 모두 정계를 떠난 상황에서 고종과 명성 황후는 이제 러시아에 기대게 됩니다. 마침 서울에 부임한 러시아 공사 웨베르는 고종, 명성 황후와 매우 긴밀한 관계를 이어 갔습니다. 애초에 러시아를 끌어들이자는 책략은 명성 황후의 머리에서 나왔다고 합니다.

그런데 문제는 러시아 측 태도가 조선 왕실이 기대했던 것보다 훨씬 소극적인 데 있었습니다. 러시아는 조선의 보호 요청을 받아들이기에는 조선에 대한 정보가 무척 부족했고, 무엇보다도 청 혹은 일본과 군사적 충돌을 피하기 위해 엄격히 중립을 지킨다는 불간섭 정책을 고집했습니다. 다시 말해서 조선이 다른 열강에 병합되지 않고 독립을 유지하는 것은 지지하지만, 이를 위해서 러시아가 직접 군사 동맹국이 되어 과다한 방위비를 지불하는 것에는 반대 입장이었지요. 따라서 조선의 적극적인 보호 요청에도 불구하고 두 번의 조러 밀약은 실패로 끝납니다.

황쭌셴의 《조선책략》 이후 러시아의 남하 정책이 굳어진 사실로 알려지고, 이를 저지한다는 이유로 영국이 거문도를 점령하기도 했지만(1885년 거문도 사건), 러시아는 본토에서 너무나 먼 태평양 진출에 발 벗고 나설 만한 국력이나 재정 여유가 없었다고 합니다.

결국 러시아 사정에서 볼 때, 고종과 명성 황후가 추진한 '인아거청(引俄拒淸)', 다시 말해서 아라사(러시아)를 끌어들여 청을 거부한다는 외교 정책은 국내 정치 세력의 반대가 없었어도 실현되기 어려운 방안이었지요. 그럼에도 불구하고 오랜 기간 동아시아의 패자로 군림해 온 청이 제시한 《조선책략》의 방아론(러시아를 막으라는 주장)을 거부하고, 오히려 인아거청을 시도한 명성 황후의 외교 책략은 코페르니쿠스적 전환*으로 평가받을 만합니다.

## 신진 개화파가 등장하다

갑신정변으로 급진 개화파들이 일본으로 망명하고, 청과의 갈등 속에서 온건 개화파까지 모두 정계를 떠난 상황에서 새로이 신진 개화파가 등장합니다. 조희연·안경수·김학우·김가진·권형진·정병하 등이 1880년대 후반에 등장한 신진 개화파인데요, 이들은 새로 만들어진 육영공원(1886), 연무공원(1887), 광무국(1887), 기기창(1887) 같은 근대화 기구에서 갖가지 실무를 담당했습니다.

그런데 여러 근대화 기구들은 재원 부족으로 곧 운영 정지 상태에 빠지고 맙니다. 1888년 폐간되었던 《한성순보》를 복간한 《한성주보》가 적자로 인해 또다시 폐간되고, 1889년에는 농상소와 농무목축 시험장이 폐지됩니다. 고종은 외국 차관을 끌어들여 운영 자금을 마련하려 했지만, 청은 조선의 자주적 근대화를 방해하기 위해 청나

# 고종은 개명 군주인가?

갑신정변 실패로 개화파가 물러난 뒤에도 계속 개화 정책을 추진한 고종은 과연 어떤 생각을 가지고 있었을까?

일반적으로 알려진 바와 달리, 고종은 기존의 질서를 그대로 지키려고 한 봉건 군주라기보다 새로운 서양 문물에 관심이 많은 개명 군주에 가까웠다. 고종의 개혁 의지는 이른바 실학적 개화론에서 나온 것이었다. 고종은 평소 다산 정약용의 《여유당전서》를 모두 베껴 나랏일을 보는 데 늘 참고했고, 다산 같은 인물이 없음을 개탄했다고 한다. 1884년 6월 교서에서는 직접 '실사구시'를 표방하기도 했다.

또한 고종은 이미 헌종 연간에 조선에 들어와 널리 읽힌 《해국도지》, 《영환지략》 같은 개화 서적들을 읽었고, 1881년 김홍집이 일본에서 가져온 뒤 개화 상소에서 가장 많이 인용된 정관응의 《이언》도 읽었다고 알려져 있다. 이런 책들을 통해 서양에 대한 지식을 쌓은 고종은 위정척사 세력들에 비하면 개화에 대해 굉장히 진보적인 태도를 보인 셈이다.

하지만 고종의 개화 추진 방식은 김옥균 등 급진 개화파와는 달리 동도서기론적이었다. 곧 동양의 도는 유지한 채 서양 문명의 이기만 수용하자는 태도로 온건 개화파의 생각과 비슷했다. 그러나 청의 간섭에 대해서는 김윤식 등 친청 온건 개화파의 생각과 달리 반대했고, 이 점에서는 급진 개화파와 의견이 같았다. 그러면서도 급진 개화파가 일본처럼 급속한 서구화를 꿈꾸는 것에 대해서는 비판적이었다.

메이지 유신 이후 일본 천황의 위세에 관심을 가진 고종은, 근대 문물을 적극 받아들이되 어디까지나 자신이 주도하여 개화를 추진하고, 그것으로 왕권을 강화해 보려 한 개명 군주였다.

1880년, 28세의 고종

라 차관을 사용하라고 강요했습니다. 고종은 이를 피해서 알렌, 데니, 메릴, 리젠드르 등 서양인 고문관들을 통해 미국, 프랑스, 일본에서 차관을 끌어오려 했지만, 청의 방해로 번번이 실패했습니다. 따라서 부족한 자금은 결국 세금을 더 거두어 해결할 수밖에 없었습니다. 개화 정책을 추진할수록 조세를 더 거두어 백성들의 부담이 자꾸 커지는 상황이었지요. 이것이 개화가 시대의 큰 흐름이었음에도 불구하고, 백성들이 개화 정책 추진에 불만을 가지게 된 원인이었고요.

이처럼 갑신정변 뒤에도 개화 정책은 계속 추진되었지만, 청의 간섭과 재정 부족으로 그 성과는 미미했습니다. 고종과 명성 황후는 개화파 대신 외국인 고문관과 일부 신진 개화파에게 기댔으나, 이미 개화 정책의 추진 기반은 상당히 좁아진 상태였습니다. 친청 쪽으로 기울어진 민영익이 1886년 해외로 망명한 뒤에는 민씨 척족 가운데 민영준, 민병석, 민응식이 세도를 부리며 백성들의 원성을 쌓아 가고 있었습니다.

# 3

# 근대화와 자주, 두 가지 과제

## - 동학 농민 운동과 갑오개혁

# 동학 농민군이 바라던 새 세상

## 농민들 삶, 개항 이후 더 어려워지다

1894년 동학 농민군이 거국적으로 봉기를 일으킨 근본 원인은 무엇
일까요? 개항 뒤 농민들의 삶은 그전보다 더 팍팍해져만 갔습니다.
1876년 조·일 수호 조규 체결로 부산(1876년), 원산(1880년), 인천
(1883년)이 차례로 개항되자 본격적으로 무역이 시작되었는데요, 주
로 조선 쌀을 일본으로 수출하고 일본산 면제품을 수입하는 구조였
지요. 조선의 수출품은 주로 쌀·콩 같은 곡물과 금·소가죽 같은 원
료품이었고, 비중으로 따지면 곡물이 70% 이상을 차지했습니다. 수

입품은 70%가 섬유 제품, 특히 일본이 홍콩 등지에서 수입해다가 조선에 되파는 영국산 면제품이 압도적으로 많았는데요, 나중에는 일본이 직접 생산한 면제품이 들어옵니다.

그런데 쌀을 수출할수록 지주, 부농, 상인 들은 큰 이익을 얻는 반면, 농민층이나 도시 빈민들은 생활고에 허덕여야 했습니다. 쌀이 남아돌아서 수출하는 것이 아닌 만큼, 나라 안에는 쌀이 모자라 쌀값이 자꾸 올랐습니다. 도시에 사는 영세민들이 쌀값이 오르자 임오군란 때 개화에 반대하며 봉기에 나섰던 일, 기억하지요? 쌀값은 서울 주변 물가를 기준으로 1883년 이후부터 1894년 사이에 7배 정도 치솟았습니다. 정부에서 방곡령을 내려 쌀 수출을 금지하려 해도 일본 측 항의로 번번이 좌절되었지요.

농촌에 사는 농민들도 쌀 수출 때문에 피해를 보는 건 마찬가지였습니다. 열심히 농사를 지어 봤자 가을에 추수가 끝나면 쌀이 모두 일본으로 넘어가고, 농민들은 자기들 먹을 식량조차 차지하지 못했습니다. 어째서 이런 일이 벌어진 걸까요? 그건 바로 보릿고개 시절, 그러니까 봄에 농촌에 한창 돈이 궁할 때 일본 상인들이 아주 싼값에 쌀을 미리 사들였기 때문입니다.

조선의 농민들에게는 봄에 보리를 거두어들이기 직전이 가장 식량이 모자라는 시기여서 이 고개를 무사히 넘기를 바랐습니다. 그래서 '보릿고개'라는 말이 생겼고 '춘궁기'라고도 했습니다. 이때를 놓칠세라 일본 상인들은 한 푼이 아쉬운 농민들에게 아주 적은 돈을 주고 논에서 자라고 있는 벼들을 미리 사들였습니다. 그래서 가을에 추수가 끝나도 농민들은 이미 헐값에 벼를 팔아 버린 터라 자기들 먹을 건 없었던 것이지요.

　그렇다면 당시 일본에는 쌀이 없어서 조선 쌀을 수입해 갔을까요? 아닙니다. 일본에서도 좋은 쌀을 많이 생산했지만, 일본 신흥 공업 지대의 공장 근로자들에게 값싼 쌀을 공급하기 위해 조선 쌀을 사 갔습니다. 일찍이 일본에서는 안남미(태국이나 베트남 등지에서 생산되는 쌀)를 수입했는데요, 조선 쌀이 일본 쌀값의 절반밖에 안 되지만 맛은 일본 쌀 못지않다는 사실을 알고 조선 쌀을 대량으로 사들이기 시작한 것이지요. 반면 일본 쌀은 당시 런던을 비롯한 유럽과 호주의 곡물 시장에 비싸게 팔려 일본 지주들은 부자가 되었습니다.

　일본 근로자들이 조선 쌀로 지은 밥을 먹고 공장에서 기계로 짠 옷감들은 조선으로 수입되었습니다. 당시 조선의 옷감 소비량 중 4분의 1을 일본산 면포가 차지했다는 통계도 있습니다. 앞에서 보았듯이, 값싸고 고운 일본산 면포가 조선의 옷감 시장을 장악하는 바람에, 우리나라에서는 근대식 직물 공장이 아예 생겨날 수 없게 됩니다.


## 조선 시장 깊숙이 들어온 외국 상인들

상인들도 개항이 되자 큰 변화를 맞이합니다. 개항 이후 조선에 들어온 외국 상인들 가운데 서양 상인은 아주 적고 대부분 청나라와 일본 사람들이었습니다. 이들은 인천 등 개항장뿐 아니라 서울 시내에서도 버젓이 가게를 내고 장사를 시작하면서 조선 상인들에게 큰 타격을 주었습니다. 청나라 상인들은 주로 양화진과 용산 일대를,

**개항 뒤에 지어진 인천의 제일은행(위)**
**1890년, 선교사 아펜젤러가 찍은 제물포 풍경**
사진 중앙 2층 건물은 당시에 지은 서양식 대불 호텔이다.

일본 상인들은 진고개(지금의 명동 일대)를 차지했지요.

경쟁력 있는 장사를 하려면 충분한 자금이 필요한데, 일본 상인들은 제일은행, 제18은행, 제58은행 등 조선에 진출한 일본 은행에서 손쉽게 돈을 빌릴 수 있어서 자금력이 든든했습니다. 반면에 조선 상인들은 아직 조선에 은행이 없어서 일본 상인의 자금력과 비교할 수 없을 정도였지요. 그러니 경쟁력에서 일본 상인들에게 밀릴 수밖에 없었고, 결국은 일본 상인들 밑에 들어가 그들의 하수인이 되어야 했습니다.

한편 조선 상인들에겐 정부에 특허세를 내고 특권 상인이 되어 장사 권리를 보장받는 방법이 있었습니다. 예를 들면 전국을 돌아다니며 생활에 필요한 잡다한 물건을 파는 보부상들이 단체를 만들고 정부에 세금을 내는 대신 특권을 보장받은 경우이지요. 이들은 정부의 보호를 받다 보니 무조건 정부 편을 들었습니다. 나중에는 독립협회의 반정부 운동을 탄압하는 데 앞장서는 황국협회 같은 단체를 조직하기도 합니다. 그런데 보부상들도 결국에는 일본 수입품을 조선 농촌 깊은 곳에까지 팔아 주는 소매상 역할을 하게 됩니다. 우리도 서구 열강이나 일본처럼 뭔가 새로운 자본제 상품을 생산해 냈어야 했는데, 그러지 못한 게 문제였지요.

개항장에서 일본과 무역하는 상인들 중에는 꽤 큰 규모로 쌀을 수출하거나 면포를 수입하는 도매 상인들도 있었습니다. 하지만 이들도 서서히 자본금이 월등한 일본 상인들에게 종속되고 맙니다. 일부 객주나 여각 주인들은 정부에 손을 내밀어 특정 지역에서 독점으로 상업할 권리를 얻어 일본 상인과 맞서기도 했지만, 결국은 일본 상인들에게 손을 들고 말지요. 이들은 우리 농민들에게서 쌀을 싸게 사들여 일본 상인들에게 넘기고, 일본 상인들이 팔고자 하는 물건들을 조선 시장에 팔아 주는 역할을 하게 됩니다. 이런 상인들을 '매판 상인'이라고 부르는데요, 일본 상인들과 손잡고 큰돈을 벌어들이는 이들을 조선 사람들이 곱게 봤을 리가 없었겠지요?

## 돈을 마구 찍어 내니 물가는 날로 올라가고

조선 상인들이 장사하는 데 일본 상인들에 비해 불리했던 이유에는 당시 사용하던 화폐 문제도 있었습니다. 조선은 아직 근대적인 화폐 제도를 마련하지 못해 고액권 화폐나 지폐를 발행하지 못하고, 숙종 때 만들어진 엽전(상평통보)을 여태껏 써 왔습니다. 하지만 일

**엽전(위)과 일본 은화(아래)의 가치**
엽전 1매는 1푼, 10매는 1전, 100매는 1냥에 해당한다. 일본 은화 2엔은 엽전 1000매, 곧 10냥과 같았다.

**엽전(상평통보)과 당오전**
당오전은 엽전의 다섯 배 했으나, 실제로는 두 배 정도의 가치였다.

본 상인들은 고액권인 은화를 사용하면서 은화 몇 닢만으로도 큰 상거래를 손쉽게 할 수 있었지요. 반면 우리나라 상인들은 한 매에 한 푼밖에 안 되는 엽전을 사용하다 보니 값비싼 물건을 사려면 아예 지게 한가득 엽전을 지고 가야 했습니다.

그래서 조선에서도 근대적인 화폐 제도를 마련하고 고액 화폐를 찍어 내려 했지만, 번번이 실패로 돌아갔습니다. 개항 이후 금이 마구잡이로 외국으로 유출되다 보니, 정작 근대적 화폐 제도를 마련하는 데 쓸 금이 턱없이 부족했지요. 그런데 정부는 점점 늘어나는 개화 비용을 마련하기 위해서 돈을 마구 찍어 냈습니다. 그것도 실질 가치보다 액면 가치가 훨씬 큰 '당오전' 같은 악화를 마구 찍어 사용했습니다. 당오전은 실제로는 2전 정도 가치밖에 없는데, 5전이라고 표시해서 백성들에게 사용을 강요한 돈입니다. 이 돈으로 관리들이 월급을 받으면 실제로는 월급을 절반도 받지 못하는 셈이었지요.

정부가 돈을 마구 찍어 내면 문제가 생기는데, 요즘 말로 표현하면 '인플레이션' 현상입니다. 돈 가치는 떨어지고 물가는 오르는 것이지요. 돈을 쓰고 싶을 때마다 누구나 찍어 내 쓸 수 있다면 얼마나 좋을까요? 하지만 그렇게 했다간 바로 위조 지폐범이 되겠지요. 정부도 인플레이션 때문에 아무 때나 섣불리 돈을 찍어 낼 수는 없습니다. 현재 한국은행이 시중에 유통될 수 있는 돈의 규모를 철저히 계산해서 통제하는 것도 바로 인플레이션을 막기 위해서입니다.

그런데 개항기에는 정부가 당오전 같은 악화를 마구 찍어 내니, 돈 가치는 떨어지고 물가는 하늘 높은 줄 모르고 치솟았지요. 어제 2전 하던 물건이 오늘은 바로 5전이 되고, 정부에서는 당오전을 사용하라고 해도 사람들은 실질 가치가 높은 엽전을 더 좋아하거나, 아예 관리하기 편한 일본 은화를 챙겨 두는 혼란이 계속되었습니다.

뿐만 아니라 돈을 마구 찍어 내도 부족한 자금은 온갖 명목으로 세금을 붙여 백성들에게서 거둬 갔습니다. 상인들에게는 영업세를 매기고, 포구에서 거래되는 상품에도 세금을 매겼으며, 시장세 같은 새로운 세금을 만들어 거둬 갔습니다. 이전에 없던 새로운 세금이 자꾸 생기니 사람들은 당연히 불만을 가졌겠지요. 게다가 상인들은 자신들이 내는 세금만큼 물건 값에 덧붙여 팔아 물가는 이전보다 더 올랐습니다. 이렇게 되니 백성들은 치솟는 물가에 못살겠다고 아우성을 쳤습니다. 1893년 1년 동안 전국에 60회 이상의 민란이 일어나는 등, 뭔가 큰 사건이 일어날 것만 같은 뒤숭숭한 분위기였습니다.

## 농민들, 동학의 깃발 아래 모여들다

개항 이후 농민층의 살림살이가 어려워진 가운데, 최제우가 창시한 동학이 마른 들판의 들불처럼 빠르게 퍼져 나가고 있었습니다. 어려움에 빠진 사람들은 뭔가 새로운 사회가 오기를 꿈꾸는 법인데요,

동학의 창시자 최제우 초상화

동학에서 이야기기하는 '후천개벽'이야말로 백성들에게는 새 세상이 열릴 거라는 희망의 메시지였습니다.

최제우는 경주의 몰락한 가문 출신으로, 1860년 4월 용담이라는 곳에서 도를 깨우치고 동학을 창시했습니다. '동학'은 당시 유행하던 천주교, 곧 '서학'에 대응하는 종교라는 의미에서 나중에 붙여진 이름입니다. 양반 지배층들이 이단이라고 탄압하자, 자신들은 서학에 대응하는 동학이라고 변호하려는 뜻도 담겨 있습니다.

동학의 기본 사상은 '인내천', 다시 말해 사람이 곧 하늘이니 사람을 하늘같이 섬기라는 데 있습니다. 모든 사람을 하늘같이 여기라는 이 생각은 당시의 봉건적 신분 질서를 뒤집는 혁명적인 사상이었습니다. 또 동학을 믿으면 온갖 현실 문제들이 해결되고 누구나 평등하게 사는 새 세상이 열린다는 '후천개벽설'은, 현실의 고난에 억눌린 농민들에게 새 희망을 품게 했습니다. 부자나 신분이 귀한 사람이든, 가난하고 천한 사람이든, 다 같이 하나가 되는 새 세상을 꿈꾸는 동학은 변혁을 갈망하는 백성들의 마음과 여러 민간 신앙 요소들을 하나로 모았습니다.

동학의 경전은 한문으로 된 《동경대전》(포덕문, 논학문 등)과 백성들에게 포교하기 위한 한글 경전 《용담유사》(용담가, 교훈가, 안심가 등)가 있습니다. 《용담유사》를 보면 "동학에 입도한 세상 사람 그날부터 군자되어 무위이화될 것이니 지상 신선이 아니냐"고 했는데요, '무위이화(無爲而化)'란 동학만 믿으면 아무것도 안 해도 저절로 좋은 세상이 될 것이라는 뜻이지요. 곧 새 세상은 억지로 힘써서 오는 것이 아니라, 무위이화와 같은 자연적 조화에 의해서 온다는 종교적 가르침입니다. 동학은 신도를 모으기 위해 백성들의 병도 고쳐 주고, 다음과 같은 21자로 된 주문도 만들어 주었습니다

至氣今至願爲大降(지기금지 원위대강)
侍天主造化定永世不忘萬事知(시천주 조화정 영세불망 만사지)

한울님의 기와 하나 되기를 소원한다.
천주를 모셔 조화가 정해지는 것을 영세토록 잊지 않으면 온갖 일을 알게 된다.

  최제우는 1861년 6월 무렵부터 본격적인 포교에 나섭니다. 곧바로 경상도 일대에서 신자들이 구름같이 몰려들자, 놀란 유생층과 수령들은 기존 질서를 어지럽히는 이단으로 몰아 탄압하기 시작합니다. 최제우는 결국 1863년 12월에 체포되어 1864년 3월 대구에서 처형됩니다. 갑자년(1864년)에 새 세상이 오리라던 최제우의 예언과 달리 그가 처형되자, 백성들은 크게 실망합니다. 체포되지 않고 살아남은 동학교도들은 경상도 북부 및 강원도 산악 지대에 숨어들어 지하 포교 시대를 지냅니다.

  1870년대 후반에 이르면, 동학은 최제우의 친척인 최시형을 중심으로 단일 지도 체제를 세웁니다. 1883년 《동경대전》을 간행하고 제사 의식을 마련하는 등 종교적 체계도 잡아 나갑니다. 그리고 이때

**고창 선운사 도솔암 석불**
비결이 숨겨져 있다는 석불의 배꼽이 동그라미 안에 눈에 띈다.

부터 농민들이 많은 곡창 지대인 충청도와 전라도 일대에서 포교에 나섭니다. 최시형이 직접 고통받는 농민층이 많은 전라도 일대를 돌며 포교에 힘쓴 결과, 1890년대 초에는 호남 지방의 동학교도가 엄청나게 늘어납니다. 농민들은 하룻밤 사이에도 몇 명씩 물을 떠 놓고 입도식을 치렀습니다. 이들 중에는 동학의 도를 잘 아는 사람도 있었지만, 단지 배고픔에서 벗어나기 위해, 혹은 동학 무리에 기대어 뭔가 도움을 받으려고, 혹은 세상이 크게 바뀌기를 바라는 간절한 마음에서 동학에 들어서는 사람들이 더 많았다고 합니다.

그 가운데 한 사람이 바로 1894년 농민 전쟁의 지도자 전봉준입니다. 전봉준은 나중에 체포된 뒤 일본 영사의 심문을 받는 자리에서, 단지 마음을 바로 하는 것 때문이라면 동학에 들어갈 필요가 없었지만, 간악한 관리를 없애고 보국안민의 업을 이룰 수 있다고 생각해서 동학에 들어갔다고 실토했습니다.

특히 전라도 일대에서는 손화중이라는 사람이 이끄는 동학교도들이 고창 선운사의 석불 배꼽에서 비결을 꺼낸 뒤 그 수가 빠르게 늘었다고 합니다. 그 비결에는 "이 비결이 세상에 나오는 날 그 나라가 망할 것이요, 망한 후에 다시 흥한다"고 쓰여 있었다고 합니다. 곧

비결이 꺼내지면 난리가 나서 세상이 바뀌게 된다는 뜻이었지요.

세상살이에 고달픈 농민들은 동학에서 얘기하는 후천개벽처럼, 한번 세상이 속시원히 바뀌어서 살기 좋은 평등한 세상, 사람이 하늘처럼 떠받들어지는 세상을 꿈꾸며, 동학에 구름 떼처럼 몰려든 게 아닐까요?


## 교조 신원 운동과 농민군 지도자들의 등장

동학이 교세를 넓혀 갈수록 관청의 탄압은 더욱 거세졌습니다. 봉건 지배층 입장에서는 농민들이 몰려다니며 이상한 주문을 외우고 뭔가 심상치 않은 움직임을 보이는 것 자체가 반란의 시초로 보였겠지요. 따라서 동학교도들을 보이는 대로 잡아 가두거나 재산을 빼앗는 등 잔인하게 탄압했습니다.

이에 동학의 지도자 가운데 서인주, 서병학이 1892년 10월 공주에서 모여, 충청 감사 조병식에게 동학교도를 탄압하지 말라고 호소합니다. 동학은 결코 이단이 아니며 유·불·선을 합친 종교라고 주장하면서, 억울하게 죽은 교조 최제우의 원한을 풀어 주고 체포된 동학 교도들을 석방하라고 요구했지요. 나아가 일본 상인들이 쌀을 가져가는 데 따른 폐해 등을 지적하면서 동학이 보국안민(輔國安民: 나랏일을 돕고 백성을 편안하게 함)의 종교임을 분명히 했습니다.

이어서 11월에는 최시형 등 교단 지도부가 중심이 되어

충청 감사 조병식

동학의 2대 교주 최시형

전라도 삼례(현재의 전주 부근)에서 수천 명이 모인 집회를 열고 전라 감사에게 호소문을 올렸습니다. 동학교도에 대한 탄압을 중지하고 교조 최제우의 누명을 벗겨 달라는 것이었지요. 이것이 바로 '교조 신원 운동'입니다. 동학이 서서히 세력을 불려 나가자, 이제 정식으로 포교를 인정받으려고 이러한 운동을 펼친 것입니다.

하지만 정부에서는 해산을 명령했고, 동학교도들은 다시 1893년 초에 서울로 올라가 직접 국왕에게 호소하기로 결의합니다. 이른바 '복합 상소 운동'입니다. 그리하여 1893년 2월, 동학교도들은 과거 시험을 보러 가는 선비들로 가장하고 일제히 서울로 향합니다. 그리고 손병희 등 40여 명이 광화문 앞에서 상소를 올리고, 무릎을 꿇고 앉아 국왕의 답을 기다리는 복합 상소를 단행합니다. 동학은 유교와 마찬가지로 나라를 걱정하는 사상이지 결코 이단이 아니라면서, 동학도에 대한 탄압을 중지해 달라고 요청한 것입니다.

또한 이때 미국인이 운영하는 학교와 교회, 프랑스 공사관 벽에는 '척왜양 창의'를 주장하는 벽보가 붙었습니다. 동학이 일본과 서양 세력의 침략에 맞서 일어났다는 뜻이지요. 특히 일본 공사관 벽에는 "남의 나라에 들어와 욕심 부리다가 뒤늦게 후회하지 말고, 바로 너희 나라로 돌아가라"는 경고가 붙었습니다. 서양 세력과 일본을 물리치기 위해 의로운 병력을 일으켰다는 뜻의 '척왜양 창의'는 지배계층에게 정당성을 인정받고자 앞세운 구호입니다.

개항 이후 일본으로 엄청난 쌀이 나가면서 농민층의 반외세 의식은 누구보다 강해졌습니다. 하지만 역시 가장 큰 문제는 오랫동안 쌓여 온 봉건 지배 체제에 대한 불만이었습니다. 그러나 '반봉건' 구호를 내세우면 봉건 지배층이 탄압할 게 뻔했기 때문에, '척왜양' 구호를 전면에 내세운 것이지요.

서울에 올라와 벌인 복합 상소 운동으로도 효과가 없자, 3월에는 충청도 보은과 전라도 금구 원평 일대에서 다시 대규모 집회를 열었습니다. 보은군 속내면 장내리에서 모인 집회에는 곳곳에서 모여든 동학교도 수가 7만을 넘었다니, 지금으로 봐도 엄청난 규모입니다. 하지만 정부에서는 '척왜양'은 외국과 맺은 조약의 정신에 어긋난다면서, 동학도들이 주장하는 '창의(倡義)'를 '창란(倡亂)'이라 규정하고 그 정당성을 인정해 주지 않았습니다. 또한 교도들이 숫자가 많음을 믿고 정부의 명령을 듣지 않으면 큰 화를 입을 것이라고 경고하면서 해산 명령을 내렸습니다.

당시 정부에서는 상황 파악을 위해 개화파 어윤중을 내려보냈습니다. 어윤중은 보은 집회에 모인 사람들은 각계 각층에서 소외된 자, 불우한 처지에 있는 자, 불만을 가진 자, 세상을 한번 바꾸어 보려는 자들이었다고 보고합니다. 또한 이들은 자신들의 모임이 어느 나라에나 있는 '민회'라고 주장하면서, 나라에 잘못된 일이 있으면 회의를 열어 고칠 것이지, 왜 자신들을 도적떼 취급하냐고 항의했다고 보고했다 합니다.

정부의 해산 명령에 교단의 중심 세력인 북접* 지도자들은 바로

**동학의 포교 조직(포접제)**
동학교도는 지도자의 이름을 따서 ○○○포라 하고, 동학도 40~50명이 모이면 그 책임자를 '접주'라고 한다. 대접주-수접주-접주 체제로, 크게 교단 지도부인 충청도 북접과 호남 농민 전쟁 지도부인 남접으로 나뉜다.

# 1894년 일어난 전국적인 농민 봉기를 부르는 여러 이름들

### 동학난

봉건 지배층 입장에서 부르는 구시대적 용어로, 녹두장군 전봉준 이야기를 민중들이
전설적으로 구전할 때도 사용되었다.

### 동학 농민 운동

동학의 영향을 강조하는 이름으로, 농민군 대부분이 동학교도라기보다는 일반 농민이
었던 점을 고려하면 부적절한 명칭이다. 동학 교단은 처음에 무력 봉기에 소극적이었고
포교의 자유를 얻는 게 목표였다가 반일 항전 성격을 띠는 2차 봉기 때 적극 참여했다.

### 갑오(1894년) 농민 전쟁

조선 후기의 민란, 농민 봉기 등과 달리 '농민 전쟁'이라 불러야 한다는 주장이다. 그
이유로는 ① 전국에 하나의 농민군 지도부를 두고 통일된 전략과 움직임을 보였다는
점, ② 각 지방 단위로 군현의 군수를 상대로 그 지방의 세세한 세금 문제를 해결하려
고 봉기를 일으켰다가 그 문제가 해결되면 각자 집으로 돌아가 일회성을 보인 임술민
란 등과 달리 거의 1년 동안 계속된 점, ③ 중앙 정부를 상대로 봉건 지배 체제에 대해
전면 개편을 요구한 점(신분제 철폐, 토지문제 등), ④ 더 나아가 반외세 문제를 제기한
점 등에서 민란이나 봉기와는 질적 수준이 달랐다는 점을 강조한다. 서양에서도 독일
농민 전쟁처럼 봉건 사회 말기에 기존 질서(앙시앙레짐)를 폭력적인 방법으로 파괴하고
근대 사회를 앞당긴 농민 전쟁이 있었다.

　그 밖에 이 사건을 '**농민 혁명**'이라 부르는 건 어떨까 하는 의견도 있다. 1894년에
일어난 전국의 농민 봉기는 오래된 봉건 사회 질서를 거스르는 큰 사건이었음에 틀림
없다. 순량한 백성들이 하루아침에 죽창을 들고 군수의 침소에 쳐들어가거나 노비 문
서를 불태우는 일을 평소에는 상상이나 할 수 있었을까? 정말 난리가 난 것이다. 하지
만 혁명이라고 부르려면 1789년 프랑스에서 일어난 시민 혁명처럼, 농민들이 상당 기
간 권력을 잡고 자신들의 이상을 법과 제도로 만들어 사회의 틀을 바꾸어 놓았어야 한
다. 하지만 우리 농민군은 끝내 서울까지 올라가 권력을 잡지 못했고, 전봉준은 혁명
에 성공했다 해도 권력에 대한 욕심은 없고 정권을 대원군에게 바칠 생각이었다고 고
백했다. 그렇다면 동학 농민군이 '농민 혁명'을 목표로 했다고 볼 수는 없다.

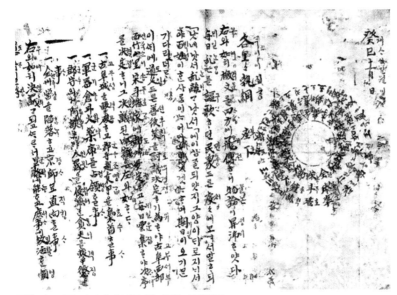
동학 지도자들 사이에 은밀히 주고받은 사발통문

귀가합니다. 하지만 같은 시기 전라도 금구 일대에서 모인 손화중, 전봉준, 김개남, 김덕명 등 남접 지도자들은, 곳곳에 모여 각 지역 동학 지도자들끼리 은밀히 연락을 주고받으며 뭔가 일을 꾸미는 모습을 보였습니다.

이때 지도자들 사이에 봉기 계획을 담아 주고받은 사발통문이 발견되었습니다. '사발통문'은 만에 하나 일이 발각되면, 누가 먼저 난리를 주모했는지 숨기기 위해 사발을 엎어 놓은 것과 같은 동그라미 둘레에 참가자의 이름을 적어 시작과 끝을 모르게 한 것입니다. 농민들은 이때 곳곳에 모여 "난리가 났네, 난리가 났어, 에이 참 잘되었지, 그냥 이대로 지내서야 백성이 한 사람이나 어디 남아 있겠나"라고 하며 새 날이 오기를 기다렸다고 합니다.

## 고부 민란과 1차 봉기

동학교도 중심의 종교 운동에서 벗어나 본격적으로 반봉건 구호를 내걸고 현실 변혁 운동을 시작한 곳은 바로 전라도 고부였습니다. 곡창 지대인 호남은 관리들의 횡포가 가장 심한 곳이고, 일본으로 쌀을 사 가기 위해 몰래 들어온 일본 상인들이 갖가지 농간을 부려 농민들이 크나큰 피해를 보고 있었습니다. 더구나 고부, 정읍, 태인 주변은 전봉준, 손화중, 김개남을 대표로 한 남접 지도자들의 거주지로, 그들의 지도를 받은 농민들이 뭔가 큰일을 일으킬 것 같은 분위기가 무르익어 갔습니다.

그런데 마침 고부 군수로 부임해 온 조병갑이 농민들에게 이런저런 명목으로 세금을 뜯어 내며 못된 짓을 저지르기 시작했습니다. 세금 면제를 보장하고 황무지 개간을 허가해 줬으면서도 막상 추수 때는 강제로 세금을 걷어 갔고, 대동미를 쌀 대신 돈으로 거두고는 대신에 질 나쁜 쌀을 사서 정부에 상납한 뒤 그 차액을 가로챘습니다. 사정이 그런대로 좋은 부농에게는 불효나 음행를 저질렀다고, 혹은 잡기에 빠졌다는 죄목을 씌워 재물을 빼앗아 갔습니다. 태인 현감을 지낸 자기 아버지의 공덕비를 세운답시고 돈을 거두기도 했습니다. 특히 고부읍 북쪽에 만들어진 농업용 저수지 만석보(萬石洑)가 아무런 문제가 없는데도, 농민들을 강제 동원하여 바로 아래쪽에 또 하나의 만석보를 만들게 했습니다. 그러고는 그 물 사용료로 1마지기 상답은 쌀 2말, 하답은 쌀 1말씩 무려 700여 석을 농민들에게서 거두었습니다.

화가 난 농민들은 1893년 11월, 군수 조병갑의 악정을 호소하고자 동학 접주 전봉준을 찾아갑니다. 전봉준은 농민들의 사정을 적은 진정서를 군수 조병갑에게 올렸으나 거절당하지요. 이에 전봉준과 농민 지도자들은 "고부성을 격파하고 군수 조병갑의 목을 친다", "전주성을 함락하고 서울로 직향한다"는 등 행동 방침이 적혀 있는 사발통문을 돌립니다. 그리고 이듬해 1894년 1월 11일 새벽, 전봉준이 이끄는 5000여 농민들이 마침내 봉기를 일으킵니다.

죽창으로 무장한 농민군이 고부 관아로 쳐들어갔을 때 조병갑은 이미 줄행랑을 친 뒤였습니다. 그 대신 농민들은 그동안 군수에게 빌붙어 자신들을 끝없이 들볶던 아전들을 붙잡아 처벌합니다. 무기고를 부수고 무기를 꺼내 무장한 뒤, 옥에 갇혀 있던 죄 없는 백성들을 풀어 줍니다. 그러고는 원성이 서린 만석보로 달려가 둑을 허물어 버리고 말목 장터를 거쳐 백산에 집결합니다.

한편 고부에서 난리가 났다는 소문을 들은 정부에서는 일을 수습하려고 신임 군수 박원명을 내려보냅니다. 또 봉기민들을 타이르고 사건을 제대로 파악하기 위해 안핵사 이용태를 파견하지요. 그런데 역졸 800명을 앞세우고 고부에 다다른 이용태는 농민들을 달래기는커녕 주동자를 잡아들이겠다며, 동학교도와 농민들을 마구잡이로 잡아들입니다. 고부 농민들의 마음을 몰라도 너무 몰랐던 거지요.

이때 농민군 지도자 전봉준은 몇몇 부하들과 고부를 빠져나가 무장이라는 곳으로 가서 손화중, 김개남 등 지도자들과 대책을 의논합니다. 그리고 2월 20일 무렵, 전라도 곳곳에 대대적인 봉기를 권유하는 격문을 날립니다. 드디어 3월 20일, 전라도 무장현에서 다시 봉기한 전봉준 부대는 고부 관아를 점령하고, 전라도 일대의 농민들

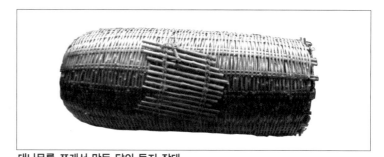

**대나무를 쪼개서 만든 닭의 둥지 장태**
기록에는 농민군이 장성 황룡촌 전투에서 처음 장태를 이용했는데, 장태에 짚을 가득 채워 굴려 가며 관군의 총알을 피해 공격해서 승전보를 울렸다고 한다.

**위에서부터 전봉준, 손화중, 김개남**

을 불러 모았습니다. 벌써 3000명으로 불어난 농민군은 대장에 전봉준, 부대장에 손화중과 김개남을 앉히고 봉기를 선언했으니, 이로써 1894년 농민 전쟁 1차 봉기가 시작됩니다. 이들은 "안으로 탐학한 관리를 베어 버리고 밖으로는 횡포한 강적의 무리를 쫓아낸다"는 보국안민의 깃발을 높이 들었습니다.

4월 7일, 농민군은 황토현 전투에서 관군인 전주 감영군을 크게 격파합니다. 관군을 무찌른 농민군의 사기는 하늘을 찔렀지요. 황토현 남쪽으로 방향을 잡은 농민군은 정읍, 흥덕, 고창, 무장, 영광, 함평, 장성 일대를 돌며 관청을 습격하여 무기를 압수하고, 감옥에 갇힌 억울한 백성들을 풀어 줍니다. 또 그동안 백성들을 수탈하던 군수나 아전, 양반 지주와 부호들을 혼내 주니, 각 고을에서는 농민군이 온다는 소식만 듣고도 모두 놀라 도망갈 정도였습니다. 각 지역에서 동원된 농민군들은 각각 접주들이 통솔했는데, 관

〈구국의 삼걸〉, 강행원 그림

군보다도 전투를 잘 하고 규율도 엄격해서 일반 농민들의 환영을 받았습니다. 게다가 관청에서 빼앗은 곡식들을 빈민에게 나누어 주니, 농민군은 마치 해방군 같았겠지요.

한편 서울에서 농민 봉기를 진압하고자 내려온 초토사 홍계훈은 지레 겁을 먹고 지원병 파견만 호소하다가, 4월 23일 장성 전투에서 농민군에게 대패합니다. 초토사가 이끄는 경군마저 물리친 농민군은 드디어 4월 27일, 호남의 중심이라 할 수 있는 전주성에 당당히 들어서지요.

전주성을 점령한 농민군은 5월 4일, 〈폐정 개혁안〉 27개 조를 발표

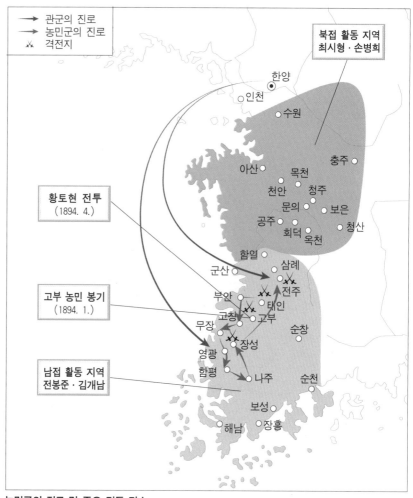

**농민군의 진로 및 주요 전투 장소**

합니다. 그 내용은 탐관오리를 모두 축출할 것, 전세·환곡·군포 등 각종 세금을 법대로 거둘 것, 보부상들의 작폐를 엄금할 것과 같은 반봉건적인 내용이 대부분입니다. 토지를 똑같이 나누어 경작하자는 구호는 농민층의 오랜 희망 사항이었고요. 횡포한 부호나 양반을 처벌하고 천인에 대한 대우를 개선할 것, 청상과부의 개가를 허용할 것 등은 봉건적 신분제 개혁에 대한 구상을 담은 것입니다. 동학 사상은

## 폐정 개혁안 12개 조

1. 동학교도와 정부와의 숙원을 없애고 공동으로 서정(庶政)에 협력할 것
2. 탐관오리의 죄상을 자세히 조사 처리할 것
3. 횡포한 부호를 엄중히 처벌할 것
4. 불량한 유림과 양반을 징벌할 것
5. 노비문서를 불태울 것
6. 칠반천인(七班賤人)의 대우를 개선하고 백정의 머리에 쓴 평양립을 없앨 것
7. 청상과부의 재혼을 허락할 것
8. 무명의 잡세는 모두 폐지할 것
9. 관리 채용에 있어서 지벌(地閥)을 타파하고 인재를 등용할 것
10. 일본과 상통하는 자를 엄벌할 것
11. 공사채를 막론하고 지난 것은 모두 무효로 할 것
12. 토지는 균등하게 나누어 경작하게 할 것

오지영의 역사 소설 《동학사》에 쓰여진 내용이다. 동학에 직접 가담한 저자가 동학 정신을 정리해 만든 기록이라 할 수 있다.

기본적으로 평등을 지향해서 신분제를 부정하고, 동학교도들은 양반이건 천인이건 서로 동등하게 대우했다고 합니다. 또 외국 상인들의 장사를 개항장에 한정하고, 도성 안이나 지방에서 마음대로 행상하는 일을 금할 것과 같이 반외세적인 요구도 있었습니다.

그런데 농민군이 전주성을 점령했다는 소식에 놀란 정부는 진압을 위해 청나라에 파병을 요청했고, 기다렸다는 듯 청군이 파병되자

**동학 농민군을 진압하러 온 진무사와 관군 병사**
당시 프랑스 특파원이 그린 그림이다.

이에 질세라 일본도 서둘러 군사를 파견했습니다. 갑신정변 이후 청과 일본이 맺은 톈진 조약에서, 조선에 파병할 때는 두 나라가 서로 협의하기로 한 조항을 핑계 삼은 것이지요. 청일 양국 군대가 파견되었다는 소식을 들은 농민군은 5월 7일 전주성에서 일단 철수합니다. 농민들의 봉기가 빌미가 되어서 외국 군대가 들어오는 것은 막아야 한다고 생각한 것이지요. 그리하여 전봉준은 전라 감사 김학진을 만나서 일단 휴전을 선언하고 전주 화약을 맺습니다. 관청과 농민이 서로 화합하여 개혁하기로 약속한 것입니다. 농민군은 완전히 해산하지 않고 각 군현에 돌아가 계속 개혁을 추진했습니다. 9월에 다시 2차 봉기에 나설 때까지 4개월 동안 전라도 53개 군현을 농민군이 실질적으로 통치했지요.

농민군의 통치는 '집강소'라는 기구를 통해 이루어졌습니다. 처음에 농민들은 그동안 양반층에게 당한 원한을 풀고자 분풀이식 보복을 서슴지 않았습니다. 특히 가장 핍박을 받아 온 천민들은 스스로 노비 문서를 불태우거나, 주인 양반을 묶어 놓고 곤장을 치는 등 격렬한 신분 해방 운동을 펼쳤지요. 또 부자들의 재산을 빼앗아 가난한 사람들에게 나누어 주거나 싼값에 팔아서 백성들의 환심을 사기도 했습니다. 이처럼 분풀이식 개혁이 계속되면서 혼란과 무질서가 생기는 걸 막기 위해, 전라 감사 김학진과 전봉준은 농민군 스스로 집강을 뽑고 집강소를 통해 통치하도록 합의한 것입니다.


## 청일 전쟁이 일어나고 일본이 청을 크게 무찌르다

농민 봉기 초기부터 관군의 힘으로는 농민군을 막을 수 없다고 판단한 정부는, 농민군이 호남의 핵심인 전주성을 점령하자 더 큰 위기감을 느꼈습니다. 결국 청나라에 진압을 요청하는 손을 내밀었지요. 임오군란과 갑신정변 두 번의 내란을 청군의 힘을 빌려 진압한 적이 있는 데다 민씨 척족으로 세도를 부리던 민영준이 적극 나서서 청군 파병이 이루어졌습니다. 정부 대신 가운데는 외국 군대를 불러들여 우리나라 백성을 진압하는 것이 과연 옳으냐며 반대하는 사람도 많았습니다. 하지만 관군으로는 도저히 농민군을 막을 수 없다는 판단에 따라, 5월 5일 청군 1000명이 아산만에 상륙합니다.

이에 조선 사정을 주의 깊게 살피고 있던 일본도 기다렸다는 듯 재빨리 군대를 파병했습니다. 언제라도 조선에 간섭할 기회를 엿보면서 청나라와 싸울 준비를 마친 일본에게 더할 나위 없이 좋은 기회가 온 것이지요. 5월 6일, 일본군은 청군보다 더 서울에 가까운 인천항에 상륙합니다. 하지만 청·일 두 나라의 파병 소식을 들은 농민군은 외국군의 내정 간섭에 빌미를 주지 않기 위해 관군과 화약을 맺고 전주성에서 철수합니다. 두 나라 군대가 조선에 주둔할 명분을 주지 않기 위해서였지요.

그런데도 일본은 자신들이 조선에 온 목적은 본디 조선 정부 개혁

청·일 전쟁 당시 제물포(인천)에 상륙한 일본군

1894년 혼란 속의 서울 외국인들
프랑스의 《르 프띠 주르날》 지에 실린 그림이다.

경기도 성환에서 청군과 전투를 벌이는 일본군
일본군은 이곳에서도 대승을 거둔다. 프랑스 신문에 실린 삽화.

청·일 전쟁 당시 종로를 지나는 일본군들

에 있다고 주장하면서, 6월 21일 새벽 갑자기 경복궁을 포위하고 쿠데타를 감행하여 친일 개화 정권을 세웁니다. 그리고 이틀 뒤 아산 앞바다 풍도 일대에 주둔해 있던 청나라 함대를 기습 공격하여 청·일 전쟁을 일으킵니다. 육지의 성환 전투에서 일본이 청군을 크게 이겨 청군은 한반도 북부 지방으로 후퇴할 수밖에 없었습니다. 청군이 평양 지방에 머무르는 동안 일본군은 계속 더 파견되었습니다. 마침

청·일 전쟁 당시 평양성 전투 기록화

평양 전투에서 퇴각하는 길에 소를 약탈하는 청나라 군사들
청나라 군사들이 소를 빼앗으려다가 저항하는 조선 농부를 총살하는 장면이다.
1895년 3월 9일 자 영국 잡지 《그래픽》에 실린 그림이다.

일본의 포로가 된 청나라 군사들

청·일 전쟁으로 폐허가 된 평양 선교리

내 일본군은 8월 17일 평양 전투에서 청군을 대파하고, 8월 18일 황해 해전에서는 청의 북양 함대를 무너뜨립니다. 오랫동안 치밀하게 전쟁을 준비해 온 일본이 아시아의 종이 호랑이였던 청군을 무참하게 제압한 것이지요. 이러한 청일 전쟁의 결과는 청나라뿐 아니라 동아시아 전체의 판도를 바꾸고, 일본 제국주의의 탄생을 알리는 신호탄이었습니다.

## 농민군, 다시 일어나다

한편 관군과 휴전하고 전주성에서 물러난 농민군은 무기와 화약을 지니고 곳곳에 모여 있다가 일본군의 경복궁 점령 소식이 전해진 6월 말 무렵부터 다시 무장을 시작합니다. 앞으로 일본군이 농민군을 진압하러 내려올 것에 대한 대비였지요. 7~8월 무렵에는 전라도 일대만이 아니라 전국의 농민군이 재무장을 서두르고 있었습니다. 그리고 남원 지방의 강경파 지도자 김개남은 8월 25일 무렵에 재봉기를 선언합니다. 전봉준은 처음에는 아직은 때가 아니라고 말렸지만, 9월 초순에는 다시 봉기를 결심하고 각 지방 농민군에게 식량과 무기를 준비하라는 전갈을 보냅니다. 2차 봉기는 일본의 침략에 저항하는 반외세 성격이 강한 것으로, 10만여 농민군이 모였습니다.

모든 준비를 끝낸 농민군은 9월 말, 드디어 전주의 삼례역을 출발합니다. 10월 9일 무렵 전봉준 부대는 손병희가 이끄는 북접 농민군과 충청도 논산에서 만납니다. 금세 20만 남북접 연합군이 되었지요. 교단 지도부 최시형은 처음에는 봉기에 반대했지만, 충청도 일대 동학도들이 관청의 탄압을 심하게 받자, 결국 봉기령을 내리고 남접군과 합류합니다.

농민군은 충청 감사 박제순에게 격문을 띄우고 전쟁이 시작되었음을 알렸습니다. 자신들의 거사는 '충군애국지심'에서 나온 항일 의병임을 강조했지요. 이들은 천하의 요새지인 공주성을 점령한 뒤 곧바로 서울로 올라갈 계획이었습니다. 그런데 이번에 농민군이 맞서야 할 상대는 허술한 조선 관군이 아니라, 우세한 신식 무기를 지닌 일본군이었습니다.

일본군은 평양 전투에서 크게 승리한 뒤 남쪽으로 총구를 돌려 농민군 진압에 나섰습니다. 9월 18일 일본군이 조선 정부에게 농민군을 진압하겠다고 알리자, 개화파 정권은 이를 받아들입니다. 일본군은 농민군을 한곳으로 포위한 뒤 대포로 싹쓸이하려는 전략을 짰습니다. 10월 23일 무렵 남북접 연합 농민군이 공주성 공격을 시작했을 때, 이에 맞서 충청 감영에 모인 진압군은 감영군(지방군)과 경군(서울군)을 합친 조선 관군 3200명, 일본군이 2000명 정도였습니다. 전봉준이 직접 이끄는 병력이 4만여 명이고, 주변 곳곳에 주둔한 농민군이 수만 명으로 농민군 숫자가 훨씬 많았습니다. 하지만 이들은 정예 병력이 아니었지요.

10월 25일, 농민군은 공주 웅치(곰티) 고개를 향해 일제히 공격을 퍼부었습니다. 전봉준이 장막을 드리운 가마에 타고 농민군을 지휘하고, 산과 들을 가득 메운 농민군은 깃발을 휘날리며 날라리 소리와 함께 곰티를 향해 돌진했지만, 고개는 쉽게 뚫리지 않았습니다.

11월 8일, 다시 2차 봉기의 최대 격전인 우금치 전투가 벌어집니다. 농민군은 약 30~40리에 걸쳐 산 위에 진을 쳐서 마치 사람으로 병풍을 친 듯 기세가 당당했습니다. 동에 번쩍 서에 번쩍 좌우를 왔다갔다 하며 관군을 교란시키고, 고함을 치거나 포를 쏘면서 2만여 명이 한꺼번에 우금치 공격에 나섰습니다. 농민군은 우금치 산꼭대기에서부터 150미터 가량 되는 산허리까지 진격했지만, 관군과 일본군 연합군도 총과 포를 쏘아 대면서 접근을 막았습니다. 우금치 고개를 오르다가 밀리기를 수십 차례, 농민군의 시체는 쌓여 가는데 고개는 뚫릴 줄 몰랐습니다. 오히려 도망치는 농민군을 쫓아 연합군

**우금치 전투에서 정부와 일본 연합군이 사용한 개틀링 포**
관군과 일본 연합군은 백성들이 낸 세금으로 사들인 미국제 개틀링 포로 무차별 발포했다. 농민군 대다수가 죽창을 들었고, 무기라 해 봐야 화승총 한 발 쏘는 데 30초가 걸린 당시 농민군들에게 개틀링 포는 도저히 대적할 수 없는 학살 무기 자체였다.

이 추격하는 등, 나흘에 걸친 우금치 전투에서 농민군은 목숨 걸고 싸웠지만 절반 이상이 죽어 나갔습니다. 일본군의 우세한 화력을 당해 낼 수가 없었지요.

전봉준은 관군에게 편지를 띄웠습니다. "우리들의 거사는 왜적을 소멸하고 개화를 제어하자는 것이지, 조선 사람끼리 싸우자는 것이 아니다"면서, 일본군과 친일 개화당을 응징하는 데 관군도 함께 하자고 호소하는 내용이었지요. 물론 아무런 소용이 없었습니다. 10월 중순부터 20여 일 동안 공주에서 치열한 공방전을 벌인 농민군은, 끝내 관군과 일본군의 연합 전선을 뚫지 못하고 후퇴할 수밖에 없었습니다.

수만 명 혹은 20만 명까지로 주장하는 농민군 부대가 기껏 5000여 명에 불과한 관군 – 일본군 연합군을 이겨 내지 못한 원인은 어디에 있었을까요? 먼저 1차 봉기 때처럼 각 지역으로 관군을 끌어들여 기습 공격을 하는 게릴라전이 아니고, 천하의 요새지 공주성을 정면 돌파하는 전투였기 때문에 싸움은 더욱 어려웠습니다. 다음은 상대가 허술한 조선 관군이 아니라 막강한 근대식 무기로 무장한 일본군

관군의 진로
농민군의 진로
격전지

일본군의 상륙(1894. 5. 6.)
청군의 상륙(1894. 5. 5.)

한양
인천
원주

일본군의 경복궁 침범
(1894. 6. 21.)

죽산
충주
천안
아산
목천
청주
덕산
홍주
공주

북접 집결
손병희

우금치 전투
동학 농민군 패전
(1894. 11.)

우금치
회덕
옥천
청산
논산
은진

남북접 집결
(1894. 10.)

군산
삼례
전주

남접 집결
전봉준

태안
정읍
남원
순창

전주 화약(1894. 5. 7.)

전봉준 체포
(1894. 12. 2.)

함평
나주
목포
해남
장흥

**동학 농민군 2차 봉기 주요 전투지 및 일지**

이 주력이었기 때문입니다. 농민군 100명 당 일본군 1명으로 치더라도 제대로 훈련받지 못한 농민군으로서는 대적하기 힘들었지요.

전봉준과 함께 북상하지 않고 남원에 남아 있던 김개남이 나중에 따로 청주성 공격을 시도했지만, 그도 패하고 맙니다. 전라도 남해안 지역을 지키던 손화중 부대와, 경상도·경기도·황해도·강원도 등 전국 곳곳에서 봉기한 농민군도 각 지역에서 반봉건 개혁을 실시했

**체포되된 뒤 심문을 받기 위해 이송되는 전봉준**
1894년 12월 2일, 전봉준은 결국 순창 피로리에서 체포된 뒤, 의금부와 일본 영사관에서 심문을 받았다. 그리고 1895년 3월 30일, 41세의 나이로 사형을 당했다.

으나, 양반 지배층이 구성한 민보군에 의해 모두 진압됩니다.

농민군은 항일을 명분으로 다시 일어섰지만, 보수 양반층은 일본의 침략보다도 농민군이 기존 질서를 무너뜨리는 것이 더 큰일이라고 생각했습니다. 이런 상황에서 2차 봉기 동안 전봉준이 이끄는 남북접 연합군 말고도 전국의 크고작은 농민군들은 관군, 일본군 혹은 양반층이 결성한 민보군을 상대로 전투를 벌여야 했습니다.

우금치 전투에서 패배한 전봉준은 남은 세력을 이끌고 전라도 일대로 내려가면서 추격해 오는 진압군과 원평, 태인 전투를 치렀으나 역시 패하고 맙니다. 11월 28일 금구에서 부대를 해산한 전봉준은 12월 2일 결국 순창 피로리에서 체포되어 서울로 압송됩니다. 9월에 시작된 농민군의 재봉기가 거의 3개월 만에 막을 내린 순간이었지요. 그 뒤에 체포되지 않고 살아남은 농민군들은 곳곳에 숨어서 영

**법부 대신 서광범과 1895년 3월 29일 전봉준 판결 선고서**
전봉준은 이 판결에서 사형을 선고받았다.

학당, 남학당 같은 조직을 결성하거나, 나중에 일본에 저항하는 의
병 부대에 합류합니다.

1894년 농민 전쟁은 반봉건과 반외세라는 우리나라 근대사의 두
가지 과제를 해결하기 위해 일어났지만, 결국 외세인 일본군에 의해
진압되었습니다. 그런데 만약 농민군이 관군과 일본군의 방어선을
뚫고 우금치 고개를 넘어 서울까지 진격했다면, 어떤 세상이 되었을
까요? 농민군이 꿈꾸었던 것처럼 봉건적 신분 질서가 해체되고 토지
를 똑같이 나누어서 경작하게 되었을까요? 전봉준이 권력을 잡아 새
로운 정치 지도자가 되었을까요? 아니면 대원군이 다시 섭정을 하게
되었을까요?

일본에 반대한 농민군의 태도로 볼 때, 일본과 손잡은 개화파와
힘을 합쳤을 가능성은 없어 보입니다. 개화 정권이 농민군이 요구한

신분제 개혁 등을 거의 다 받아들였어도 외세를 끌어들였기 때문에 결코 연합할 생각이 없었지요. 근대화 개혁을 위해서라면 봉건 세력인 대원군이 아니라 개화파와 함께 했어야 하는데, 농민군 생각은 그렇지 않았습니다. 그런 면에서 농민군은 봉건 질서를 무너뜨린 공로는 있으나, 시대의 과제였던 근대화를 주도적으로 이끌어 갈 세력은 아니었던 셈입니다.

## 갑오개혁으로 근대 국가의 틀을 세우다

갑오 개화 정권이 세워진 것은, 1894년 6월 21일 새벽 일본군이 갑자기 경복궁을 포위하고 쿠데타를 일으킨 결과였습니다. 농민군을 진압하기 위해 조선에 파병된 일본군은 농민군이 전주성에서 철수해 주둔할 명분이 사라지자, 6월 초부터 조선 정부에 내정 개혁을 요구하기 시작했습니다. 정부는 우리가 알아서 개혁을 하겠다며 교정청을 설치하고 일본군에 철수를 요청했습니다. 그러자 일본군이 갑자기 경복궁 공격에 나섰지요. 궁궐 수비를 맡은 조선 시위대는 격렬히 저항했지만, 고종의 침소인 건청궁까지 침입한 일본군의 협박에 전투를 중지할 수밖에 없었습니다.

이렇게 경복궁을 접수한 일본군은 서울에 있는 조선군의 무기를 모두 빼앗고 개화 정권을 세웠습니다. 온건 개화파인 김홍집을 앞세우고, 흥선 대원군도 형식적으로 불러들였지요. 6월 26일에는 개혁을 주도할 비상 권력 기구로 군국기무처를 설치했고요.

군국기무처에는 김홍집, 박정양, 김윤식, 어윤중 등 온건 개화파와 유길준, 김가진, 안경수, 조희연, 김학우, 권재형 등 신진 개화파 그룹이 참여했습니다. 신진 개화파는 갑신정변이 실패로 돌아간 뒤, 1880년대 후반에 개화 정책의 실무 추진자로 참여했던 사람들입니다. 이들은 대체로 주한 일본 공사관에 드나들면서 일본의 후원을 받아 개혁을 실시하려 했습니다. 갑신정변을 주도한 개화파에 비해 신분 배경이 낮은 신진 개화파들은 양반의 서자이거나 무과 혹은 중인 출신들로, 외국어를 비롯한 실무 능력을 갖춘 사람들이 많았습니다. 개화파는 비록 자신들의 힘으로 권력을 잡은 것은 아니지만, 마침내 개화 정권을 세우고 오랫동안 꿈꾸어 온 근대 국가의 틀을 만들게 되었습니다.

군국기무처는 먼저 정부 기구를 크게 바꾸어 근대적인 8개 행정 부서를 설치했습니다. 조선 왕조 시대의 전통적인 6조 체제(이조·호조·예조·병조·형조·공조)가 8개 부서 체제(내무·외무·탁지(재정)·법무·학무·공무·군무·농상공부 아문)로 바뀌었습니다. 또 궁내부를 설치하여 왕실 사무를 담당하게 하고, 왕실은 국정 운영에 공식적으로 개입할 수 없게 했습니다. 왕실과 나라를 하나로 여기던 전제 군주제를 끝내고자 한 것이지요.

또한 양반 관료를 뽑는 등용문 역할을 하던 과거제를 전격 폐지했습니다. 이제 《논어》, 《맹자》와 같은 유교 경전이 아닌 근대적인 실용 학문을 기준으로 관리를 뽑았습니다. 국문, 한문, 산술, 국내 정치, 외국 사정 등 근대적 교양과 실무 능력을 묻는 새로운 시험 과목이 채택되었지요. 유학은 이제 여러 학문 가운데 하나일 뿐, 조선 왕조를 지배하던 사상으로서의 지위를 잃고 맙니다.

군국기무처가 내놓은 개혁 조치 가운데 가장 획기적인 것은 6월 28일 발표한 신분 차별 철폐입니다. 이 조치는 농민층의 요구 사항을 받아들인 것으로, 먼저 양반과 상민 사이의 신분 차별을 없애고, 신분의 높낮이에 관계없이 인재를 고루 등용하겠다고 선언했습니다. 공·사 노비제를 모조리 없애고 노비 매매를 금지했으며, 역인·재인·백정과 같은 천민에 대한 차별도 폐지했고요. 그러잖아도 농민군들은 농민 전쟁 동안 지나가는 양반의 갓을 벗기고 수염을 잡아당기는 등 모욕을 주고, 양반집 토지 문서와 노비 문서를 불태우는 행동을 서슴지 않았었지요.

개화 정권은 이러한 시대의 흐름을 받아들여 봉건적 신분 제도를 폐지한 것입니다. 1801년 순조 때 이미 관노비(관이 소유한 노비)는 해방되었고, 1886년 고종이 노비 세습제를 폐지한 데 이어 갑오개혁으로 사노비(개인이 소유한 노비)마저 해방되었습니다. 이제 노비 제도는 법적으로 완전히 폐지된 것입니다.

하지만 노비는 엄연히 양반의 사유 재산이라서 노예 해방령을 놓고 노비 주인인 양반들이 반발했습니다. 이에 개화 정권은 양반과 상민의 구별 철폐는 인재 등용에만 해당되고, 노비제 혁파도 양인을 강제로 천인으로 만들어 대대로 물려주는 경우에만 해당된다고 한 발 물러서고 맙니다. 또한 이미 매매된 노비에는 이 조치가 해당되지 않는다고 발표했으므로, 갑오개혁으로 모든 노비들이 자유로운 몸이 된 것은 아니었지요. 사실 자유를 얻어 봤자 일자리가 없고 먹을 것도 없다면, 차라리 양반집에 남아 일하는 게 더 낫다고 생각한 노비도 있었을 것입니다.

하지만 이때부터 노비들도 이름과 성을 가질 수 있는, 법 앞에 평등한 한 인간이 될 수 있는 기회가 열렸다는 사실이 매우 중요합니다. 천인으로 천대받던 백정 출신이 나중에 독립협회가 개최한 연설회에 등장하고, 양반이 아닌 서자나 무반 출신이라도 능력만 있으면 누구나 출세할 수 있는 기회가 열린 것입니다.

그 밖에 오래된 사회 관습이었던 조혼(早婚 : 어린 나이에 결혼하는 것) 제도도 금지했습니다. 남자 20세, 여자 16세가 되어야만 결혼할 수 있게 했고요, 과부의 재가를 허락하고, 적실과 첩 모두에게 자식이 없는 경우에만 양자를 들이는 것을 허락했습니다. 오늘날의 시각으로 보면, 나라에서 결혼할 나이나 재혼, 양자 문제까지 간섭하다니 참으로 이상한 일입니다. 하지만 그 당시에는 이 모든 사회적 관습들이 여성 인권을 억압하고 자유를 옥죄는 악습이었기 때문에 법으로 강제할 필요가 있었지요.

군국기무처의 개혁 조치들은 7월 12일 무렵부터 각 군현에 전달되기 시작했습니다. 각 군현에서는 일반 백성들이 볼 수 있도록 한문과 한글로 게시했습니다. 바야흐로 세상은 천지개벽하듯 바뀌고 있었습니다. 그 변화의 물꼬를 튼 것은 애초에 농민 봉기의 횃불을 높이 든 농민군이고, 그것을 법과 제도를 통해 새로운 사회 질서로 만들어 낸 세력은 바로 개화파 정권이었습니다.

문제는 두 세력이 서로 손잡고 근대화 개혁을 계속 추진했어야 하는데, 그러지 못했다는 데 있습니다. 농민층은 일본의 꼭두각시에 불과한 개화 정권이 나라를 일본에 팔아넘기려 한다고 판단해서 다시 봉기하고, 개화 정권은 일본군과 함께 농민군 진압에 나섰으니,

두 세력은 화해할 수 없는 원수가 되어 버렸지요. 결국 일본군의 개입으로 반봉건 근대화를 추진할 두 세력이 서로 등을 돌리는 비극적 상황이 빚어진 것입니다.

## 일본이 간섭한 개혁의 한계

군국기무처에서 김홍집, 어윤중 등 온건 개화파 그룹과 신진 개화파 그룹, 그리고 주한 일본 공사관을 연결하며 핵심 역할을 한 사람은 유길준입니다. 유길준은 주한 일본 공사관 서기관 스기무라(杉村濬) 등과 협의하여 세세한 개혁 계획을 마련했는데요, 주로 메이지 유신 이후 일본의 근대 법제들을 모델로 삼았습니다.

그 중에서도 궁내부를 설치하여 왕실을 국정에서 떼어 낸 것은 개화파의 오랜 염원인 동시에 일본 측의 요구 사항이었습니다. 개화파는 갑신정변 당시부터 국왕은 존재하지만 실권은 없고 내각 관료들이 국정을 운영하는 입헌군주제를 실시하고자 했습니다. 일본도 말을 잘 듣지 않는 고종과 명성 황후를 국정에서 떼어 내기 위해 일본에서 실시하고 있던 궁내부 제도를 들여왔고요. 이제 왕이 아니라 의정부 총리 대신이 정무를 총괄하면서 법률 및 칙령을 반포하고 각부 업무를 관리하게 되었습니다.

일본이 청일 전쟁에서 승리한 뒤 조선 내

**군국기무처 회의 장면**
갑오개혁을 주도한 비상 권력 기구로, 온건 개화파와 신진 개화파가 참여했다.

정에 압력을 강화하면서 군주권은 더욱 축소됩니다. 9월 29일, 주한 일본 공사로 새로 부임한 일본의 거물급 외교관 이노우에 가오루는 청일 전쟁 승리의 여세를 몰아 조선을 아예 보호국으로 만들고자 했습니다. 10월 24일, 20개 조 개혁안을 조선에 강요한 이노우에는 일본에서 망명 생활을 하던 박영효를 불러들여 권력을 장악하게 합니다. 박영효는 군국기무처에서 활동한 개화파보다 더 급진적인 개혁을 추진하지요. 내각제를 전격 실시하고 〈홍범 14조〉를 반포해서 국왕의 국정 참여를 완전히 막았습니다.

내각제 실시로 국정 권한을 완전히 잃은 고종은 "군주권이 없는 허위(虛位 : 비어 있는 자리)를 감내할 수 없으니, 차라리 대신들이 원하는 대로 국체(國體)를 변혁해서 새로 공화제를 하든지 대통령을 선출하든지 마음대로 하라"고 역정을 낼 정도였습니다.

그럼에도 불구하고 개화파들은 1895년 을미년부터 개혁에 더욱 박차를 가했습니다. 지방 제도를 크게 바꾸고, 우편과 경찰 제도 정비, 사법 제도 마련, 근대식 교육 기관 설립 및 유학생 파견(일본) 등 근대화 정책이 제대로 추진되었습니다. 박영효는 1895년 4월 4일, 〈내무아문훈시〉 88개 조를 통해 자신의 개혁 구상을 밝혔는데요, 이후 이루어진 개혁 안건 213건 가운데 68건에 서명할 정도로 개혁을 실제로 주도했습니다.

그러나 박영효가 점차 일본 측 의도를 무시하고 독립 노선을 걷게 되면서 일본에 고분고분한 김홍집, 유길준과 대립하고, 결국은 쿠데타 혐의를 쓰고 실각하고 맙니다. 사실 이노우에 공사가 부임할 때 데려온 일본인 고문관 40여 명은 개혁 법령들을 만들고, 조선 정부

## 일본인 고문관의 역할과 갑오개혁 타율론

갑오개혁 때 발표된 〈각대신간규약조건(各大臣間規約條件)〉이라는 사료를 보면, 일본인 고문관들이 개혁 과정에 깊숙이 개입했음을 알 수 있다. 하나씩 살펴보면, 제53조, 내각이나 각부 관청에서 각령(閣令), 부령(部令), 청령(廳令), 훈령(訓令) 등을 발하며 지령(指令)을 내릴 때에는 그 안을 제출하기 전에 반드시 고문관의 사열을 받을 것, 제54조, 내각이나 각부 관청에서 접수·발송하는 공문 서류는 일체 각 고문관의 사열을 받을 것, 제55조, 각 고문관은 내각 회의에 참석하여 의견을 진술할 수 있다는 조항 등이 있다.

따라서 이런 점 때문에 갑오개혁은 우리나라 개화파의 독자적인 개혁이 아니라 일본에 의해 이끌려서 이루어진 개혁이라는 주장이 있다. 반면 일본의 간섭이 있었다 할지라도 개화파가 갑신정변 당시부터 가져 온 근대 국가 구상이 토대가 되었다고 평가하며 갑오개혁 자율성론을 주장하는 이들도 있다.

의 모든 공문서를 검열했으며, 내각 회의에도 참석하여 사사건건 간섭했습니다. 박영효는 비록 일본의 추천으로 개화 정권에 참여했지만, 독자적인 개혁 구상이 있었으므로 일본 고문관들의 간섭을 달가워하지 않았습니다.

그러자 일본은 간섭에 항의하는 박영효를 바로 실각시켜 버립니다. 개화파를 일본의 꼭두각시 정도로 생각했기 때문이지요. 그런 면에서 갑오, 을미년에 이루어진 근대화 개혁들은 근본적으로 일본에 기댄 개혁이었지요. 군국기무처가 개혁을 주도하고 일본이 청일 전쟁에 바빴던 개혁 초기에는 어느 정도 자율적 개혁이 가능했을지 모르지만, 일본의 보호국화 정책이 본격화된 갑오년 9월 이후에는 일본 측 의도가 더 많이 반영되었습니다.

개화 정권 수립 자체가 일본의 군사력에 기대고 있었으니, 완전히 자율적인 개혁이란 애초부터 불가능했습니다. 일본이 경복궁 점령 이후 곧바로 조선의 구식 군대를 모두 해산해 버렸으니, 조선은 실제로 일본군의 무력 감시 아래 놓여 있는 셈이었지요. 개화 정권은 애당초 자신들의 역량이 아닌 일본의 군사력에 기대었다는 점 때문에 농민층의 지지를 받지 못했고, 을미사변 이후 일본 세력이 물러나자 곧바로 무너지고 맙니다. 또한 그들이 추진한 근대적 화폐 제도 도입과 자유주의적 상업 정책도 문호 개방주의로 이어져, 결국 일본의 경제 침탈에 더욱 불붙이는 결과를 가져왔다고 평가됩니다.

## 자본주의 경제 제도 도입으로 시장을 모두 개방하다

갑오개혁기에 이루어진 경제 개혁 조치들은 그동안 농민층이 끊임없이 요구해 온 봉건적 조세 제도의 문제점을 고치는 한편, 자본주의 경제 제도를 도입하여 근대적 경제 체제를 다지는 쪽으로 이루어졌습니다.

먼저 조세 개혁을 보면, 그동안 토지에 덧붙여 갖가지 봉건적 세금을 거두던 것을 모두 정리하고, 조세를 쌀이 아닌 돈으로 내는 조세 금납화를 실시합니다. 이를 뒷받침하기 위해 〈신식 화폐 발행 장정〉이 반포되었는데요, 1891년 〈화폐 조례〉를 공포하고도 이런저런 이유로 실시하지 못했던 근대적 화폐 제도를 다시 발표한 것입니다.

하지만 당장 신식 화폐를 만들 여력이 없었기 때문에, 당분간은 외국 화폐를 사용할 수 있게 하여 실제로 일본 화폐가 널리 쓰였습니다. 은본위제를 채택하고 근대적 화폐 주조를 계획한 것은 자본주의 경제 제도를 뿌리내리기 위해 반드시 필요한 선택이었습니다. 하지만 재정 부족으로 화폐를 만들지 못하고 일본 은화를 사용하게 한 것은 결국 안 좋은 결과를 가져왔습니다. 이제 일본 은화는 개항장에서 상인들이 거래 때 쓰던 데에서 나아가 버젓이 조선 정부의 조세금으로도 쓰일 수 있게 되었으니까요.

한편 상업 정책에서는 높은 관직을 지낸 관리라 해도 휴직한 뒤에는 상업에 종사할 수 있다는 조치가 발표되었습니다. 지금에야 누구나 장사를 할 수 있지만, 당시만 해도 양반 관리들이 내놓고 돈 벌자고 나서는 것은 유교 가치관에서 벗어나는 일이었습니다. 개화파는 이러한 관습을 고쳐서 상업 부국을 이룩하자고 법을 만들기에 이른 것입니다.

또한 자유주의적 상업 정책을 실시하여 육의전과 보부상 단체인 상리국 같은 특권 상업 체제를 모두 없앴습니다. 개항장 객주, 상회사에게 영업 독점권을 주고 세금을 거두던 여러 특허 장정들도 폐지했고요. 예전에는 이런 특권 상인들이 정부나 왕실에 특허료를 납부하고 특정 지역 혹은 특정 상품을 독점하여 영업을 했다면, 개화 정권은 그 특권들을 모조리 없애 버린 것입니다. 특권 상업 체제는 그동안 영세업자들에게 불만의 대상이었지요. 또 특허 대가로 낸 세금만큼 물가가 올라 소비자인 일반 백성들도 피해를 입었고요. 따라서 특권 상업을 폐지한 조치는 진보적인 개혁이었습니다.

하지만 개항 이후 특권 상인들이 왕실이나 정부의 보호 아래 외국 상인들이 국내 상권에 들어오는 것을 어느 정도 막아 오던 역할까지 없애 버린 결과를 낳았습니다. 다시 말해, 특권 상인들이 특정 지역 영업이나 상품을 독점하여 외국 상인들이 거기에 뛰어들지 못하게 하는 면이 있었는데, 이제 특권 철폐로 외국 상인들도 국내 상권에 얼마든지 침투할 수 있는 길이 열린 것입니다.

이처럼 갑오개혁 때 개화파가 실시한 자본주의적 경제 정책은 봉건 잔재를 없애는 동시에 모든 장벽을 무너뜨려 외국 자본이 쉽사리 국내 시장에 들어올 수 있게 했습니다. 그동안 일본이 조선 시장에 진출하려고 집요하게 요구했던 내용도, 바로 왕실의 보호를 받는 특권 영업 체제를 해체하라는 것이었습니다. 개화파가 일부러 일본 자본의 진출을 돕고자 한 것은 아니지만, 결국 자유주의적 상업 정책은 자연스레 문호 개방주의로 연결될 수밖에 없었습니다. 개화파도 외국인이 서울 도성 안에서 가게를 열거나 내륙에서 행상하는 걸 막고, 토지·삼림·광산 점유와 매매를 못 하게 하는 등 국내 상권을 보호하려는 의지가 어느 정도 있었지만, 군사력을 앞세운 일본의 압력을 막을 길이 없었습니다.

일본은 1894년 7월 20일 체결된 〈조일잠정합동조관〉에서 경부·경인 철도 부설권 및 군용 전신선 관할권을 강탈하는 등, 갑오개혁기 동안 이권 침탈에 더욱 열을 올렸습니다. 갑오 개화 정권은 자유 무역주의보다 먼저 국내 토착 자본을 잘 보호하고 육성할 방안을 마련했어야 했는데, 그들의 인식은 거기까지 이르지 못했던 것입니다.

# 삼국 간섭과 을미사변

## 삼국 간섭으로 요동치는 동아시아

조선에서 갑오·을미 개혁이 진행되는 동안, 한반도 주변의 동아시아 정세는 거세게 출렁거리고 있었습니다. 먼저 청일 전쟁 결과 일본이 승리하면서 청은 일본에 막대한 배상금과 함께 랴오둥 반도를 내주었습니다. 시모노세키 조약의 내용이 그렇습니다. 하지만 곧이어 1895년 4월, 러시아가 주동하고 동맹국인 프랑스·독일이 참여한 삼국 간섭으로 일본은 다시 랴오둥 반도를 청에 돌려주게 됩니다. 일본으로서는 매우 불만이었지만, 아직 러시아에 맞설 힘이 없다고 판단했기에 일단 물러설 수밖에 없었지요.

그런데 일본이 러시아의 간섭에 따라 랴오둥 반도에서 힘없이 물러서는 것을 본 고종과 명성 황후는, 조선에 러시아를 끌어들여 일본을 견제할 수 있겠다고 생각하기 시작합니다. 러시아 세력에 기대어 갑오개혁으로 땅에 떨어진 왕권을 되찾을 생각이었지요. 고종과 명성 황후는 주한 러시아 공사 웨베르와 은밀히 교섭하면서 친일 개화 정권을 전복시킬 기회를 노렸습니다. 러시아뿐 아니라 미국까지 끌어들여 일본의 보호국화 정책에 대항하려 했고요.

하지만 주한 러시아 공사 웨베르나 주한 미국 공사 알렌 등 현지 외교관들의 관심과는 달리, 러시아와 미국 정부는 조선 문제에 직접 개입할 의사가 없다는 사실을 전혀 알지 못했습니다. 특히 러시아는 시베리아 철도가 완공되기 전까지는 만주 이권이 침해당하지 않는

한 일본과 충돌을 피하려 했는데, 이러한 러시아의 정책 방향을 알지 못했던 것이지요.

일본은 조선 왕실이 반일 친러적 태도를 취하는 배경에는 명성 황후가 있다고 판단하고 을미사변을 일으킵니다. 일본의 조선 침략에 가장 큰 걸림돌을 제거하고자 한 것이지요. 당시 한국에 와 있던 호전적인 일본인들, 특히 대륙 낭인* 계통의 인사들 사이에서는 러시아를 끌어들이려는 명성 황후를 제거해야만 일본이 조선을 차지할 수 있다는 여론이 많았다고 합니다.

**한성 신보사 관계자들**
을미사변 당시 명성황후를 시해한 일본 낭인들 중에는 사진에 보이는 한성신보사 관계자도 있었다.

## 암호명 '여우 사냥'의 진실

명성 황후를 살해하기 위한 일본의 준비는 치밀했습니다. 이노우에 가오루에 이어 일본 공사로 부임한 미우라 고로(三浦梧樓)는 육군 중장 출신으로 외교에는 문외한이었습니다. 아무래도 미우라 공사가 임명될 때부터 일본 정부는 이미 사건을 계획하고 있었던 게 분명합니다. 미우라 공사가 조선에 온 지 겨우 한 달 만에 을미사변이 일어났으니까요.

그런데 1895년 8월 20일(양력 10월 8일) 새벽 5시 무렵 일어난 이 비극의 진상은 110년도 더 지난 지금까지도 확실하게 밝혀지지 않

**대륙 낭인**
메이지 유신 이후 한반도, 만주, 중국 대륙 등지에 진출하여 일본의 아시아 침략을 도운 일본 민간인 집단으로, 일본 정부 및 군부와 긴밀한 관계 속에 활동했다. 현양사, 흑룡회, 동아동문회 같은 단체를 결성하여 활동하기도 했다.

고 있습니다. 무엇보다도 이 천인공노할 범행을 저지른 범인을 아직도 밝혀 내지 못하고 있습니다. 세계 역사상 유례가 없는 이웃 나라 왕비 살해 사건이 사실상 영구 미제 사건이 되어 버린 셈이지요. 왜일까요? 비극이 일어난 날 새벽 경복궁 안에는 조선 사람만이 아니라, 미국인 다이 장군과 러시아인 건축 기사 사바틴 등 수많은 목격자가 있었건만, 왜 아직도 사건의 진상이 낱낱이 밝혀지지 않은 것일까요?

일본에서는 그동안 대원군 주모설이나 훈련대 주도설, 혹은 미우라 공사 주도설을 주장하며 일본 정부의 개입을 적극 부정해 왔습니다. 하지만 이러한 모든 가설들은 단지 국제적 비난을 피하기 위해 꾸며 낸 일본 정부의 억지 주장에 불과합니다. 일본의 주장을 하나씩 살펴볼까요?

먼저 일본이 주장하는 대원군 주모설은, 명성 황후와 정적 관계인 대원군이 권력을 빼앗기 위해 자신의 며느리를 제거했다는 것입니다. 정권을 다시 잡고 권력을 휘두르기에는 너무 늙어 보이는 75세의 대원군이 일본인 고문관 오카모토 류노스케의 꾐에 넘어가 명성 황후 살해 계획을 세웠다는 것은 상식적으로 믿기 힘듭니다. 오히려 대원군은 사건이 일어난 날 새벽, 일본인들이 모시러 왔을 때 시간을 끌다가 거사 시간을 두세 시간이나 늦추기도 했습니다.

다음은 삼국 간섭 이후 일본 세력이 약화되면서 해산 위기에 몰린 친일 군대인 훈련대가 주도했다는 설입니다. 실제 사건 현장에는 조선인 훈련대 병사들이 있었습니다. 하지만 이들은 일본 측이 일부러 조선인의 범행으로 위장하기 위해 끌어들인 것일 뿐, 실제로 무슨 일이 일어나고 있는지조차 몰랐습니다. 일본 공사관 소속 무관이나 일본군 수비대 병력, 일본 영사관 소속 경찰, 그 밖에 한성에서 활동하던 일본 민간인들 가운데 힘깨나 쓴다는 낭인·장사층들만 동원하면 일본의 소행임이 분명히 드러나기 때문에, 야간 연습을 빌미로 조선인 훈련대 병력을 모아 궁궐문 수비를 맡긴 것입니다. 훈련대 대대장 우범선과 이두황 등은 일본인 교관과 결탁하고 있던 사이였으므로, 병력을 동원하는 데 아무 문제가 없었습니다.

**이노우에 가오루(왼쪽)와 미우라 고로**
조선에 대한 일본의 보호국화 정책을 이끈 장본인이자 명성황후 살해를 계획한 조선 주재 일본 공사 이노우에는 자신의 후임으로 같은 고향 출신인 미우라를 추천한다. 미우라는 부임한 지 한 달 만에 명성황후 살해 사건을 현장에서 이끌었다.

마지막으로 미우라 주도설은 일본 정부가 이 사건에 결코 개입하지 않았음을 강조하기 위해 미우라 공사에게만 모든 책임을 씌우는, 이른바 도마뱀 꼬리 자르기 수법입니다. 외교관이란 본디 본국 정부의 지시를 받아 외교 교섭을 수행하는 존재입니다. 과연 일개 외교관이 단독으로 이웃 나라 왕비 살해라는 엄청난 계획을 세우고 단행했을까요?

따라서 이 사건은 미우라 공사 차원이 아닌 일본 정부, 특히 전임 공사로서 조선 보호국화 정책을 추진했지만 큰 성과를 보지 못하고 귀국한 이노우에가 일본 정부 인사들과 머리를 맞댄 결과로 보는 게 가장 사실에 가까울 것입니다. 말하자면 을미사변은 일본의 국가 권력이 저지른 국제적 살인 사건이었습니다.

사건의 진상을 파악하기 위해 이날 새벽 대원군의 경복궁 도착과,

**일본 영사 우치다 사다쓰지의 보고서**
이 기록에는 일본 군인들의 건청궁 침입 경로와 명성 황후의 살해 장소가 새롭게 기록되어 있다.

고종·명성 황후의 침소인 건청궁에서 벌어진 현장 상황을 다시 구성해 볼까요? 사건을 기록한 자료로는 개화파 권재형이 쓴 보고서가 있고, 사건 발생 뒤 2개월이 지나서 작성된 주한 일본 영사 우치다 사다쓰지(內田定槌)의 보고서가 있습니다. 또 당시 궁중에서 숙직을 서던 러시아인 건축 기사 사바틴의 목격기가 있습니다. 당시 현장의 생생한 분위기를 전해 주는 이 기록들을 바탕으로 상황을 다시 정리해 보겠습니다.

이날 새벽 동이 틀 무렵, 일본군 수비대와 조선군 훈련대가 대원군의 가마를 앞뒤에서 호위하며 공덕리 별장을 출발하여 광화문에 이르렀을 때, 마침내 첫 번째 총성이 울렸습니다. 새로이 훈련대 연대장에 임명된 왕실 측근 홍계훈*이 대원군의 입궐 행렬을 보고 저지하다가 일본군 사관이 쏜 총탄에 쓰러집니다. 그 사이 무장 세력들은 이미 광화문을 통해, 혹은 북쪽 성벽을 타고 넘어 궁궐 안으로 돌진합니다. 곧바로 고종과 명성 황후의 침소인 경복궁 가장 안쪽(북쪽) 건청궁에 다다른 일본의 무장 세력들과, 이를 막으려는 궁궐 시위대 사이에 맹렬한 전투가 벌어집니다.

당시 궁궐에서 숙직을 서던 시위대 연대장 현흥택과 미국인 교관 다이 장군의 목격담에 의하면, 일본인들은 왕비가 어디 있느냐며 고종과 황태자에게 수차례 폭행을 가하고 칼을 뽑아 협박했다고 합니다. 건청궁에서 일본인 120여 명과 조선과 일본 양국 군인 1000여 명이 섞여서 아수라장을 이룬 가운데, 왕비를 찾다가 궁녀들을 먼저 몇 명 죽이고 마침내 명성 황후를 살해합니다.

사바틴의 보고서에는, 명성 황후가 일본군이 궁중에 쳐들어온 것을 알고 자신의 침실인 건청궁 곤령합에서 상궁의 옷을 입고 무리 속에 숨어 있다가 일본 낭인들의 칼에 난자되어 사망한 것으로 쓰여 있습니다. 낭인들은 황후의 얼굴을 정확히 알지 못한 듯 궁녀들을 여러 명 집어 던지거나 죽인 뒤에, 복도로 달아나는 황후를 쫓아가서 가슴을 짓밟고 칼로 수차례나 난자해서 살해한 것으로 기록되어 있습니다.

16세에 왕비가 되어 45세에 일본인에 의해 참혹한 최후를 맞은 이 비운의 여인 명성 황후의 시신은 경복궁 북쪽 녹산이라는 동산에서 불태워졌습니다. 일본은 증거를 없애기 위해 미우라 공사의 지시로 시신까지 불태워 버려 장례조차 치를 수 없게 한 것입니다.

그러면 직접 황후를 살해한 당사자는 누구일까요? 일본 낭인들은 사건 후에 왕비를 찾아내서 그 머리채를 잡고 칼로 베어 버린 당사자가 바로 자신이라고 서로 영웅담을 늘어놓았습니다. 명성 황후 살해범이 일본에서는 영웅 대접을 받았던 모양입니다. 그 밖에 조선 정부에 고문으로 와 있던 오카모토 일행을 현장에서 보았다는 고종의 증언도 있지만, 지금까지 정확히 범인이 누구인지는 밝히지 못하고 있습니다.

사바틴의 주장에 따르면, 이날 새벽 궁중에 침입한 일본인들 중

**명성 황후 시해 장면 기록화**
명성 황후는 미우라가 이끈 일본 낭인들의 칼에 수차례 찔렸다. 우치다 사다쓰지가 기록한 《한국 왕비 살해 일건》 제2권에는 명성 황후가 이 그림에서처럼 침실에서 살해된 게 아니라, 침전 밖 뜰로 끌려가 살해되었다고 기록되어 있다.

에는 일본 군인 말고도 일본 옷이나 양복으로 잘 차려입은 25명 가량의 낭인들이 있어서 현장을 지휘했다고 합니다. 이들을 포함하여 모두 48명이 사건 관계자로 다음해인 1896년 히로시마 지방 재판소에서 재판을 받았지만, 모두 증거 불충분으로 무죄 판결을 받았습니다.

한 나라의 왕비를 살해해 놓고도 아무도 처벌받지 않은 어처구니없는 일이 벌어진 것이지요. 조선의 궁궐에서 일어난 범행인데, 범인들이 일본인이라는 이유로 조선이 재판을 하지 못하고 일본 법정에 보냈으니, 어쩌면 당연한 결과인지도 모르겠습니다. 우리가 앞서 불평등 조약 체제를 얘기할 때 중요 근거로 꼽았던 영사 재판권(치외법권)의 문제점이 바로 이것입니다.

그런데 친일적인 김홍집 정권은 치외법권 때문에 일본인 용의자를 체포하여 심문하기가 어렵다면서, 사건의 진상을 밝히기는커녕 명성 황후의 죄악을 열거한 뒤 폐후 조칙을 발표합니다. 명성 황후가 훈련대 해산을 강행했기 때문에 사건이 일어났고, 현재 행방 불명 상태이므로 폐위하여 보통 백성으로 칭하겠다는 조칙이었지요. 일본인들도 왕비가 정치에 간섭하고 사치와 부패를 일삼다가 그렇게 되었고, 러시아를 끌어들여 나라를 망하게 한 장본인으로 자신의 운명을 앞당겼다는 온갖 누명을 덧씌워 범행을 덮으려 했습니다.

그 뒤로 일제 강점기까지 일본은 끊임없이 명성 황후에 대한 온갖 험담을 만들어 왔습니다. 그리고 이러한 잘못된 혹평을 지금도 믿는 사람들이 있지만, 이는 상당 부분 사실과 다릅니다. 일본은 국제 열강의 비난을 피하기 위해 명성 황후를 죽어 마땅한 사람으로 만들었습니다. 설령 명성 황후에게 여러 문제가 있었다고 할지라도, 일본 낭인들이 조선의 궁궐에 침입하여 왕비를 살해한 것은 명백한 범죄 행위입니다. 구미 열강의 공사들도 사건의 진상을 밝히라고 항의하고, 전국 곳곳에서 유생층을 중심으로 반일 의병 봉기가 일어났습니다.

고종은 자신의 정치 참모로서 온갖 우여곡절을 겪다가 끝내 일본 낭인들의 칼날에 죽어간 명성 황후의 원혼을 풀어 주기 위해 왕비가 시해된 지 2년 2개월이 지난 1897년 성대한 장례식을 치릅니다. 그리고 을미사변에 연루된 일부 훈련대 군인들을 끝까지 용서하지 않습니다. 이들은 을미사변 직후 모두 일본으로 망명하여 오랜 유랑 생활을 하다가, 고종이 폐위된 1907년 이후에야 귀국할 수 있었습니다. 그동안 고종은 일본 측에 범행 관련자 인도를 끊임없이 요구하고, 심지어는 몰래 일본에 자객을 보내 망명자들을 살해하라고 지시하기도 합니다.

결국 고종과 명성 황후가 러시아를 끌어들여 일본을 견제하려 한 외교 책략은 명성 황후의 죽음을 불러왔습니다. 조선을 집어삼키려는 청과 일본의 속셈을 견제하고, 영토적 야심이 없는 먼 나라 미국이나 러시아에 기대어 독립을 보전하고자 했던 외교 책략은, 국력이 뒷받침되지 않고서는 나라는커녕 왕비의 목숨마저도 지키지 못하는 허망한 것이었습니다. 미국은 조선에 대해 야심이 없는 만큼 관심도 없었고, 러시아 또한 아직은 군대를 동원해서 조선을 지켜 줄 만큼 관심이 크지 않았습니다.

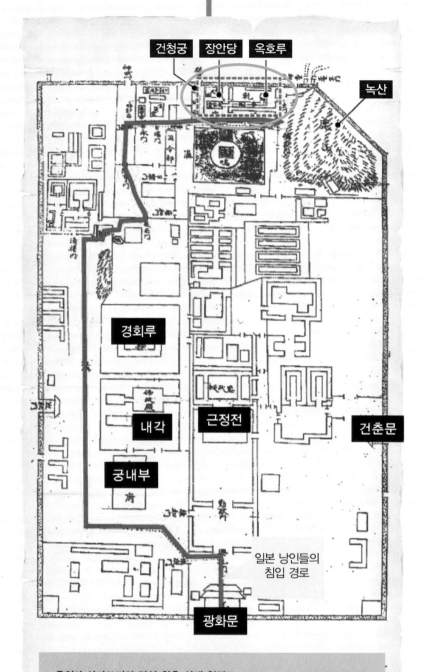

건청궁　장안당　옥호루

녹산

경회루

내각

근정전

건춘문

궁내부

일본 낭인들의
침입 경로

광화문

**우치다 사다쓰지의 명성 황후 살해 현장도**
을미사변이 일어난 지 두 달이 지나 일본 영사 우치다 사다쓰지가 작성한 현
장도인데, 광화문에서 건청궁에 이르기까지 침입 경로와 주요 현장이 표기되
어 있다.

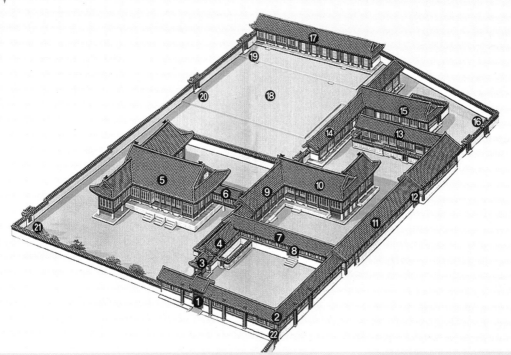

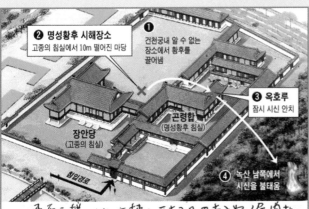

건청궁 세부도
❶ 건청궁 정문
❷ 건청궁 남행각 동행각
❸ 초양문
❹ 장안당 동행각
❺ 장안당(추수부용루, 정화당)
❻ 장안당 복도각
❼ 곤녕합 남행각
❽ 합광문
❾ 곤령합 사행각
❿ 곤령합(옥호루, 사시향루, 정시합)
⓫ 곤령합 동행각
⓬ 청휘문
⓭ 곤령합 북행각
⓮ 복수당 서행각(녹금당)
⓯ 복수당
⓰ 경화문
⓱ 장안당 북행각
⓲ 관문각지
⓳ 위규문
⓴ 관명문
㉑ 편성문
㉒ 인유문

❷ 명성황후 시해장소
고종의 침실에서 10m 떨어진 마당

❶ 건천궁내 알 수 없는 장소에서 황후를 끌어냄

❸ 옥호루
잠시 시신 안치

장안당
(고종의 침실)

곤령합
(명성황후 침실)

첨입경로

❹ 녹산 남쪽에서 시신을 불태움

우치다 사다쓰지 영사가 작성한 보고서 내용에 따라 명성 황후 시해 과정을 그린 그림

## 명성 황후 바로 보기

한국 역사상 명성 황후만큼 역사의 소용돌이에서 변화무쌍한 삶을 살고, 오늘날까지 사람들 입에 오르내리는 인물도 그리 흔치 않을 것이다. 그 인생의 드라마틱함과 비극적 종말로 인해 소설이나 TV 드라마, 영화, 뮤지컬 등에서 단골 소재가 되고 있다. 하지만 명성 황후에 대한 사람들의 인식에는 잘못된 점도 많다. 또한 영구 미제 사건이 되어 버린 국제적 살인 사건인 을미사변의 진상도 아직 철저하게 규명되지 않았다.

한때 명성 황후의 이미지는 총명하기는 하나, 무능하고 유약한 남편 고종을 대신하여 치맛바람을 일으키고 사치와 부패를 일삼은 여인, 자신을 발탁해 준 시아버지 대원군에게 대들어서 권력을 농단한 부덕한 며느리 등 부정적인 인상으로 고정되어 있었다. 하지만 이러한 이미지는 을미사변을 일으킨 일본인들이 명성 황후의 죽음이 황후 자신의 잘못으로 인해 비롯된 것이라는 인상을 주기 위해 일제 강점기부터 일부러 조작한 것이다.

최근에는 개화의 선각자로서 고종을 정책적으로 보필하고, 한반도를 둘러싼 열강의 역학 관계를 이용하여 러시아를 끌어들여 일본을 견제하려다가 비극적으로 살해된 국모라는 이미지로 변신 중이다.

그렇다면 명성 황후의 실제 모습은 어떠했을까? 일본은 왜 이웃 나라 왕비인 명성 황후를 살해하는, 세계 역사에서 찾아볼 수 없는 사건을 일으켰을까? 아마도 당시 정세에서 명성 황후가 그만큼 중요한 역할을 하고 있었기 때문일 것이다. 지금까지 우리는 명성 황후를 단지 시아버지 대원군과 남편 고종 사이에서 갈등을 일으킨 한 여인으로, 다시 말해서 전통적인 유교적 가족 관계의 틀 속에서 평가해 왔다. 명성 황후가 역사 속의 한 인물로 개화 정국에서 어떤 위상을 차지하는지, 외교 책략가로서의 정책 능력이 어느 정도인지에 대해서는 별로 주의를 기울이지 못한 게 사실이다.

명성 황후를 역사적으로 평가하는 데 있어서 첫 번째 문제는, 고종과의 관계에서 그녀의 역할을 어떻게 보느냐이다. 두 사람을 정치적 동반자로 보거나 고종의 충실한 참모로서 명성 황후를 평가한다면, 무능한 고종 대신 권력을 탐한 여인으로서의 왜곡된 이미지는 벗겨진다. 사실 고종은 성품이 유약하기는 하나 무능한 군주는 아니었고, 개화 정책을 적극 추진한 개명 군주로서 명성 황후의 조언, 특히 그녀의 외교 책략을 늘 높이 평가하며 고마워했다.

명성 황후에 대한 평가의 두 번째 핵심은 그녀가 과연 사치와 부패의 중심인 수구론자였는지, 아니면 개항 이후 조선을 근대화로 이끌고자 한 개화의 선각자였는지 하는 점이다. 그리고 나라 밖으로는 친청에서 친러로 외세를 바꾸어 가며 끌어들인 사대주의자였는지, 아니면 조선의 독립 유지를 위해 가능한 최선의 방법을 강구한 외교 책략가였는지를 판단하는 문제이다.

명성 황후가 국제 정세에 대한 깊은 관심과 이해를 바탕으로 당시의 외교 정책을 주도했음은 잘 알려진 사실이다. 그런 자세한 그 구체적인 사실을 잘 알지도 못하면서, 무분별하게 외세를 끌어들여 조선을 외세의 각축장으로 만들고 자신의 운명마저 재촉한 여인으로 말한다면, 이는 명성 황후를 살해한 일본인들이 그들의 만행을 정당화하기 위해 꾸며 낸 논리를 그대로 받아들이는 것과 다를 바 없다.

명성 황후의 시의(侍醫 : 궁중에서 임금과 왕족의 진료를 맡는 의사)였던 언더우드 여사는, 명성 황후가 자신에게 숱한 질문을 할 정도로 세계 각국의 사정에 대해 관심이 깊었으며, 기민하고 유능한 외교관 자질을 가지고 있어서 반대자들도 그 기지를 당해 낼 수 없었다고 평가하였다. 임오군란 당시 봉기민들이 명성 황후를 비난한 것도, 그녀가 외교를 중시하며 개화 정책을 주도했기 때문이라는 개화파 김윤식의 주장 역시 이러한 사실을 뒷받침한다. 고종은 명성 황후의 외교 정책을 '수원 정책(먼 나라를 끌어들여 가까운 나라를 견제하는 정책)'이라고까지 명명하면서 외국인도 그 탁월함을 인정할 정도라고 높이 평가하였다.

그렇다면 명성 황후는 그동안 왜 그렇게 망국의 책임을 모두 뒤집어쓰고 준엄한 심판을 받아 왔을까? 제국주의 열강이 한반도를 호시탐탐 노리던 엄혹한 시대를 살다 간 비극의 주인공 명성 황후. 이제 시대가 달라진 만큼 그 평가도 달라져야 한다. 전통적인 가족 윤리나 유교 도덕에 따른 평가보다는, 급변하는 나라 안팎 정세에 능동적으로 대응한 한국 근대 최초의 여성 정치인으로서, 그 정치적 역량과 역사적 공과를 냉정하게 따져 볼 때라고 생각한다.

# 명성 황후의 흔적들

### ①, ② 당시와 지금의 옥호루 전경

명성 황후의 처소이다. 대청마루에는 '곤령합(坤寧閤)'이라는 현판이, 누마루에는 '옥호루(玉壺樓)'라는 현판이 걸려 있다. 당시 일본 영사 우치다 사다쓰지의 보고에 따르면, 명성 황후는 고종의 침소인 장안당 뒷마당에 끌려나와 살해된 뒤 옥호루 방에 안치되었다가 녹산에서 불태워졌다고 한다.

### ③, ④ 1910년 건청궁 모습과 현재 복원된 건청궁

건청궁 뒤로 보이는 건물이 러시아 건축가 사바틴이 지은 우리나라 최초의 서양식 건물인 관문각이다. 지금은 터만 남아 있다.

### ⑤ 명성 황후 생가

안채만 원형 그대로 남아 있고 나머지는 복원한 건물이다. 생가 맞은편에는 명성 황후 기념관이 자리하고 있다. 경기도 여주군 여주읍 능현리에 있다.

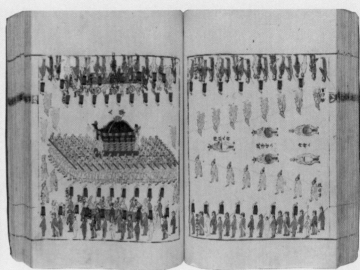

명성 황후의 장례에 관한 모든 것을 담아
놓은 《명성황후국장도감의궤》

명성 황후 국장에 모여든 인파들(추측)
1897년 가을 러시아의 한 언론인이 찍은 사진으
로, 당시 광화문 앞 육조거리에 모여 있는 남자들
은 흰 옷에 흰 갓을, 여자들은 장옷을 쓴 모습이다.
러시아 표트르대제 박물관 소장.

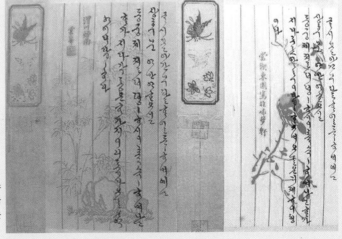

명성 황후 친필 편지
일반적으로 왕비나 황후의 편지는 궁녀가 대신 쓰
지만 이 편지는 명성 황후가 직접 썼다. 주상과 동
궁은 건강하게 잘 지내고 계시니 다좋지만 나는
몸과 마음이 아프고 괴롭고 답답하다'는 내용이다.

# 4

## 대한제국 13년, 황제국의 꿈
### – 독립협회와 광무개혁

## 대한제국의 선택과 러시아·일본의 움직임

고종이 러시아 공사관으로 이어하고 개화 정권 무너지다

1896년 2월 11일 새벽, 고종은 궁녀의 가마에 올라타고 왕세자와 함께 러시아 공사관으로 이어(移御 : 임금이 거처하는 곳을 옮김)합니다. 을미사변 이후 경복궁에서 사실상 연금이나 다름없는 나날을 보내던 차에 미국, 러시아 공사의 도움으로 경복궁 탈출을 감행한 것이지요. 사실 을미사변을 겪은 고종으로서는 극심한 불안과 공포감을 느끼고 있었을 것입니다. 구미 열강 공사들은 일본의 비인도적인 왕비 살해 사건을 격렬히 비난하고 있었던 터라, 고종이 일본의 마수

러시아 공사관　왕실 도서관 수옥헌　　　　　　　　　　　　　미국 공사관

**고종이 거처를 옮긴 러시아 공사관**
을미사변 이후 극심한 불안을 느낀 고종은 경복궁을 탈
출하여 러시아 공사관으로 거처를 옮긴다.

에서 벗어나는 데 협조적이었습니다. 이 사건을 '아관파천'*이라 하
지요. 일본은 조선을 완전히 장악했다고 안심했다가 갑자기 일어난
사태에 당황할 수밖에 없었습니다. 일본에 의존하던 개화 정권도 하
루아침에 무너지고 말았습니다.

　러시아 공사관에 도착한 고종은 곧바로 조희연, 권형진, 이두황,
우범선, 이범래, 이진호 등 을미사변에 연루된 훈련대 관련자들을
참수하라는 조칙을 내리고, 김홍집, 어윤중, 김윤식, 유길준, 장박,
정병하 등 개화파 내각의 대신들도 해임합니다.

**아관파천(俄館播遷)**
　'아관'은 아라사(러시아) 공사
관을 말하며, '파천'은 왕이
거처를 옮겼음을 일컫는 말
이다.

영국 공사관　　　　　　　　　대한제국 총해관　　　덕수궁 구성헌

**정동 주변에 모여 있는 열강들의 공사관**
지금의 정동길을 가늠해 볼 수 있는 소중한 사진 자료이다.

　　놀란 개화파 대신들은 대부분 일본인 집에 숨어 있다가 모두 일본
으로 망명했는데요, 개화 정권의 총리 대신을 역임한 김홍집과 농상
공부 대신 정병하는 광화문 네거리에서 성난 군중들에 의해 타살됩
니다. 탁지부 대신을 지낸 어윤중도 고향인 충청도 보은으로 내려가
다가 경기도 용인에서 군중들에게 맞아 죽었다고 하니, 당시 친일
개화 정권에 대한 민중들의 반감이 어느 정도였는지 짐작할 수 있습
니다. 당시 전국 곳곳에서는 개화 정권이 강제로 밀어붙인 단발령과
왕비 살해에 반발해 반일 의병 봉기가 일어나고 있었습니다.

## 아관파천의 주역, 궁내관들

아관파천은 흔히 '정동파' 인사들이 일으켰다고 알려져 왔습니다. 정
동파란 1892년 결성된 서울 주재 외국 공사와 영사들의 모임인 정
동 구락부(club)에 드나든 인물들을 말합니다. 1887년 초대 주미 공
사와 참찬관, 서기관, 번역관으로 파견되었던 박정양, 이완용, 이하
영, 이상재, 이채연 등 친미 계열 개명 관료들과 윤치호, 민상호 같

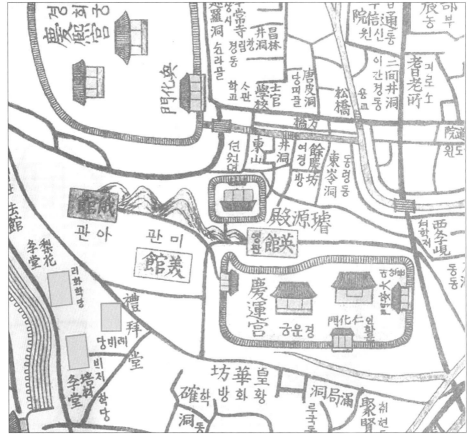

**대한제국기의 정동 주변**
경운궁(덕수궁의 옛 이름)을 중심으로 오늘날 정동길에 배재학당, 예배당(정동교회), 이화학당이 늘어서 있다. 《서울시 중구 정동 1–39번지 일대 문화유적 지표조사 보고서》

SONTAG HOTEL Seoul, Korea.    J. BOHER Proprietor.

**프랑스인 브엘이 경영하던 시절의 손탁 호텔**
손탁 호텔은 러시아 공사로 부임한 웨베르를 따라 조선에 온 처형 안토니에트 손탁이 1903년에 문을 연 서양식 호텔이다.

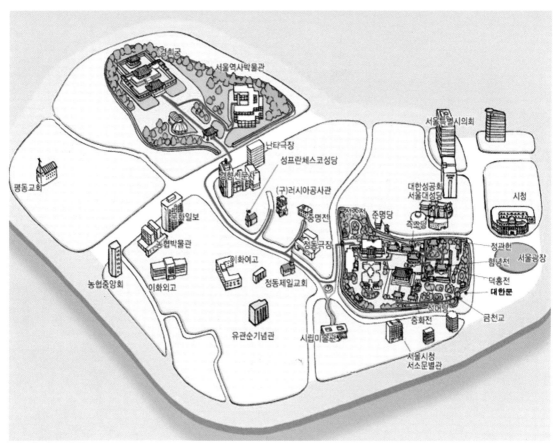

오늘날 정동 일대

은 미국 유학생 출신들이 있었지요. 여기에 서광범, 이윤용, 민영환, 이범진이 포함되기도 하고요. 을미사변 이후 고종의 신변을 걱정한 미국 공사 알렌과 몇몇 미국 선교사 부인들이 궁궐에 드나들면서 고종에게 안전한 음식을 갖다 주는 등 보호에 나섰고, 이러한 상황에서 자연스럽게 정동파의 입지가 넓어졌습니다.

하지만 실제로 아관파천의 주역은 따로 있었습니다. 고종을 가까이에서 모시던 궁내관들과 친러파 이범진 등이 사건을 계획하고 단행한 것으로 보입니다. 궁내관이란 갑오개혁 당시 개화파들이 국정 운영에서 왕을 배제하기 위해 왕실 사무 전담 기구로 설치한 궁내부

**1930년 무렵의 춘생문(왼쪽)과 춘생문 터**
경복궁 북동쪽, 지금의 청와대 춘추관 부근에 춘생문이 있었다는 기록이 있다. 사진 속 점선에 있는 문이 춘생문이다.

관리들을 말합니다. 그런데 고종은 이 궁내관들을 믿고 의지하면서 도리어 왕실의 친위 세력으로 길렀지요. 정부 대신들이 외세와 손잡고 자신의 왕권을 위협하는 존재라고 생각한 고종은 더 이상 그들을 믿지 않고 측근 궁내관들에게만 기댄 것입니다. 정부 대신들이 대부분 양반 출신인 반면, 궁내관들은 비교적 낮은 신분으로 왕의 총애에 충심으로 보답하는 특성을 보여 주었습니다. 양반 출신의 정부 대신이나 개화파들이 왕권을 견제한 것과 달리, 궁내관들은 왕의 심복으로서 무조건 충성을 다했다고 합니다.

아관파천의 주역으로는 이범진 말고도 영어 학도 출신 궁내관으로 시위대 대대장을 맡았던 이학균, 궁내부 내장사장 현영택, 시종 홍종우, 엄상궁을 꼽을 수 있습니다. 이범진은 대원군 시절 훈련대장을 지낸 이경하의 서자로, 임오군란 때 명성 황후에게 충성을 바쳐 왕실의 총애를 받기 시작한 인물입니다. 그는 을미사변 직후인

168　근대

아관파천의 주역 이범진(왼쪽)과
아들 이위종

1895년 11월 28일에도 윤웅렬, 그리고 현흥택, 이학균, 김홍륙, 최
영하 등 궁내관들과 함께 고종을 미국 공사관으로 모실 계획을 세웠
다가 (춘생문 사건) 발각되어 미수에 그친 바 있습니다. 이 계획에는
이윤용, 이완용, 윤치호, 이하영, 이채연, 민상호 등 정동파 인사들
도 가담했다고 알려져 있는데요, 거사에 실패한 뒤 이범진은 러시아
공사관에, 이완용 등은 미국 공사관에서 숨어 지내다가 다시 아관파
천에 성공한 것입니다.

이범진은 고종의 총애를 믿고 권력을 독점한다는 정부 대신들의
공격을 받고 주미 공사에 임명되어 미국으로 나갑니다. 하지만 해외
에서도 편지나 전보를 통해 고종의 핵심 참모 노릇을 하고, 특히
1899년 3월 러시아 공사로 부임한 뒤에는 1905년 을사늑약 체결로
공사관이 폐쇄될 때까지 고종에게 러시아 의존책을 권한 인물입니
다. 헤이그 특사 가운데 한 사람인 이위종이 바로 이범진의 아들인

데요, 나중에 대한제국이 망하자 이범진은 러시아에서 자살로 생을 마감합니다.

또 한 명 러시아와 밀접한 관련이 있는 궁내관으로 김홍륙이라는 인물이 있습니다. 그는 함경도 출신으로, 가까운 러시아 땅에서 성장하여 러시아 말을 곧잘 했지요. 김홍륙은 아관파천 이후 러시아어 통역으로 갑자기 출세하지만, 러시아 세력을 믿고 권력을 휘두르다가 결국 숙청됩니다. 그 유명한 '김홍륙 독다 사건' 때문이지요. 이 사건은 1898년 7월 김홍륙이 궁중의 요리사인 공홍식과 창고지기 김종화를 시켜 고종과 황태자가 즐겨 마시는 커피에 아편을 넣어 독살하려 했다는 것인데요, 사건의 진상은 완전히 밝혀지지 않았지만, 아마도 러시아 세력을 믿고 너무 세도를 부리는 김홍륙을 처형하기 위해 꾸며진 모함일 거라 알려져 있습니다.


## 러·일 간 협상과 러시아의 한반도 진출

한편 고종을 러시아 공사관에 빼앗겨 버린 일본도 망연자실 손을 놓고 있지는 않았습니다. 마음속으로야 다 된 밥에 코 빠뜨린 격이라고 생각했을지 모르겠지만, 일단은 강한 나라 러시아와 정면 승부가 어렵다고 판단한 터라 한반도 문제를 두고 러시아와 외교 협상에 들어갑니다.

먼저 1896년 5월 14일 "고종이 러시아 공사관에 머물러 있는 현실을 인정하되, 가능한 한 빠른 시일 안에 환궁을 권고한다"는 내용을 뼈대로 한 〈고무라−베베르 각서〉를 조인합니다. 러시아 황제 니콜라이 2세의 대관식에 참석한 일본 정부의 원로 야마가타도 6월 9일 모스크바에서 러시아 외상 로바노프를 만나 〈모스크바 의정서〉(야마가타 – 로바노프 협정)를 체결합니다. 두 문서로 일단 러시아와 일본이 한반도에서 세력 균형을 이루었으므로, 일본은 고종이 러시아 공사관에 있다 할지라도 러시아가 한반도를 독점할 수 없게 견제 장치를 만든 셈입니다. 그리고 1898년에 체결된 〈로젠-니시 협정〉을 통해 그 체제를 튼튼하게 만들어 놓습니다.

일본과 러시아의 외교 협상에서 어느 쪽이 더 유리했을까요? 러시아는 고종을 자국 공사관에 보호하고 있어 매우 유리한 상황인데도 일본 측에 많은 양보를 했습니다. 반면 일본은 을미사변이라는 국제 범죄를 저질러 놓고도 여전히 한반도에서 완전히 철수하지 않아도 되는 성과를 얻었습니다.

그 내용을 한번 살펴볼까요? 먼저 일본군은 부산-서울 간 전신선을 보호한다는 핑계로 헌병 200여 명을 전국에 배치하고, 서울 및 개항장의 일본인 거류지를 보호한다는 명목으로 서울, 부산, 원산에 각 1개 중대(약 200명)씩 최소한 병력 800명을 한반도에 주둔시켰습니다. 러시아 측도 공사관 및 영사관 보호를 위해 일본군 숫자를 기준 삼아 병력을 배치할 수 있었습니다. 하지만 그보다 더 중요한 것은 놓쳤으니, 일본이 한반도의 전신선을 계속 관리하게 하여 정보 통신망을 장악할 수 있게 한 것입니다. 일본은 필요할 때마다 언제라도 한반도에 주둔해 있는 군 병력을 이용할 수 있고, 또 전신을 통해 중요한 정보를 도청 또는 감청할 수 있었습니다.

〈모스크바 의정서〉에서는 러·일 두 나라가 합의해야만 조선에 재

**1896년, 러시아 황제 니콜라이 2세의 대관식에 참석한 민영환 일행과 러시아 관원들**
앞줄 왼쪽부터 중국어 통역관 김득련, 영어 통역관 윤치호, 그리고 특명 전권 대사로 임명된 민영환이다.

정이나 군사 지원을 할 수 있다고 약속했고, 〈로젠-니시 협정〉에서는 러시아가 조선 내정에 간섭하지 않겠다고 약속했습니다. 결국 일본은 러시아와의 외교 협상에서 많은 것을 얻고 한반도에서의 기득권을 거의 지켰습니다.

사실 러시아의 한반도 정책은 고종이 러시아 공사관으로 옮긴 상황에서도 일본에 비해 소극적이었습니다. 일본만큼 한반도에 큰 이해 관계가 없어서이기도 했고, 드넓은 영토를 보유한 유럽 국가로서 아시아 태평양 지역으로 남하한다 해도 주로 만주 지역에 관심이 있었기 때문입니다. 일본처럼 한반도를 반드시 식민지로 차지하겠다는 야심이 없다는 것, 이 점이 바로 고종이 러시아에게 군사적 보호를 요청하고 일본을 견제해 달라고 매달린 이유 중 하나였습니다. 하지만 러시아로서는 이해 관계가 크지 않았던 만큼 직접 나서서 개입할 필요도 없었던 게 아닐까요?

러시아 황제 니콜라이 2세 대관식에 참석한 민영환은 일본군에 맞설 궁궐 수비 병력과 재정 차관, 고문관 파견을 요청했으나, 러시아의 반응은 미적지근했습니다. 민영환이 한 달 반 동안 상트페테르부르크에 머물면서 받아 낸 약속은 겨우 군사 교관 13명을 파견하겠다는 것뿐이었습니다. 명성 황후의 조카인 민영환은 1886년 3월 미국인 외교 고문 데니와 함께 조·러 밀약을 추진한 당사자였습니다. 하

**민영환의 세계 여행**
민영환은 1896년 4월 1일, 수행원 윤치호, 김득련, 김도일 일행과 함께 제물포항을 출발하여 204일에 걸쳐 11개 나라를 여행했다. 중국, 일본을 거쳐 태평양을 가로질러 캐나다─미국으로, 다시 대서양을 건너 영국으로, 도버 해협을 가로질러 아일랜드─네덜란드─독일─폴란드─러시아까지 간 그들은 시베리아 횡단 열차를 타고 조선에 돌아온다. 그는 우리나라 최초의 세계 일주 기행문인 《해천추범》을 남겼다.

지만 정작 러시아에 직접 가서 그 실정을 본 뒤에는 오히려 반러시아 입장으로 돌아섭니다. 앞으로 외교 정책에서 러시아와 일본을 모두 경계하고 스스로 방비책을 세워야 한다고 생각한 것입니다.

민영환은 시베리아 횡단 철도 노선을 이용하여 귀국하던 길에 블라디보스토크에서 푸차타 대령 등 러시아 군사 교관단 13명을 만나 그들을 데리고 들어옵니다. 러시아 교관단은 고종의 환궁에 대비하여 먼저 궁궐 경비병 800여 명을 양성했습니다. 갑오년에 일본이 조선군을 무장 해제시킨 뒤 있으나마나 했던 군대를 러시아식 무기와 조련 방법으로 훈련시켜 왕궁을 지킬 친위대로 새롭게 길러 낸 것입니다. 이어서 푸차타 일행은 본국에 군사 교관 200여 명을 더 파견해 달라고 요청하고, 그들의 지휘 아래 병력 4만여 명을 길러 낸다는 야심찬 계획을 세웁니다.

하지만 이러한 움직임은 곧바로 일본의 반발을 불러왔습니다. 일

**러시아 건축가 사바틴이 설계한 중명전 당시 모습(왼쪽)과 현재 모습(오른쪽)**
1904년 경운궁(덕수궁) 대화재 이후 고종이 기거했으며, 1905년 치욕적인 을사늑약이 체결된 곳이기도 하다.

**사바틴이 설계한 경운궁(덕수궁)의 정관헌**
고종은 경운궁(덕수궁) 함녕전 뒤뜰 동산 속에 자리한 정관헌에서 연회를 베풀거나 커피, 다과와 함께 휴식을 취했다.

본 측은 〈모스크바 의정서〉 위반이라고 격렬히 항의했지요. 이에 러시아는 한반도보다는 뤼순, 다롄 등 만주 진출에 집중하자는 정책을 채택하면서, 군사 교관단과 1897년 10월 무렵에 파견한 재정 고문 알렉세예프를 철수시킵니다. 이에 따라 그동안 추진해 온 한·러 은행 설립 계획도 물거품이 됩니다.

　이로써 아관파천 이후 1898년 봄까지 2년 남짓 세력을 크게 넓혀 온 러시아는 한반도에서 스스로 물러갔습니다. 러시아에게 한반도를 빼앗기는 줄 알고 조마조마하던 일본에게는 당연히 기쁜 소식이었겠지요. 하지만 그 뒤에도 러·일 양국은 한반도를 두고 서로 발톱을 치켜세웁니다. 러시아가 만주를 우선시하면서도 한반도를 포기하지 않은 채 오락가락하는 정책을 폈다면, 일본은 이러한 러시아를 끊임없이 견제하면서 한반도를 보호국으로 만들 기회만 호시탐탐 노리고 있었습니다.

## 고종, 경운궁(덕수궁)으로 돌아오다

고종이 러시아 공사관에 머무른 1년여 동안 나라 살림은 어떻게 되었을까요? 여러분이 걱정하는 것과는 달리 개화 정권이 무너진 이후에도 근대화 정책은 계속 추진되었습니다. 아관파천 이후 총리 대신에 임명된 사람은 박정양입니다. 정동파이자 개명 관료로서 최초의 주미 공사를 지낸 박정양은 친미 계열 관료였으므로, 아관파천 이후 정국에서도 중요한 역할을 담당할 수 있었습니다. 앞에서 을미사변 이후 미국 공사 알렌과 선교사들이 고종을 적극 보호하고 있었다고 말했지요? 이러한 미국인들의 태도가 박정양의 정치적 입지에 좋은 영향을 미쳤을 것입니다.

박정양은 한성부 판윤 이채연과 함께 서울을 근대 도시로 바꾸기 위해 신시가지 계획을 세웁니다. 경운궁(현재의 덕수궁) 앞, 다시 말해서 지금의 서울 시청 광장을 중심으로 미국의 수도 워싱턴 D.C.를 모델로 방사상 도로 체계를 만들려고 했다는군요. 그 밖에 갑오개혁기에 이루어진 근대 개혁은 대부분 그대로 진행되었습니다. 다만 국왕이 1년 이상 남의 나라 공사관에 머물러 있는 것 자체가 나라 위신을 깎는 일이라는 여론이 들끓어, 고종은 환궁을 서두를 수밖에 없었지요. 사실 국정이 러시아 공사관에서 운영되다 보니 러시아 세력의 입김을 배제할 수 없었고, 특히 몇몇 국왕 측근 세력이 국정을 쥐락펴락한다는 비판을 피할 수 없었습니다. 하루빨리 환궁해야 한다는 여론에 따라, 고종은 러시아 공사관으로 이어한 지 거의 1년 만인 1897년 2월 20일 경운궁으로 돌아옵니다.

경운궁은 본디 종친인 성종의 형 월산대군의 사저였으나, 임진왜란 뒤 불타 버린 경복궁 대신 선조의 임시 거처로 사용되었습니다. 광해군에게 쫓겨난 선조의 후비 인목대비가 살기도 했고요. 그래서

**지금의 덕수궁 전경**
현재 덕수궁 안에 있는 건물은 1904년 경운궁 화재 이후 다시 지어진 것들이다. 덕수궁이라는 명칭은 1907년 고종 퇴위 이후 사용되었다.

**화재 전 경운궁과 화재 이후 경운궁 모습**
1904년 큰 화재 전 경운궁의 중화전은 아래 왼쪽 사진에서 보이듯 2층 건물이었다. 아래 오른쪽 사진은 화재 이후 폐허로 변한 경운궁 모습이다.

다시 일반인이 살지 못하고 내내 비워 두었던 곳이었습니다. 그런데 이때 고종이 맘먹고 확장 수리해서 궁궐로 삼기로 한 것이지요.

고종은 왜 대원군이 지어 준 새 궁궐인 경복궁을 마다하고 좁디좁은 경운궁으로 환궁했을까요? 당시 경운궁 주변 정동 일대에는 러시아 공사관을 비롯하여 미국, 영국 등 서양 열강의 공사관과 선교사들이 세운 정동 교회, 최초의 근대식 호텔인 손탁 호텔 들이 있어서 서양인들이 모여 사는 외교 타운이 되어 있었습니다. 을미사변을 목격한 고종으로서는 경운궁 주변에 서양인들이 많아서 유사시에 신변 안전에 유리하다고 생각했던 것 같습니다. 특히 러시아 공사관과 경운궁은 담벼락이 붙어 있는 정도의 거리였으니까요.

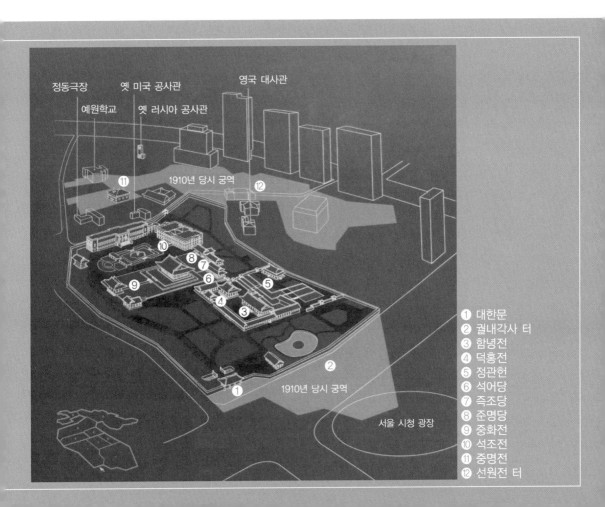

# 경운궁이라고 부를까, 덕수궁이라고 할까?

대한제국기 고종이 살았던 궁궐은 경복궁이나 창덕궁이 아니라 경운궁(현재 이름 덕수궁)이다. 고종이 러시아 공사관에 1년 남짓 머무르다 가까운 정동에 있던 경운궁으로 환궁한 것이다. 고종은 왜 경복궁을 버리고 비좁은 경운궁에서 살았을까?

첫째는 자신의 눈 앞에서 명성황후가 살해당한 을미사변의 나쁜 기억에서 벗어나고자 해서였고, 둘째는 경운궁 주변에는 미국, 영국, 러시아 공사관 등 열강의 외교 공관과 서양 선교사 주택들이 있어서 유사시에 도움을 받을 수 있다고 생각해서였다. 또한 대한제국을 선포하면서 서양 열강과 대등한 근대 국가로 거듭나고자 했고, 정동을 국제 외교 타운으로 만들려는 생각을 가지고 있어서였다.

그런데 경운궁은 원래 조선 왕조의 정식 궁궐은 아니었다. 임진왜란 당시 선조가 피난에서 돌아와 보니 경복궁과 창덕궁은 모두 불타 버려 살 곳이 없었다. 이때 종친인 월산대군의 집을 빌려 기거했는데, 이곳이 바로 경운궁이다. 광해군도 창덕궁을 재건하기 전에 이 곳에 살았고 인조도 이곳에서 즉위하였다.

그러면 경운궁이 덕수궁으로 이름이 바뀐 것은 언제일까? 1907년 헤이그 특사 파견을 빌미로 일제는 고종을 강제로 퇴위시켰다. 그리고 은퇴한 황제가 오래오래 장수하며 살라는 의미로 경운궁의 이름을 덕수궁으로 바꾸었다고 한다.

덕수궁이라는 명칭은 조선 초 태조 이성계가 물러난 뒤 살던 곳에도 붙인 이름이므로 조선 왕조 고유의 전통이라는 주장도 있다. 하지만 고종이 황제 자리에서 강제로 물러난 것은 태조 이성계의 예와는 다르다. 덕수궁이라는 이름에는 일제의 강제성이 들어 있는 것이다.

덕수궁이라는 이름이 이미 널리 알려져 있고 100년 넘게 사용해 왔는데, 익숙하지 않은 경운궁으로 굳이 바꿀 필요가 있냐고 반문하는 사람들도 있다. 하지만 일제에 의해 강제로 퇴위당한 고종이 갇혀 살던 덕수궁이라는 이름을 계속 사용하는 것이 과연 옳을까? 아니면 대한제국을 근대 국가로 만들기 위해 정동에 국제 외교 타운을 만들고 그 중심에 있었던 '경운궁'이라는 이름을 되찾는 것이 좋을까?

덕수궁의 본디 이름 경운궁을 되찾자는 것은 단순히 옛 이름을 복원하자는 것이 아니다. 경운궁이 덕수궁이 되면서 묻혀 버린 대한제국의 역사를 다시 찾자는 얘기이다. 일제에 의해 바뀌었던 많은 지명들이 순수한 우리 옛 이름을 찾아가는 이때, 덕수궁 명칭의 변경도 진지하게 생각해 볼 일이다.

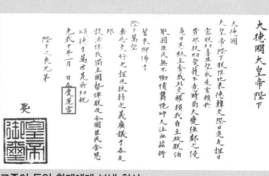

**고종이 독일 황제에게 보낸 친서**
친서 말미에 보면 '경운궁'에서 경(고종 황제 이름)이라고 분명히 표기되어 있다.

# 근대 국가로 가기 위한 노력

## 대한제국을 선포하고 황제국이 되다

경운궁으로 환궁한 고종은 국정 운영에 새로운 의욕을 보이면서 3월 16일 교전소를 설치합니다. 교전소는 갑오개혁으로 만들어진 신식 법제가 옛날 법제와 뒤섞여 혼란을 불러오는 부분을 고쳐 근대적 제도가 제대로 자리 잡게 하려고 만든 기구입니다. 이와 함께 고종이 추진한 더 큰 프로젝트는 새로운 국호 제정과 황제위에 오르는 문제였습니다. 특히 황제위에 오르는 문제는 아관파천 직후부터 궁내관 가운데 한 명인 홍종우가 제안한 것으로, 고종도 관심이 컸습니다.

홍종우는 우리나라 최초의 프랑스 유학생 출신으로 개명된 인사였으나, 근대화 개혁은 강력한 군주 중심으로 자주적으로 수행해야 한다고 주장하는 철저한 근왕주의자요 왕당파였습니다. 프랑스에서도 언제나 갓을 쓰고 도포를 입고 다녔을 정도로 조선의 전통을 중

홍종우의 김옥균 암살 장면을 그린 일본 그림과 홍종우 초상화

## 대한제국 황제 즉위를 하늘에 알린 곳 환구단

이곳은 본디 '남별궁'이라 불리며 태종의 둘째 딸 경정공주 부부가 살던 곳(작은 공주가 살던 곳이라 하여 소공동이라 불림)으로, 현재 서울시 중구 소공동 웨스틴 조선 호텔과 황궁우에 이르기까지 대지만 6700여 평에 이르는 너른 저택이었다. 한편 선조 이후에는 명이나 청에서 온 사절단들이 머물기도 했다. 대한제국은 이곳에 천자가 하늘에 제사 지낼 때 사용하는 환구단을 만들고 고종이 대한제국의 황제로 즉위했음을 하늘에 알렸다. 신하들의 끈질긴 권유로 아홉 차례 사양 끝에 '황제'에 오른 고종은 1897년 10월 12일 이곳 환구단에서 하늘에 제사를 올렸다.

### 철도 호텔에 가려진 황궁우

1913년, 일제는 대한제국의 자주 독립 정신이 깃든 환구단을 헐고 그 자리에 조선 철도 완공을 기념하는 철도 호텔을 지었다. 호텔 왼편에 남아 있는 황궁우(동그라미 안)는 황실 조상의 위패를 모신 곳이다. 사진 속 철도 호텔 자리에는 현재 웨스틴 조선 호텔이 들어서 있다.

### 빌딩 숲에 갇혀 있는 오늘날의 황궁우 야경

많은 사람들에게 지금의 웨스틴 조선 호텔(옛 환구단 또는 철도 호텔 자리) 뒤뜰로 잘못 알려진 황궁우이다. 과거에는 일제의 강압에, 지금은 자본의 힘에 갇혀 별다른 구실을 못하고 있는 모양새가 아쉽다.

시했지요. 홍종우는 프랑스 유학에서 귀국하는 길에 일본에 들러 갑신정변의 주역 김옥균을 상하이로 유인한 뒤 암살했습니다.

잘 알려져 있듯이 조선의 왕은 중국에 대한 사대로 인하여 감히 '황제'라는 칭호를 붙이지 못했습니다. 황제보다 한 단계 격이 낮은 '왕'이라고 부를 수밖에 없었지요. 그런데도 고종이 이때 스스로 황제 자리에 오르기로 결심한 것은, 그동안 끝없이 떨어진 왕권을 회복하고 부국강병의 새로운 근대 국가를 건설해 보겠다는 의지의 표현이었습니다. 이제 중국이 세계의 중심이 아니라는 것을 깨달았고, 세계 열강들과 대등한 나라가 되어 국제 무대에 서기 위해서는 황제를 칭하여 국가의 위신을 높일 필요가 있다고 생각한 것입니다.

자주 독립국으로서 국호를 바꾸고 황제를 칭하겠다는 생각을 개명 관료나 신지식층들은 크게 반겼습니다. 반면 중국에 대한 사대에 익숙한 보수 유생층들은 황제 칭호를 반대했습니다. 새로운 국호인 '대한'은 중국이 내려준 '조선'이라는 국호 대신 '삼한'이 정통이라는 정신을 이어받은 것으로, 바로 우리가 현재 사용하고 있는 국호인 '대한민국'의 전신입니다.

마침내 1897년 8월 15일, 새로운 연호인 광무(光武)를 사용하기 시작하고, 10월 12일 환구단에서 황제 즉위를 하늘에 알렸습니다. 경운궁에서 환구단까지 각 대대 군사들과 순검들이 몇백 명씩 벌려서 있는 가운데 시위대 군사들이 황제가 탄 어가를 호위하여 지나갔습니다. 태극기를 앞세운 어가에는 황룡포에 면류관을 쓴 고종이 앉아 있었지요. 이날 서울 도심 곳곳에서는 색등불을 밝게 달아 낮과 같이 밝게 하고, 집집마다 태극기를 높이 걸어 화려한 황제의 탄생

**1897년 11월 12일 대안문(나중에 대한문으로 이름이 바뀜) 앞을 지나는
명성 황후 장례 행렬**
프랑스어 학교 교사 알레베크가 배포한 사진 엽서 가운데 하나이다.
**청량리 홍릉에서 치러진 명성 황후 장례식 장면(오른쪽)**
알레베크가 배포한 사진 엽서 시리즈 가운데 한 장면이다.

을 축하했다고 합니다.

황제 즉위식이 끝난 뒤, 고종은 2년여 동안 미루어 왔던 명성 황후 국장을 성대하게 치릅니다. 황제 탄신일과 황태자 탄신일, 황제 즉위일 같은 각종 기념일을 제정하고 훈장을 만들었으며, 황실의 권위를 보여 주는 각종 행사와 의례를 추진합니다. 이러한 과정을 통해 대한제국의 신민들에게 자연스럽게 충군 애국 의식을 드높이고자 한 것이지요.

하지만 열강들은 약소국의 왕이 황제를 칭한다고 해서 달라질 게 뭐 있느냐고 속으로 비웃는 태도를 보였습니다. 독립국인 대한제국이 스스로 국호를 바꾸고 황제를 칭하는 것을 그들이 왈가왈부할 일은 아니었지만요. 독립협회 세력들은 황제를 칭하고 국가의 권위를 높여 근대적인 자주 독립국이 되는 것에는 찬성하면서도, 황제가 실제로 권력을 강화하는 데는 반대하는 입장이었습니다.

## 독립협회, 정치 참여 운동을 펼치다

고종이 새로운 국호를 선포하고 황제에 올라 권력을 강화해 가면서 개화 세력은 서서히 정권에서 밀려나기 시작합니다. 독립협회는 러시아의 이권 침탈에 대한 반대 운동을 계기로 본격적으로 반정부 운동을 시작합니다. 독립협회는 원래 청으로부터 독립을 기념하는 독립문 건립 추진 위원회가 바탕이 되어, 정동 구락부 중심으로 친구미 계열 인사들이 모여 만든 사교 단체였습니다. 그런데 1897년 중반부터 독립관에서 근대적 개혁을 촉구하는 공개 토론회를 열면서 서서히 정치 단체로 바뀌어 갑니다. 갑신정변 실패 이후 미국에서

**독립문과 독립관**
사진 왼쪽에 영은문을 받들던 주춧돌 흔적이 보인다. 가운데 한옥은 중국 사신을 맞이하던 모화관이 독립관이 된 것이다. 현재 독립문은 고가도로가 생기면서 당시 위치에서 70여 미터 떨어진 곳에 있다.

갑신정변에 실패한 뒤 미국에서 공부하고
국내에 돌아와 《독립신문》을 발간한 서재필

서재필이 발간한 《독립신문》 한글판과 영문판

망명 생활을 하던 서재필이 귀국하여 순한글판과 영문판으로《독립
신문》을 발간하여 대중적 계몽 운동이 활발하던 시기이지요.

　독립협회의 초대 회장은 갑오 개화 정권에 참여했던 안경수이고,
부회장은 이완용이었습니다. 그 밖에 개명 관료인 이채연, 유기환,
민영기, 권중현, 이하영, 이윤용, 김가진이 회원으로 참여하고, 정치
단체로 바뀐 뒤에는 신지식층 일반 회원이 늘어났습니다. 1898년 초
부터 반러시아 운동, 반정부 운동을 제대로 시작하면서 공주, 대구,
평양 등 여러 지방에 지회도 설립되었지요. 반정부 운동이 본격화되
면서 관료 회원들은 서서히 발을 빼고, 윤치호, 이승만, 이상재를 중
심으로 소장파 개화 지식층 회원들이 집회를 주도하게 됩니다.

**만민공동회**

독립협회 주관으로 종로에서 열린 민중 집회이다. 1898년 10월 29일에는 정부 관료들까지 참석한 관민공동회가 열렸으며, 당시 가장 천대받던 백정 출신 박성춘이 개막 연설을 하였다(민족 기록화).

　일반 대중들도 활발하게 참여하여 서울 종로 거리에서 열린 집회는 '만민공동회'라 불렸습니다. 1만 명이 모여서가 아니고, 누구나 집회에 참석하여 수많은 사람들이 모였다는 뜻이지요. 만민공동회에 모인 사람들은 러시아의 이권 침탈을 비판하거나 관리들의 부정부패, 혹은 정부의 잘못된 정책을 비판하는 데 목소리를 높였습니다. 자연히 독립협회 운동은 고종 황제와 측근 세력들의 독단적인 정국 운영을 비판하고, 정치 참여와 자유 민권을 주장하는 반정부 운동으로 발전하게 됩니다.

　1898년 10월 종로에서 열린 집회에서는 정부 관리들을 출석시켜 의견을 들었는데요, 그래서 그 집회를 '관민공동회'라 불렀습니다.

관민공동회 결과 정부에 건의하기로 한 〈헌의 6조〉를 보면 첫째, 외국인에게 의존하지 않고 관민이 힘을 합하여 전제 황권을 견고하게 할 것, 둘째, 정부가 외국과 맺는 모든 조약에는 각부 대신과 중추원 의장이 합동으로 서명 날인할 것, 셋째, 전국의 재정은 탁지부에서만 총괄하며 예산 결산을 공개할 것, 넷째, 모든 범죄는 반드시 재판을 거쳐 처리할 것, 다섯째, 칙임관은 의정부 논의를 거쳐 과반수 찬성을 얻어 임명할 것, 여섯째, 장정을 반드시 지킬 것이었습니다. 한마디로 요약하면, 정부가 외국인에게 휘둘리지 말고 법대로 투명한 국정 운영을 요구한 것이지요. 또 황제가 혼자서 모든 것을 결정하지 말고, 각부 대신이나 중추원의 동의를 얻어 정책을 시행하라는 것입니다.

고종은 처음에는 〈헌의 6조〉를 받아들이고 중추원 의관 수의 반을 독립협회 회원에게 할당하겠다고 약속합니다. 정치에 참여하겠다는 독립협회의 요구를 받아들이는 듯한 태도를 보인 것이지요. 중추원은 실제 직책이 없는 관리들이 임시로 대기하던 부서였는데요, 독립협회는 중추원을 다른 나라들의 의회처럼 바꾸자는 주장을 폈습니다. 당시 서양 각국은 물론이고 가까운 일본에서도 이미 의회가 생겨 국민의 대표 자격으로 의원들이 국정에 참여하고 있는 반면, 대한제국에는 아직 의회가 없었으니 늦어도 한참 늦은 때였습니다. 이제서야 중추원 의관 50명 가운데 17명을 독립협회 회원으로 위촉하여 조금이나마 민의를 국정에 반영하겠다는 뜻을 보인 것이지요.

하지만 고종은 갑자기 태도를 바꾸어 독립협회 해산령을 내리고, 보부상 단체인 황국협회 회원들을 끌어들여 독립협회를 탄압하기

한성 감옥에서 수감 생활을 하던 때의 이승만(맨 왼쪽)
고종 황제가 독립협회와 만민공동회에 해산 명령을 내리면서 도피 생활을 하던 독립협회 회원 이승만은 1899년 박영효 쿠데타 음모 사건에 연루되어 체포되었다. 이승만 옆으로 앉아 있는 사람들은 강원달, 홍재기, 유성준, 이상재, 김정식이고, 서 있는 사람들은 이승인(이상재 아들), 유동근, 김린, 안국선, 아버지 대신 복역했던 소년이다.
19세(1893년)에 아버지와 함께 찍은 사진(오른쪽이 이승만)

시작합니다. 12월 23일에는 군대까지 동원하여 만민공동회 세력을 강제로 해산시켜 독립협회 운동은 실패로 돌아가고 맙니다.

그런데 독립협회의 정치 참여 요구를 받아들이는 듯했던 고종은 왜 갑자기 독립협회를 해산시켰을까요? 그 까닭은 독립협회가 박정양을 대통령으로, 윤치호를 부통령으로 하는 공화정을 꾸미고 있다는 괴문서가 서울 장안에 나돌고, 일본에 망명 중인 박영효를 정부 대신으로 불러들이려는 움직임이 있다는 소문을 듣고 경계심이 일어났기 때문입니다. 고종은 갑오개혁 때처럼 개화 정권이 세워져 자신이 황제 자리에서 물러나게 될까 두려웠던 것이지요.

실제로 만민공동회 운동이 치열하게 펼쳐지고 정치가 불안했던

1898년 가을, 일본에 망명 중이던 박영효의 심복 부하들이 국내로 잠입하여 쿠데타를 음모하다가 발각된 일이 있고, 유길준도 일본 육군 사관학교에 유학 중이던 사람들과 함께 황제 폐위 쿠데타를 계획했다고 합니다. 그러니 소문이 사실 무근은 아니었던 것입니다. 독립협회에서 적극 활동한 소장파 이승만도 고종을 폐위하고 대통령을 선출해서 공화정을 실시하자는 생각이었다고 합니다. 이승만은 결국 나중에 우리나라 초대 대통령이 되지요.

이로써 재야 민권 운동 세력이 정치에 참여하고, 국정 운영에 더 많은 사람들이 모여 황제권과 책임과 권리를 나누려 했던 운동은 일단 실패로 돌아갑니다. 대한제국은 아직 민권 운동 세력보다는 황제권이 더 강력했던 나라라고 볼 수 있지요. 그런데 고종이 독립협회를 해산시킨 이유 중에는 독립협회 운동이 외국 공사들의 은밀한 지원 아래 이루어진다는 의심도 있었습니다.

사실 독립협회는 문명 개화를 먼저 이룩한 서양 열강이나 일본에 대해서는 매우 우호적이었지만, 차르가 지배하는 봉건 체제의 러시아는 싫어했습니다. 따라서 러시아가 요구하는 이권에는 극구 반대하면서도, 서양 열강이나 일본이 요구하는 이권에는 크게 반대하지 않았습니다. 오히려 우리나라가 능력이 부족하여 아직 개발하지 못한 천연 자원을 그들이 선진 기술로 개발해 준다면 환영할 일이라고까지 주장했지요.

그런 생각이 있었기에 독립협회 세력들은 일본에 쌀을 수출하는 문제에 대해서도 농민층과 입장이 달랐습니다. 지주층이나 부호층에 유리한 경제관을 가졌다는 말이지요. 당시 우리나라 경제는 매우 취약해서 보호무역주의가 필요한 시점이었습니다. 하지만 독립협회는 제국주의 열강들이 요구하는 대로 우리나라 문호를 활짝 열어 주는 자유무역주의를 내세우는 바람에 농민과 보수 세력의 지지를 얻을 수 없었습니다. 갑오개혁기에 일본의 지원을 받은 개화파가 주장한 자유 상업 체제와 마찬가지로, 독립협회가 주장한 자유무역주의도 끝없는 개방주의로 흘러 제국주의 열강에 예속적인 근대화의 길을 걷게 할 위험이 있었습니다.

뿐만 아니라 독립협회 지도층은 만민공동회가 성황을 이루었음에도 불구하고, 아직까지 일반 민중들은 정치에 직접 참여할 수 없다는 생각을 갖고 있었습니다. "하의원은 급하지 않다"고 한 주장에서 볼 수 있듯이, 일반 백성들은 계몽의 대상이라고 본 것이지요. '하의원'이란 황제가 임명하는 상원과 달리 보통 백성들의 정치 참여, 곧 투표로 선출된 진정한 국민의 대표자를 말합니다. 독립협회 지도자들은 일부 개명 지식층 인사들만 정치에 참여할 권리와 능력이 있지, 모든 사람에게 그 자격이 있는 건 아니라고 생각했습니다. 그리하여 갑신정변 당시와 마찬가지로 일반 민중들을 자신의 파트너로 생각하기보다는, 외세에 의존하여 정권을 장악해 보려는 태도를 보였습니다.

## 고종 황제, 절대 권력을 다지다

고종은 독립협회를 해산시킨 뒤, 더욱 자신감에 차서 황제 권력을 확고히 했습니다. 1899년 8월 17일, 대한제국의 헌법이라 할 수 있는 〈대한국국제(大韓國國制)〉를 반포했는데요, 여기에서 황제권은 500년 이상 내려온 만세 불변의 전제군주권으로서 무한한 권한이 있다고 선언했지요.

사실 이 무렵 다른 근대 국가들은 주권이 인민에 있음을 분명히 선언하고, 인민의 주권을 대표하여 누가 어떻게 권력을 담당할지를 헌법에 규정해 두었습니다. 가까운 일본조차도 이미 1889년에 헌법을 공포하고 의회를 개설한 터였습니다. 천황이 상징적으로 국권의 중심 역할을 하고 내각 관료들이 행정을 담당하지만, 국민이 뽑은 의원들이 어느 정도 국민의 뜻을 대변하고 있었지요.

하지만 〈대한국국제〉에서는 인민에게 주권이 있다는 말은 찾아볼 수 없었습니다. 대신 황제가 육·해군 통솔과 편제, 법률의 제정·반포·개정, 사면·복권의 명령, 행정 각부 관할, 관리 임면, 외국과의 조약·선전 포고·강화·사신 파견 등 입법·사법·행정 모든 분야에 걸쳐 권한을 갖는다고 선언했습니다.

이러한 규정만 본다면, 조선 왕조 시대의 전제군주제로 돌아가는 것 아니냐고 생각할 수도 있습니다. 하지만 조선 시대의 왕권과 대한제국의 황제권에는 분명한 차이가 있습니다. 무슨 말인가 하면요, 조선 시대의 왕권은 '왕의 권한이 어디까지이다'라고 감히 법으로 정할 수조차 없을 만큼 신성하며, 왕은 백성들의 어버이와 같은 존재라고 여겨졌습니다. 반면 〈대한국국제〉에서 황제는 입법·사법·행정을 통괄하여 어떤 임무를 담당하는지 그 책임과 권리를 분명히 했다는 점이 다른 것입니다. 따라서 대한제국의 황제는 조선 왕조 시대의 왕과는 달리, 좀 더 근대화된 전제 군주였던 셈이지요.

하지만 이러한 〈대한국국제〉는 아무래도 당시 세계의 흐름에서 벗어나는 시대착오적인 선언이었음은 분명합니다. 독립협회 운동 당시 이미 만민공동회에 모인 수많은 사람들이 스스로 민권을 가지고 정치에 참여하고자 하는 의지를 표현했는데, 이제 황제만이 모든 것을 결정하고 인민들은 아무런 권한도 가질 수 없다면, 다시금 왕조 시대로 돌아가자는 것이나 마찬가지였지요.

아마도 고종은 이웃 나라 일본의 메이지 천황이 근대 국가의 중심 역할을 하고 있는 게 부러웠나 봅니다. 고종이 일본 천황처럼 프러시아식 군복으로 갈아입고 찍은 사진들을 보면, 분명 근대 국가의 황제가 되겠다는 의지가 엿보입니다. 다만 몇몇 측근 심복만이 아니라 좀 더 많은 사람들과 국가 중대사를 의논하고 다수의 인민들에게도 정치 참여 기회를 주었더라면,

**프러시아식 군복을 입은 대한제국기의 고종 황제**

그들도 책임을 나누어 가지며 근대 국가로 가는 길을 함께 모색했을 텐데 하는 아쉬움이 남습니다.

## 황제의 가까운 심복들, 권력을 거머쥐다

황제가 절대 권력을 다지면서 황제를 가까이에서 모시던 궁내관 세력의 힘은 자연히 커졌습니다. 이들은 대부분 양반 출신이 아니고 중인층 혹은 그보다 더 낮은 미천한 신분 출신인 경우가 많았고, 황제의 총애로 어느 날 벼락출세한 경우도 있었습니다. 고종은 그동안 끊임없이 황제권에 도전해 온 개화 세력이나 외세에 기대는 정부 고관 대신 오로지 자신에게 충성을 바치는 근왕 세력들을 믿었습니다. 이들은 전통적인 양반 관료들처럼 유교 정치 이념에 따라 황제권을 비판하거나 견제하지도 않고, 측근 심복으로서 무조건 황제의 뜻을 받드는 데다 실무 능력이 뛰어났기 때문입니다.

고종은 1880년대부터 개화를 추진하면서 신분의 높낮음에 상관없이 실무에 뛰어난 인물을 뽑아 중용하는 인사 정책을 폈습니다. 사실 근대 기술 문명을 받아들이는 데 있어서 성리학적 가치관에 철저한 양반층보다는 중인층 이하 출신들이 더 뛰어난 적응력을 보였습니다. 그동안의 양반 관료들은 신분이 낮다거나 보잘것없는 출신이라고 이들을 비웃었지만, 대한제국은 이제 조선 왕조와는 달리 더 이상 양반 관료들의 세상이 아니었습니다.

고종이 양반 출신의 고관대작들을 별로 좋아하지 않은 데에는 또다른 이유가 있었습니다. 정부 대신들이 강력한 황제권에 맞서기 위해 각 나라 공사관에 몰래 드나들며 친일파, 친미파, 친러파 세력을 만들었기 때문입니다. 이에 고종은 외국에 의뢰하여 보호를 요청하거나 본국의 비밀을 외국인에게 누설한 자는 엄하게 처벌한다는 법률까지 만들었습니다. 고종은 또 여전히 위정 척사 입장을 지키며 다시 과거 시험을 치르자는 등, 시대에 어긋난 정책을 주장하는 보수 유생층도 별로 좋아하지 않았습니다. 이미 시대가 바뀌고 있는데 시계 바늘을 거꾸로 돌릴 수는 없다는 사실을 누구보다도 잘 알고 있었기 때문이지요. 그런 의미에서 고종은 1880년대부터 대한제국기까지 일관되게 개화를 당면 과제로 알고 추진한 개명 군주였습니다.

고종은 아무리 신분이 낮더라도, 또 조선 왕조 시대에 양반들에게 무시받은 서자나 무과 출신이라 하더라도, 개화 정책에 쓸모 있으면 발탁해 썼습니다. 이들 실무형 관료들은 황제에게 무조건 복종하는 경향을 보이면서, 근대 신기술 습득이나 외국어에 능통했기 때문입니다.

대한제국기에 고종의 심복으로 가장 핵심 역할을 한 사람은 이용익입니다. 이미 앞에서 보았듯이, 이용익은 함경도 무반 가문 출신으로 한때 보부상을 했다고 알려져 있습니다. 그는 임오군란 때 충청도에 피난 간 명성 황후와 고종 사이에서 연락병 노릇을 하며 신임을 얻었고, 광산 경영에도 탁월한 능력을 보여 왕실 소유의 광산을 관리했습니다. 그 공로로 갑자기 평안 북도 관찰사 직위에까지 올랐고, 대한제국기에는 화폐를 주조하는 전환국장, 왕실의 회계 재정 업무를 총괄하는 궁내부 내장원경, 나라 살림을 주관하는 탁지부 협판 같은 높은 자리에 올랐습니다. 사실상 대한제국의 모든 재정을 틀어쥔 최고 실력자였던 셈이지요.

하지만 그는 사심 없이 고종에게 충성을 다하고 일본 침략에 맞서 대한제국을 중립국으로 만들려고 노력한 인물로 유명합니다. 일본

**이용익과 이근택**
이용익이 끝까지 고종에게 충성을 바친 반면, 이근택은 그에 버금가는 권력을 휘
두르며 고종에게 헌신했지만 나중에 친일파로 변신했다.

이 어떻게든 고종에게서 이용익을 떼어 놓으려고 일본으로 납치해
간 적도 있지만, 1년여 만에 풀려나 보성학교(현재 고려대학교 전신)를
세우기도 했습니다. 또한 이용익은 일본이 침략과 탄압의 칼날을 더
욱 세우자, 을사늑약 체결 이전에 미리 해외로 망명하여 고종의 해
외 밀사로 활약하면서 대한제국의 보호국화를 막으려 노력합니다.
하지만 결국 1907년 블라디보스토크에서 객사했지요.

　이용익에 버금가는 권력을 휘두르며 고종에게 헌신했지만 나중에
친일파로 변신하는 인물이 이근택입니다. 이근택은 충주 출신으로
역시 임오군란 당시 피난 온 명성 황후에게 충성하여 왕실에 발탁되
었고, 주로 무반직에서 활약했습니다. 그는 독립협회의 운동을 진압
하는 데 앞장서 한성 판윤 및 경무사로 출세합니다. 한때 그는 친러
파라고 알려져 있었지만, 나중에 일본의 회유에 넘어가 변절하고 맙
니다.

그 밖에 역시 독립협회 탄압에 앞장서고 군비 강화에 힘쓴 이기동, 경상도 상주의 백정 출신으로 보부상 단체인 황국협회를 이끌고 독립협회 탄압에 나선 길영수, 평리원 재판장으로 황제권에 도전하는 세력을 처벌하는 데 활약한 궁내부 시종원경 이유인이 고종을 곁에서 보필한 심복들입니다.

소장 궁내관들 중에는 외국어에 능통한 근대 지식인 출신도 있었는데요, 이들은 고종 황제의 시종이나 비서로 근무하면서 외국인들과의 면담 통역, 외교 문서 번역 등을 담당했습니다. 대한제국기에 고종은 중국 중심 외교에서 벗어나 서양 각국과 대등한 외교 활동을 펼치고자 했습니다. 특히 러시아와 일본의 다툼 속에서 구미 열강을 상대로 여러 차례 특사 외교를 펼친 터라, 이들의 활약은 더욱 필요했습니다. 소장 궁내관들은 1900년 이후 러시아와 일본 양국을 오가며 외교 밀사로 활약하거나, 프랑스 등 유럽 각국에 지원을 호소하는 출장을 가기도 합니다.

이들 가운데 가장 선배 격인 이학균은 영어학도 출신으로 무관학교장을 지냈습니다. 러·일 전쟁이 터지기 직전에는 일본의 침략을 막기 위해 이용익과 함께 '전시 중립 선언'을 추진하지요. 현상건 역시 고종이 추진한 대한제국 중립화 노선의 실무 담당자였는데요, 전보국 주사에서 출발한 그는 능숙한 프랑스어 실력 덕분에 프랑스 및 러시아에 밀사로 파견된 바 있습니다. 이인영 역시 프랑스어를 잘해 프랑스 공사관 통역관으로 활약했고, 이용익을 도와 중앙은행 창설 일에도 관여했습니다. 마지막으로 고종의 측근 중 측근인 엄귀비를 들 수 있는데요, 엄귀비는 명성 황후가 세상을 뜬 뒤 고종의 두 번째

**마지막 황태자(영친왕)를 낳은 엄귀비**
44세 늦은 나이에 고종의 아들을 낳으면서 하루아침에 상궁에서 귀비가 되었다. 고종과 왕세자를 가마에 태우고 궁궐을 빠져 나온 아관파천의 주인공이요, 숙명, 진명, 양정 학교를 세운 근대 교육의 선구자이기도 하다.

왕비가 된 이로, 본디 미천한 출신 배경을 가진 상궁이었습니다. 하지만 아관파천 때 고종을 수행하여 러시아 공사관에 함께 갔고, 1897년 10월 황자(皇子) 은(垠)을 출산한 뒤 1901년 12월 정식으로 귀비(貴妃) 자리에 올랐습니다. 명성 황후가 남긴 유일한 혈육인 황태자(나중에 순종)가 어려서부터 매우 병약했기 때문에, 황자 은의 생모로서 엄귀비는 상당한 권력을 휘두를 수 있었지요.

이처럼 대한제국기에 고종 황제 주변에서 권력을 휘두른 근왕 세력들은 낮은 신분에서 갑자기 출세하는 바람에 명문 가문 출신의 양반들에게 멸시를 받기도 했습니다. 또 황제의 총애를 얻기 위해 서로 처절한 권력 다툼을 벌이다가 사람들의 입방아에 오르내리기도 했습니다. 몇몇 벼락출세한 황제의 측근 세력들이 권력을 독점하며 궁중에서 비밀리에 국정을 운영하는 모습은 확실히 정상은 아니었습니다. 그럴수록 정부 대신들은 외국 공사관에 드나들며 자신의 지위를 유지하려 했고, 독립협회 운동에 참여했던 민권 운동 세력들은 재야에서 다시 정치에 참여할 길을 찾았습니다.

## 근대 국가 건설을 위한 프로젝트, 광무개혁

대한제국이 황제권을 강화하면서 정치적으로는 보수화 길을 걸었지만, 사회 분위기는 분명히 근대 국가를 향해 나아가고 있었습니다. 서울 한복판에 아시아에서는 두 번째로 전차가 다니고, 전기·철도 시설이 설치되는 등 서구 문물이 물밀듯이 들어오기 시작했지요. 이미 갑오개혁을 겪고 난 터라 더욱 철저한 근대화 개혁을 요구하는 여론과 분위기가 대세였고, 옛것을 지키겠다는 보수의 목소리는 이제 훨씬 작아졌습니다. 《황성신문》 논설에서도 옛것과 새 것이 섞여 있는 현실을 비판하면서, "옛것을 혁파하지 않고는 새로운 것을 따를 수 없다"고 주장했습니다.

먼저 고종 자신이 직접 보수적인 정부 대신들을 불러 단발을 명령하면서 거절하면 목을 자르겠다고 엄포를 놓았습니다. 이에 신기선, 이도재, 민영준, 심상훈 등 정부 대신들이 눈물을 흘리며 머리카락을 잘랐고, 군부 및 경부 관리들, 지방대 병사들도 모두 단발을 단행했습니다. 이들 중 이도재는 갑오 개화 정권에 군부 대신과 학부 대신으로 참여했다가 단발령에 반대하여 사직했던 인물인데, 이제 더 이상 시대를 거스를 수 없다고 생각한 것이지요. 머리카락 자르는 게 뭐 큰일이라고 눈물까지 흘리고 야단이었을까 싶지만, 당시 유교 사상에 빠져 있던 선비들에게 그것은 곧 전통을 배신하고 서구 문물을 받아들이는 상징적 의미로 다가왔던 모양입니다.

이제 서구 문물을 본격적으로 받아들이면서 서양의 고문관들도 여러 명 초빙되었습니다. 리젠드르(Legendre), 크레마지(Crémazy), 샌즈(Sands), 미륜사(Muehlensteth)를 중심으로 한 수많은 서양 고

**정동에 있는 미국 공사관에서 찍은 서양 열강의 공사들(위)**
1903년 알렌 공사가 정동에 있는 미국 공사관에 각국 공사들을 초청한 날 찍은 기념 사진이다.

**대한제국기의 선교사 언더우드(왼쪽 위)와 아펜젤러**
1885년 4월 5일 부활절에 26세의 나이로 아펜젤러와 함께 조선에 들어온 언더우드는 한국 선교의 개척자라 할 만큼 대를 이어 가며 혼신을 다했다. 아펜젤러는 정동 교회를 세우는 한편 교육 사업에 도 관심을 두어 우리나라 최초의 서양식 학교인 배재학당(현 배재고등학교)을 설립했다. 이들은 서울 양화진 외국인 선교사 묘역에 묻혀 있다.

문관들이 초빙되었고, 이들의 지도 아래 광무개혁이라는 근대화 사업이 시작됩니다.

먼저 양전지계 사업은 1898년 7월 전국의 토지를 근대적인 방법으로 측량하기 위한 양지아문을 만들면서 시작되었습니다. 나라 살림의 밑바탕인 세금을 잘 거두기 위해서는 조세를 매길 토지를 정확히 파악해야 했습니다. 그래서 이때부터 서양의 측량 기사들을 불러들여 토지를 측량하고, 1901년 10월 설치된 지계아문을 통해 토지 주인에게 새롭게 토지 문서를 발급해 주었습니다.

부강한 나라를 만들기 위한 식산 흥업 정책으로는 근대적인 회사

서양인 측량 기사가 토지를 조사하는 모습

나 공장을 설립했습니다. 조선 왕조의 중세적 경제 체제가 농업 위
주라면, 근대 자본주의는 상공업 위주의 경제 체제입니다. 대한제국
기에는 나라가 부강하려면 상공업을 잘 키워야 한다는 중상주의적
분위기 속에서, 여기저기에 회사나 공장이 세워졌습니다. 정부가 세
운 관영 회사도 있고, 관료들이 서로 돈을 모아 투자한 회사나 은행
도 있었습니다. 이전에 조그마한 공장을 가지고 있던 수공업자들이
기계를 사들이고 규모를 키워 근대식 공장이 된 경우도 있습니다.
객주나 여각처럼 자금줄이 튼튼한 대상인들이 수공업자들에게 돈을
대주고 물품을 납품받는 형태의 기업도 생겨났습니다.

분야별로 본다면, 농기구나 일상 용품을 만드는 철가공업, 요업,
유기 제조업, 제지업 같은 분야는 개항 이후부터 공장제 수공업 단
계를 거치면서 좀 더 큰 규모의 공장으로 발전해 갔습니다. 면방직
업이나 견직업 공장에서는 부분적이지만 근대식 옷감 짜는 기계를

'뿌루너못든'이라는 영국 회사에서 1899년 11월 14일 자 《황성신문》
4면에 낸 소다 광고이다.

한미전기회사
1898년 1월 6일 전차·전등·전화 사업을 위해 고종과 미국
이 공동으로 출자하여 만든 회사이다. 그러나 실제로 자금
력이나 경험, 기술력에서 압도적인 미국의 콜브란과 보스트
위크가 사실상 운영을 도맡아 1904년 회사는 결국 그들의
손으로 넘어갔다.

들여온 곳도 있었습니다. 서울에서 대규모 자본을 가진 시전 상인들
이 1899년 종로 직조사를 설립한 것입니다. 그 밖에 정미업, 양조업,
담배 제조업, 성냥 제조업 같은 소비재 생산 공장들도 생겨났습니
다. 주로 고위 관리들이 투자한 한성은행(1897), 대한천일은행
(1899), 대한철도주식회사(1899), 인한윤선주식회사(1900)가 설립되
고, 황실과 궁내부 내장원이 투자한 관영 회사로서 인삼 전매 회사
인 삼정사도 출범했습니다.

  하지만 이렇게 근대적 기업을 세우는 데에는 더 많은 자본과 기
술, 전문 인력이 필요했습니다. 그러다 보니 대한제국기에는 많은

**궁중에 가설된 전기**
향원정 너머 건청궁을 밝히는 전기를 묘사한 그림이다. 전기박물관 제공.

**종로를 관통하는 전차**
비록 서양 사람들의 기술로 전차가 개통되었지만, 비교적 빠른 시기에 당시 서울 사람들의 일상 생활에 커다란 변화를 가져왔다. 동대문에서 바라본 종로 거리 모습이다.

외국 자본이 들어와 활발한 경제 활동을 벌였습니다. 우리는 이것을 '열강의 이권 침탈'이라 부르지요. 앞서 말했듯이, 독립협회 회원 중에는 기술이 부족한 우리나라에 서양인들이 선진 기술을 들여와 개발해 준다는데 무슨 문제냐고 되묻는 이들도 있었지만, 열강의 이권 침탈로 우리나라 재산이 빠져나가는 것은 큰 문제였습니다.

고종 황제도 처음에는 서양 열강의 도움을 받기 위해 그들에게 많은 이권을 허가하고 그 대신 특허료를 받았습니다. 하지만 나중에는 전국의 모든 광산을 궁내부 내장원에 소속시켜 더 이상 침탈당하지 않게 합니다. 부족한 기술은 외국인 기술자를 초빙하여 해

**함경 북도에 있는 운산 금광 전경**
당시 조선은 세계에서 여섯 번째로 큰 금 생산국이었다. 고종은 당시
실제 가치 4000만 원이 넘는 운산 금광 채굴권을 단돈 2700원에 미
국에 넘겼다.

**금을 찧는 물레방아(수륜도광기)**
금이 섞인 광석을 찧어서 사금을 채취한다.

결하고, 나라에서 직접 광산을 개발하겠다는 의지의 표현이었지요.
그러나 이미 열강이 광산이나 철도 부설권 등 많은 이권을 가져간
뒤였습니다.

　대한제국은 군사력이 약해서 열강의 간섭을 단호히 물리칠 자신
이 없었을 뿐 아니라, 혹시 있을 사태에 대비하여 열강의 눈치를 볼
수밖에 없었습니다. 그들이 요구하는 이권을 주는 대신, 대한제국에
무슨 일이 생기면 개입해 주기를 바라는 마음도 은근히 있었습니다.
예를 들면, 미국 회사가 대한제국에 투자를 많이 해야 일본이 한국
을 침략했을 때 자기 재산을 지키기 위해서라도 개입할 거라고 막연
히 기대했지요. 하지만 유감스럽게도 미국인들은 개인 차원에서 혹
은 선교 목적으로 진출했을 뿐, 미국 정부의 정책과는 아무런 상관
이 없었습니다.

## 개항 이후 열강이 가져간 각종 이권 일람표

| 연도 | 이권 내용 | 침탈국 |
|---|---|---|
| 1876 | 무관세 무역권 | 일본 |
| | 외국 화폐 통용권 | 일본 |
| 1882 | 평안도 · 황해도 연안 어채권 | 청 |
| | 상하이-인천 윤선 운항권 | 청 |
| | 해관 인사권 | 청 |
| | 상하이-시노모세키-부산-인천 윤선 정기 운항권 | 영국 |
| | 한성(서울) 상점 개설권 | 청 |
| 1883 | 부산-시노모세키 해저 전선 가설권 | 일본 |
| | 상하이-인천 윤선 정기 운항권 | 영국 |
| | 전라 · 경상 · 강원 · 함경 연안 어채권 | 일본 |
| | 조선 연해 화물 운송권 | 일본 |
| | 해관 수세권 | 일본 |
| 1885 | 인천-한성-의주 전선 가설권 | 청 |
| | 서울-부산 전선 가설권 | 청 |
| | 조선-일본 윤선 정기 운항권 | 일본 |
| 1886 | 부산 절영도 저탄소 설치권 | 일본 |
| | 전라도 세미 운송권 | 독일 |
| | 창원(경남) 금광 채굴권 | 일본 |
| 1887 | 제주도 연해 어채권 | 일본 |
| 1888 | 두만강 운항권 | 러시아 |
| | 한·러 은행 개설권 | 러시아 |
| | 군함 밀무역권 | 청 |
| | 경기도 연안 제한 어채권 | 일본 |
| 1890 | 조선-일본 윤선 정기 운항권 | 일본 |
| 1891 | 인천 월미도 저탄소 설치권 | 일본 |
| | 경상도 연해 포경권 | 일본 |
| | 원산 저탄소 설치권 | 러시아 |

| 1892 | 인천-한성 한강 운항권 | 청 |
| | 화폐 주조 원료 독점 제공권 | 일본 |
| 1895 | 운산(평북) 금광 채굴권 | 미국 |
| | 인천-부산, 인천-대동강, | 일본 |
| | 인천-함경도 윤선 정기 항로 개설권 | |
| 1896 | 경인철도 부설권 | 미국 |
| | 경원·종성 광산 채굴권 | 러시아 |
| | 인천 월미도 저탄소 채굴권 | 러시아 |
| | 압록강·울릉도 산림 벌채권 | 러시아 |
| | 경의 철도 부설권 | 프랑스 |
| | 동해 포경권 | 러시아 |
| 1897 | 당현(강원도 금성군) 금광 채굴권 | 독일 |
| | 부산 절영도 저탄소 설치권 | 러시아 |
| | 서울 전기수도 시설권 | 미국 |
| 1898 | 서울 전차 부설권 | 미국 |
| | 경부 철도 부설권 | 일본 |
| | 평양 탄광 석탄 전매권 | 일본 |
| | 운산(평남) 금광 채굴권 | 영국 |
| 1900 | 직산(충남) 금광 채굴권 | 일본 |
| 1901 | 창성(평북) 금광 채굴권 | 프랑스 |
| | 경기도 연해 어업권 | 일본 |
| | 인삼 독점 수출 | 일본 |
| 1903 | 평양 무연탄 채굴권 | 프랑스 |
| 1904 | 충청·황해·평안도 어채권 | 일본 |
| 1905 | 후창(평북) 광산 채굴권 | 일본 |
| | 통신 관리권 | 일본 |
| | 하천 운행권 | 일본 |

## 식산 흥업 정책 추진 기구가 된 궁내부

열강에게 나라의 이권을 빼앗기지 않고 하루빨리 근대화된 경제 체제를 만들기 위해서는 정부가 앞장서서 갖가지 근대화 사업을 추진할 수밖에 없었습니다. 아직 우리나라에는 큰 기업을 세울 만한 자본을 가진 상인이나 수공업자들이 많지 않았기 때문입니다. 그들은 대규모 자본과 기술력을 지닌 외국계 기업이나 은행에 스스로 맞설 능력이 없었으므로, 나라에서 무언가 정책을 펴 주기를 바라고 있었지요.

경강 상인, 개성 상인, 평양 상인 같은 큰 상인들을 제외한 지방 상인들은 일본 상인들이 서서히 파고들어 상권을 넓혀 감에 따라 점점 장사하기 어려워졌습니다. 이들은 일본 상인의 하수인이 되어 쌀을 사들여 주는 예속 상인이 되거나, 아니면 정부에 특허금을 납부하는 특권 상인이 되어 특정 지역에서 어떤 상품을 독점하는 방식으로 영업할 수밖에 없었습니다. 이런 특권 상인들은 황국협회나 황국중앙총상회 같은 단체를 만들어 자신들의 이익을 지키는 대신, 독립협회 탄압에 앞장섰듯이 정권의 위기를 막아 낼 의무가 있었습니다. 1899년 만들어진 '상무사'라는 보부상 단체도 마찬가지 역할을 했습니다.

이러한 상황에서 황실 업무를 맡던 궁내부가 근대화 사업 추진 본부로 나섭니다. 궁내부는 갑오개혁 당시 개화파가 군주권을 제한하기 위해 설치했다고 설명한 것 기억하지요? 하지만 대한제국기에 황제권이 커지면서 궁내부는 오히려 막강한 권력을 가지게, 됩니다. 고종이 열강의 간섭을 피하기 위해 정부 대신들이 모이는 의정부 회의

**1889년 배재학당 아이들과 교사들**
한학을 공부했던 이승만도 1895년 이곳 배재학당에 입학하여 신학문을 만난다.

대신 자신이 믿을 수 있는 궁내관들과 국정 운영을 의논했기 때문입니다.

따라서 궁내부에는 고유 업무인 황실 사무 말고도 각종 근대화 사업을 담당할 기구들이 우후죽순처럼 새로 만들어졌습니다. 1896년 이후 통신사, 철도원, 서북 철도국, 경위원, 광학국(광산 업무), 수륜원, 평식원(도량형 통일 업무), 수민원(해외 이민 여권 담당)이 궁내부에 속한 기관으로 새로 만들어지고, 궁내관 숫자도 1903년 말 현재 524명으로 크게 늘어납니다.

이 궁내관들은 대부분 근대식 실무 교육을 받은 사람들입니다. 대한제국기에는 과거 시험 대신 근대식 교육을 받은 신지식층에게 관직을 주었는데요, 1898년 8월 2일에는 각 학교와 외국 유학 졸업생에게 관직을 주는 조치, 1900년 10월 25일에는 외국어 학교, 의학교, 중학교 졸업생에게 관직을 주는 조치가 내려졌습니다. 뿐만 아니라 1899년 6월에는 상공학교(商工學校), 1900년에는 광무학교(鑛務學校), 1902년에는 모범 양잠소와 공업 전습소 같은 실업 교육 기관이 설치되어 근대적 실무 관료들을 배출합니다.

이러한 실무 인력들을 지휘한 사람은 대한제국기 최고 실력자였던 궁내부 내장원경 이용익입니다. 이용익이 가장 역점을 두어 추진한 사업은 광산 경영이었는데요, 전국 광산을 모두 궁내부에 소속시킨 뒤, 주로 프랑스에서 기술자와 기계를 들여와 근대적 경영을 시작합니다. 그는 또 1900년 무렵부터 경의·경원 철도 부설을 추진합니다. 자금 부족으로 서울에서 개성까지 일부 구간을 건설하는 데 그쳤지만, 일제의 끈질긴 방해에도 불구하고 자주적인 철도 부설을 시도했다는 사실은 높이 평가할 일입니다.

그런데 근대적인 경제 체제를 다지기 위해서는 자금과 기술 말고도 근대적 화폐 제도와 중앙은행 설립이 반드시 필요했습니다. 개항 이후 갑오개혁기를 거치면서 몇 차례 시도했지만, 자금 부족과 일본의 방해로 번번이 실패로 돌아간 바 있지요. 일본이 이미 화폐 주권을 침탈하고 있는 데다, 1894년 7월 〈신식 화폐 발행 장정〉을 발표했음에도 불구하고, 본위화를 주조하지 못한 채 백동화만 찍어 내고 있는 현실이었습니다. 대원군 시절 당백전과 마찬가지로 악화인 백동화를 마구 찍어 내니 화폐 가치가 떨어지고 물가는 그만큼 치솟아, 도시 영세민이나 빈농층은 더욱 살기 어려워졌습니다. 이 시기에는 이미 농촌을 떠나 대도시나 개항장, 광산 등지에서 품팔이꾼, 부두 노동자, 광산 노동자가 된 사람들이 많았지요.

백동화 남발은 이용익이 전환국장을 맡으면서 황실 자금을 만들기 위해 마구 찍어 낸 책임도 컸습니다. 따라서 이용익은 일본의 끈질긴 방해 공작에도 불구하고, 1901년 2월 12일 〈화폐 조례〉, 1903년 3월 24일 〈중앙은행 조례〉 및 〈태환 금권 조례〉를 마련하는 등 화폐 금융 개혁을 추진합니다. 그러나 역시

화폐 가치가 떨어지고 물가를 치솟게 했던 5전짜리 백동화

본위화 주조와 중앙은행 설립에 필요한 막대한 자금을 구하지 못해 제도만 마련하고 실행은 미룬 채 러·일 전쟁을 맞고 말지요.

결국 대한제국이 추진한 식산 흥업 정책은 대부분 제대로 성과를 거두지 못하고 중단되었습니다. 그 이유를 크게 두 가지로 볼 수 있는데요, 첫째는 막대한 자금을 마련하지 못했고, 둘째는 열강의 나라 일본·미국·프랑스가 서로 견제하며 방해했기 때문입니다. 1903년 이후에는 러시아와 일본 간에 전쟁 위기가 높아지면서 고종은 일단 대한제국의 독립을 지키기 위한 외교 정책에 골몰했고, 근대화 정책 추진은 대부분 중단됩니다. 이제 막 시작된 광무개혁이 성과를 보기도 전에 러일 전쟁을 맞게 된 것입니다.

그 뒤 러·일 전쟁에서 승리한 일본은 오랜 구상대로 대한제국의 보호국화에 나섭니다. 일본인 고문관을 파견하여 궁내부에 설치된 여러 근대화 사업 기구와 관원들을 없애고, 재정 개혁 혹은 황실 재산 정리라는 이름 아래 이용익이 벌여 온 여러 사업들을 중단시킵니다. 이로 인해 광무개혁은 실패한 개혁으로 끝나고, 이제 일제에 의한 식민지적 근대화가 시작됩니다.

하지만 식민지 근대화는 그동안 대한제국이 벌여 온 근대화 사업의 성과에 편승한 것이며, 대한제국 황실과 일반 국민들의 재산을 강탈하면서 이루어졌습니다. 일제는 1905년 6월부터 화폐 정리 사업을 핑계로 일본 화폐를 무제한 통용시켜 식민지적 화폐 제도를 만들어 갑니다. 우리나라 옛 화폐인 엽전과 일본 엔화를 교환하는 과정에서, 우리나라 화폐 자본은 하루아침에 일본에게 강탈당하는 신세가 되고 말지요.

# 5

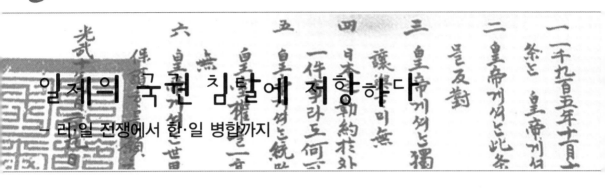

# 일제의 국권 침탈에 저항하다
## — 러·일 전쟁에서 한·일 병합까지

## 대한제국의 운명은 어디로

러시아와 일본 사이에서 중립국을 추진하다

대한제국은 근대적인 만국 공법(국제법)에 따라 당당하게 국제 사회의 일원이 되고자 노력했습니다. 그러기 위해 먼저 중국 중심의 아시아 세계에서 벗어나 구미 열강과 외교를 강화하고 상주 외교관을 파견합니다. 오랫동안 사대 관계를 맺어 온 청나라와도 1899년 근대적 국제 조약인 한·청 통상 조약을 맺고 베이징에 상주 공관을 설치하여 대등한 외교 관계를 마련하고요.

하지만 러시아와 일본 두 나라가 한반도를 두고 서로 한 치의 양보도 없이 맞서는 현실에서, 어떻게 하면 이 틈바구니에서 벗어나 중립국으로서 독립을 유지할 것인가가 숙제였습니다.

한반도의 지정학적 위치상 1880년대 중반에도 이미 중립국화 논의가 있었지만, 대한제국기에 더욱 세밀하게 논의를 진행합니다. 1901년 영세 중립국인 벨기에와 수교하고 외교 고문으로 벨기에인 델로비유를 채용한 것도 이러한 노력의 하나였습니다. 고종은 특히 스위스형 무장 중립국보다는 벨기에형 비무장 중립국을 선호했다고 합니다. 미약한 대한제국의 군사력으로 볼 때, 주변 열강이 서로 합의하여 중립을 보장해 주는 벨기에형이 더 현실적이라고 생각했기 때문이지요. 따라서 대한제국은 러시아와 일본을 상대로, 때로는 미국 같은 열강을 상대로 끊임없이 중립국화를 주장합니다.

그런데 이러한 대한제국의 열망과는 상관없이 러·일 간 대립은 날로 심해져 갔습니다. 먼저 만주를 둘러싸고 대립이 시작됩니다. 1900년 청의 의화단 사건 진압을 위해 러시아가 만주에 출병시킨 병력이 철수하지 않고 그대로 눌러 앉자, 일본은 강하게 반발합니다. 러시아가 결국 한반도에까지 마수를 뻗칠 것이라고 주장하면서, 러·일 간에 세력 범위를 확정하자고 제안하지요.

한반도 분할안은 이미 1896년 3월 러시아 황제 대관식에 참여한 일본 육군 대장 야마가타 아리토모가 러시아 외상 로바노프에게 제안한 적이 있습니다. 그때 일본은 북위 38도선을 중심으로 러·일 두 나라가 한반도를 나누어 점령하자고 제안했지만, 러시아가 이를 거부했습니다. 고종이 러시아 공사관에 머무르고 있는 유리한 상황에서 러시아가 협상안에 응할 리가 없었던 것이지요.

이번에는 일본이 한반도와 만주를 맞교환하자고 주장하면서, 그것을 받아들이지 않는다면 '전쟁'이라고 강하게 나왔습니다. 다시 말해 러시아가 만주를 차지할 거면, 한반도는 일본이 점령하겠다고 주장한 것이지요. 엄연히 주권이 있는 독립국인 대한제국을 자기들 마음대로 분할이니 맞교환이니 하고 있으니, 하늘이 통탄할 노릇이었습니다. 제국주의 시대에 약소국은 대부분 이렇게 열강들에 의해 식민지가 되거나 분할되었는데, 대한제국도 그와 비슷한 상황이었지요.

이러한 상황에서 고종은 대한제국이 살 길은 오로지 열강이 공동으로 보증하여 중립국이 되는 것이라고 생각합니다. 하지만 일본은 당연히 반대하면서 한반도를 결코 양보할 수 없다는 태도로 나왔지요. 일본은 이때 영·일 동맹으로 든든한 후원자까지 생겼기 때문에 밀려야 본전이라는 태도로 버텼습니다. 러시아 측에서는 미국이 나서서 대한제국을 중립국으로 만들면 어떠냐고 제안한 적도 있지만, 미국은 경제적 이권 말고는 한반도 문제에 개입하고 싶은 생각이 없었습니다. 고종이 미국의 중재를 기대하며 미국 회사에 큰 이권을 넘겨 주고 선교사들을 우대했으나, 미국 정부는 중재는커녕 오히려 일본 편을 들고 나섰습니다.

러시아도 1903년부터는 갑자기 강경론을 채택하여 만주뿐 아니라 한반도에도 적극적인 진출을 시작합니다. 경의 철도 부설권과 마산포 조차*를 요구하고 압록강 하류 용암포에 군사 기지를 세우면서 일본과 러시아 사이에는 팽팽한 위기감이 돕니다.

대한제국은 러·일의 각축 속에 하루빨리 군비를 확충하여 자위력

**조차(租借)**
한 나라가 다른 나라 땅의 일부를 빌려 지배하며 통치권을 행사하는 것을 말한다.

**대한제국 최초의 군함 양무호(揚武號)**
양무호는 1903년 고종이 해군 창설을 위해 일본에서 사 들여왔다. 일본 미쓰이 상선이 영국의 화물
상선을 25만 원에 구입하여 석탄 운반선으로 쓰다가 조잡한 대포를 얹어 개조해서 우리나라에 55만
원에 판 배다. 인천항에 들여온 뒤에도 배값을 다 지불하지 못해 한동안 묶여 있는 수모를 겪기도
했다.

을 다지려고 했지만 돈도 시간도 다 부족했습니다. 1898년 6월 29일
황제가 육해군을 친히 총괄하겠다는 조칙을 내린 뒤, 7월에는 무관
학교, 1899년 6월에는 원수부가 만들어져 국방력 강화를 위한 여러
조치를 취합니다. 신무기 도입 등으로 군부가 정부 예산을 40% 넘
게 사용할 정도였으니까요. 또 해군 창설을 위해 일본 미쓰이 물산
에서 중고 군함 양무호(揚武號)를 구입하기도 합니다. 그리고 무엇보
다도 군인 수를 늘리기 위해 징병제를 실시하려 했습니다. 빈부귀천
를 막론하고 17세 이상 40세 이하 장정은 모두 병역 의무를 지게 하
는 국민 개병제를 실시하려 했으나, 몇몇 세력의 반발로 실행하지
못합니다.

　이처럼 대한제국이 스스로 힘을 길러 군사 강대국이 되기에는 여

러 한계가 있었습니다. 그래서 눈앞에 다가온 위기를 헤쳐 나가기 위한 차선책으로 외교적인 방법을 택합니다. 러시아와 일본 사이에서 중립을 선언하거나, 차라리 러시아에게 보호를 요청하는 방법이었지요.

## 현상건의 유럽 출장과 전시 중립 선언

1903년 8월, 러시아와 일본 사이에 전쟁이 임박했다는 소문이 들리자, 고종은 궁내관으로 프랑스어에 능통한 현상건을 유럽에 밀사로 파견합니다. 현상건의 사명은 오래전부터 중립국화 방안을 모색하고 있던 프랑스 주재 공사 민영찬과 함께 전시 중립 문제를 프랑스와 상의하는 것이었습니다. 또 네덜란드 헤이그에 있던 상설 중재 재판소에 가서 만일에 러·일 전쟁이 일어나고 두 나라 군대가 대한 제국 영토를 침범할 경우에 대한 조언을 구하는 것이었고요.

프랑스는 1896년 7월 서북 철도 부설권 획득, 1900년 12월 평양 광산 채굴권 획득, 1901년 운남상사(雲南商社 ; Rondon Plaisant & Compagnie) 차관 및 안남미 공급 계약에서 볼 수 있듯이, 상당히 적극적으로 대한제국에 진출합니다. 대한제국에서 러시아 세력이 물러난 뒤, 법률 고문 크레마지를 비롯하여 광산 기사, 군사 교관, 철도 기사 등 여러 기술 고문관들을 파견한 것도 프랑스였습니다. 주한 프랑스 공사 플랑시는 프랑스가 중립적인 견지에서 대한제국을 보호해 줄 수 있다고 했습니다.

현상건은 프랑스 외무 대신 델카세를 만나 대한제국이 프랑스 및

고종이 러시아 황제에게 보낸 친서(왼쪽)

대한제국 중립화 노선의 실무 책임자였던 현상건

능숙한 프랑스어 실력 덕분에 낮은 신분을 뛰어넘어 프랑스, 러시아 밀사로 파견되었다.

러시아와 친해져야 한다고 권유하는 편지를 받았습니다. 또 에밀 루베 프랑스 대통령이 고종에게 보내는 친서를 받고, 10월 하순 파리를 떠나 11월 14일 러시아 수도 페테르부르크로 갑니다. 프랑스와 러시아는 1891년부터 군사 동맹 관계로서 삼국 간섭으로 함께 일본을 견제한 적도 있지요.

러시아에 도착한 현상건은 고종이 러시아 황제에게 보내는 친서를 전달합니다. 친서 내용은 러시아가 일본과 전쟁을 벌인다면, 우리가 일본군의 정세를 탐색해서 알려 주겠다는 것이었지요. 다시 말해 대한제국은 러시아를 지지할 것이니, 유사시에 긴밀히 연결하여 일본의 침략을 막아 내자는 내용이었습니다.

현상건은 돌아오는 길에 뤼순에 들러 알렉세예프 극동 총독을 만난 뒤, 1904년 1월 11일 러시아 군함을 타고 귀국합니다. 대한제국으로서는 러시아와 일본 두 나라 사이에서 중립을 지키는 게 최선이

### 한반도에 건너온 일본인 수의 증가(1880~1909)

| 연 도 | 인구 수 | 연 도 | 인구 수 | 연 도 | 인구 수 |
|---|---|---|---|---|---|
| 1880년 | 2301명 | 1890년 | 7249명 | 1900년 | 15,490명 |
| 1881년 | 2305명 | 1891년 | 9021명 | 1901년 | 17,446명 |
| 1882년 | 1519명 | 1892년 | 5781명 | 1902년 | 22,360명 |
| 1883년 | 2327명 | 1893년 | 8871명 | 1903년 | 28,688명 |
| 1884년 | 2023명 | 1894년 | 9336명 | 1904년 | 42,114명 |
| 1885년 | 2626명 | 1895년 | 12,303명 | 1905년 | 55,765명 |
| 1886년 | 2191명 | 1896년 | 12,581명 | 1906년 | 83,315명 |
| 1887년 | 3301명 | 1897년 | 13,615명 | 1907년 | 98,001명 |
| 1888년 | 4970명 | 1898년 | 19,305명 | 1908년 | 126,168명 |
| 1889년 | 5589명 | 1899년 | 14,981명 | 1909년 | 146,147명 |

었지만, 그것이 불가능할 때는 일본의 침략을 막기 위해 러시아에 의존하겠다는 생각이었지요. 대한제국은 멀리 떨어져 있는 러시아보다 가까운 나라 일본이 시종일관 대한제국을 병탄*하려 하는 것을 더 두렵게 생각했습니다.

사실 일본은 이미 1894년 청·일 전쟁에서 이겨 조선을 거의 보호국화하려다가 삼국 간섭으로 물러선 적이 있습니다. 그 뒤에도 일본은 경제적 침략을 계속하면서 일본에 넘쳐 나는 인구를 한반도로 보내고 있었습니다. 메이지 유신 이후 산업화가 시작되면서 일자리가 없어진 하급 무사층을 비롯하여 상인, 농민 들이 우리나라에 건너왔지요. 1905년 당시 대한제국 수출입 총액의 75%는 일본제로, 이미 우리나라는 일본 상품이 독점하는 시장이 되어 가고 있었습니다.

현상건이 귀국한 지 정확히 열흘 뒤인 1904년 1월 21일, 대한제국은 청의 지푸(芝罘)라는 도시에서 전 세계를 상대로 '전시 중립 선언'

**병탄**
남의 재물이나 다른 나라 영토를 자기 것으로 만드는 것을 말한다.

**러·일 전쟁을 풍자한 프랑스 신문 만화**
미국, 중국 등 열강이 우리나라 지도를 밟고 한판
벌이고 있는 러시아와 일본 사람을 바라보고 있
다. 러시아는 거인으로, 일본은 소인으로 풍자하
고 있다.

**프랑스 언론인 비고가 그린 만화**
청·일 전쟁에서 승리한 일본이 조선을 짓밟으며
러시아와의 전쟁에 나서는 내용이다.

을 타전합니다. 러·일 간에 평화 협상이 깨져 전쟁이 일어났을 때 대한제국은 엄정 중립을 지키겠으니, 우리 영토를 침범하지 말라는 것이었지요. 프랑스어로 각국에 동시 타전된 이 선언은, 그동안 이용익의 지휘로 현상건·강석호·이학균·이인영 등 궁내관들이 궁중에서 프랑스어 교사 마르텔, 벨기에인 고문 델로비유의 협조를 받아 추진했다고 합니다. 대한제국의 전신·전화를 도청해 오던 일본 몰래 선언하기 위해 밀사를 지푸에 보내 그곳 프랑스 부영사가 타전하게 한 것이고요.

대한제국의 전격적인 중립 선언에 대해 영국 정부를 비롯하여 독일·프랑스·덴마크·청국 공사는 알았다는 회신을 보내 왔지만, 정작 당사자인 일본과 러시아, 그리고 고종이 가장 중요한 열강으로 생각한 미국에서는 회답이 없었습니다.

## 러·일 전쟁과 한반도의 운명

러시아와 일본 사이에 전쟁이 임박했다는 소문이 퍼지면서 서울 장안의 물가는 치솟고 민심은 술렁댔습니다. 열강들이 자기 나라 공사관을 보호한다는 명목으로 속속들이 호위병을 파견하고 인천 앞바다에는 순양함을 대기시켰습니다. 러·일 전쟁은 대부분 해전

러·일 전쟁 당시 뤼순 항의 러시아 군을 향해 발포하는 일본군

**뤼순 항 해안에서 수비하는 러시아 포대**
1904년 3월 27일 자 프랑스 《르 프티 주르날》 지에 실렸다.

에서 결판이 났고 육지전은 주로 만주에서 벌어졌지만, 대한제국 사
람들은 10년 전 청·일 전쟁 당시 평양을 비롯한 한반도 북부가 모두
전쟁터가 된 사실을 떠올리며 엄청난 공포에 떨어야 했습니다.

러시아와 일본은 외교 협상 결렬을 선언하며 마침내 전쟁에 돌입
합니다. 먼저 일본이 2월 4일 러시아와의 전쟁을 최종 결정하고 이
어서 6일에는 러시아에 국교 단절을 알린 뒤, 이틀 뒤인 8일 뤼순 항
에 머물러 있던 러시아 함대를 기습 공격하면서 러·일 전쟁이 터집
니다. 일본은 전쟁 시작과 함께 일본군 병력을 인천으로 보냅니다.
대한제국이 엄연히 '전시 중립 선언'을 했음에도 전혀 개의치 않고

**러·일 전쟁 당시 제물포에 상륙하는 일본군**
2월 4일, 전쟁을 시작한 일본은 한반도를 선점하기 위해 2월 8일 육군 병력을 제물포에 상륙시켜 서울로 보낸다.

**바리야크호의 침몰**
러시아는 카레예츠호와 함께 바리야크호를 노획하려는 일본의 작전을 뿌리치고 군함을 폭파하려다가 결국 침몰을 택했다. 하지만 일본은 이 군함을 인양하여 훈련함으로 사용하다가 포츠머스 조약에 따라 러시아에 되돌려준다.

**자폭한 카레예츠호(위 왼쪽)와 폭파 장면**
**폭파된 배 구경나온 사람들**
폭파한 굉음은 서울에까지 울리고, 파편은 제물포 민가까지 흩어졌다고 한다.

한반도에 군대를 상륙시킨 것이지요. 군사력이 강한 대한제국이었다면 그들의 상륙을 막았겠지만, 불행하게도 그러지 못했습니다.

정부에서는 일본군이 한반도를 통과하더라도 그저 서울에 대부대를 주둔시키지 않기만을 간절히 바랐습니다. 하지만 일본군은 2월 8일 부산·마산 방면에, 2월 9일에는 서울 남대문 정거장에 도착합니다. 그런데 2월 10일 러시아와 일본이 선전 포고를 하고 정식으로 전쟁을 시작한 날, 주한 러시아 공사 파블로프는 서울에서 철수합니다. 끝까지 대한제국을 포기하지 않고 황실을 보호하겠다던 러시아 공사가 갑자기 철수해 버리자, 고종은 당황할 수밖에요.

## 한·일 의정서, 일본군의 한반도 진주를 열다

러시아 공사가 철수한 뒤, 일본은 대한제국에 군사 동맹 조약을 강요합니다. 군사 작전상 일본은 군사 대국인 러시아에 맞서기 위해서는 속전속결 전략이 필요했습니다. 그러기 위해서는 개전 즉시 부산이나 마산포 혹은 인천에 일본군을 상륙시켜 곧바로 북한 지방으로 치고 올라가야 하고, 또 서해의 제해권*도 손에 넣어야 했지요. 청·일 전쟁 때 조선에 강제했던 조·일 맹약과 같은 군사 동맹 조약이 필요했던 이유입니다.

물론 이미 일본군이 서울 장안에 쫙 깔린 상태였지만, 대한제국이 전 세계에 전시 중립을 선언한 마당에 군사 동맹 조약도 없이 계속 일본군을 주둔시키기에는 국제 사회의 비난이 두려웠던 것입니다. 일본이 대한제국의 중립 노선을 애써 무시하고 군사 동맹 조약을 맺

**제해권**
무력으로 바다를 지배하여 군사, 통상, 항해 따위를 마음대로 지배하는 권리를 말한다.

러·일 전쟁 당시 남대문을 향해 진군해 오는 일본 군대

으려 한 이유를 이해하겠지요?

사실 전황은 초기부터 이미 일본 측으로 기울어 있었습니다. 2월 16일 2차 뤼순 공격 이후인 2월 18일에는 무려 2만 명의 일본군이 서울에 들어와 북진을 준비하고 있었습니다. 러시아 군은 일본이 예상했던 것보다 남하를 서두르지 않은 데다가 뤼순이 포위되어 제해권을 잃었기 때문에, 한반도 깊숙이 내려오는 것은 바랄 수도 없는 처지였지요.

이러한 상황에서 일본 측은 대한제국에 중립화 정책을 포기하고 일본과 군사 동맹 조약을 맺으라고 거듭 강요합니다. 고종은 러시아 군이 평안도 안주·평양 부근에서 싸우고 있다는 소식을 전해 듣고, 혹시 러시아가 승리하지 않을까 기대하면서 동맹 조약 체결을 주저했습니다. 정부 대신들도 일본과 동맹 조약을 체결했다가 나중에 러

**일본군에게 총살 당하는 대한제국 사람**
러시아와 내통했다 하여 일본 장교의 지휘 아래 일본군 여섯 명이 총살을 집행하고 있다. 일본 종군 화가가 스케치 한 것을 보고 스튜어트(Allan Stewart)가 그렸다.

**러·일 전쟁 당시 군수 물자를 옮기고 있는 일본군**

시아가 승리하면 어떡하느냐고 강력히 반대했고요. 일본 측이 돈으로 매수한 외부 대신 이지용과 이근택, 민영철은 적극 찬성합니다.

우여곡절 끝에 2월 23일, 〈한·일 의정서〉가 체결됩니다. 그 내용은 대한제국이 앞으로 "시정 개선에 관한 일본의 충고를 받아들이고, 일본은 군사 전략상 필요한 지점을 임의로 사용할 수 있다"는 것이었지요. 일본은 대한제국에 군대를 파견·주둔시킬 수 있는 권리를 얻어 한반도에 대한 군사적 강점의 길을 열었을 뿐 아니라, 시정 개선이라는 명목으로 내정에 간섭할 수 있는 권리까지 얻은 것입니다.

## 일본의 고문관 파견과 내정 간섭
〈한·일 의정서〉 체결 이후 일본은 철도 부설권, 연해 항해와 어업권

러·일 전쟁 당시 북진을 위해 서울로 입성한 일본군이 남대문을 지나 명동 쪽으로 이동하는 모습

같은 각종 이권을 빼앗는 한편, 대한제국 정부의 외국인 고문관들을 해고시킨 자리에 일본인 고문관들을 앉힙니다. 광산 개발, 철도 부설, 군기 제조 등 근대화 사업에 관여하던 외국인 고문 79명을 해고하고 모두 일본인으로 바꾸었지요. 고문관 파견은 〈한·일 의정서〉의 '시정 개선' 조항에 따른 것입니다. 특히 뒤이어 체결된 〈고문 협약〉(1904년 8월 22일, 제1차 한·일 협약)에 따라 파견된 재정 고문과 외교 고문이 중요한 역할을 했습니다.

먼저 재정 고문으로 파견된 메가타는 재정 정리라는 명목으로 대한제국의 경제권을 장악합니다. 그동안 대한제국이 추진해 온 근대화 사업 기구들은 경비 절감을 이유로 크게 축소하고 관리들 정원도 줄입니다. 궁내부 내장원을 중심으로 근대화 사업에 쓰려고 모아 놓은 막대한 황실 재산 역시 재정 정리라는 명목으로 빼앗고요.

재정 고문 메가타 다네타로

또한 세금을 더욱 철저히 거두기 위한 조치도 취합니다. 먼저 징세 제도를 개편하여 지방관, 이서층 대신 세무관, 세무주사 제도를 새로 만들어 우편 취급소나 은행을 통해 국고로 납부하게 했습니다. 1906년부터는 전국적인 호구 조사를 실시하여 과세 대상을 2배 이상 늘렸습니다. 또한 1907년에는 지세를 늘리기 위해 토지에 대한 기초 조사를 실시하고, 1909년에는 인삼·담배·술·소금 같은 세원을 조사한 뒤, 가옥세·연초세·주세를 부과했습니다. 앞으로 대한제국을 식민지로 만들기 위한 비용을 쥐어짜 내려 한 것이지요.

그런데 가장 직접적으로 우리나라 사람들의 재산을 강탈해 간 것은 1905년 7월부터 시작된 화폐 정리 사업입니다.

일본은 화폐 개혁이라는 명목으로 대한제국 화폐인 백동화 및 엽전을 일본 화폐로 바꿔 주는 사업을 시작했습니다. 그런데 백동화를 액면 가치가 아닌 실질 가치로 교환해 줌으로써, 우리나라 사람들은 하루 아침에 화폐 재산을 강탈당하고 몰락하고 맙니다. 예컨대 백동화 2원 짜리를 실질 가치가 1원밖에 안 된다고 평가해서 바꿔 주면, 자연히 우리나라 사람들의 돈은 절반으로 줄어드는 셈이었지요. 우리나라 은 행은 파산하고 상인들이 몰락한 반면, 일본 제일은행은 대한제국의 중앙 은행 노릇을 하게 됩니다. 또 일본이 1906년 설립한 농공은행, 1907년 설립한 금융 조합 등을 통해 농촌에 대한 고리대 수탈이 시작 되었습니다.

일본은 또한 1905년 1월 경부선을 시작으로 5월 마산선, 1906년 4월 경의선 공사를 마쳐 한반도를 남북으로 종단하는 철도망을 마무 리합니다. 부산에서 출발해서 한반도를 가로질러 만주에 이르는 대 륙 진출의 발판을 마련한 셈이지요. 그 밖에 전국 곳곳에 새로운 항 구를 열고 남포-평양-원산, 광주-목포, 대구-경주-영일, 전주-군 산 간 도로망을 완성하여 한반도를 식민지로 통치하는 데 필요한 운 수 체계를 마련합니다.

이와 함께 일본 농민들을 한반도에 이주시키는 식민 사업을 작정 하고 시작합니다. 당시 일본은 막부 말기부터 엄청나게 늘어난 인구 를 나라 밖으로 내보내야 했습니다. 1904년 3월, 나가모리(長森藤吉 郎)라는 사람을 내세워 대한제국 내 황무지 개간이라는 특허 계약을 따낸 것도, 앞으로 일본인 이민을 위해 농토를 확보하려는 속셈에서 였지요. 우리나라 농민들이 사용할 농지도 부족한 터에 일본이 토지를 가져가려 하자, 송수만, 심상진이 보안회를 조직하여 강력한 반대 운동을 펼칩니다.

하지만 일본은 결국 1907년 동양척식주식회사를 세우고 토지 약탈에 발벗고 나섭니다. 동양척식주식회사는 한반도 곳곳에 대규모 농장을 세웠고, 일본인 이민자는 1903년 2만 9000명에서 1909년 17만 1000명으로 크게 늘어납니다. 많은 일본 농민들이 이주해 온 만큼 우리나라 농민들은 토지를 빼앗긴 채 도시나 광산, 부두로 나가 노동자가 되거나 멀리 만주 지방으로 이주해야 했습니다.

한편 외교 고문으로 미국인 스티븐스가 파견되었는데, 이 사람은 철저히 일본의 이익을 위해 앞장서다가 나중에 전명운, 장명환에게 샌프란시스코에서 암살당합니다. 그는 대한제국 정부가 외국과 조약을 체결하거나 외국인에게 특권을 주는 계약을 체결할 때 미리 고문과 협의해야 한다고 못박아, 사실상 외교권을 제한했습니다. 또 대한제국이 해외에 파견한 외교관들에게 월급을 송금하지 않아 철수하게 만들었습니다.

1905년 11월 을사보호조약으로 대한제국의 외교권이 박탈되었다지만, 사실상 외교 고문이 파견된 때부터 대한제국의 보호국화는 시작되고 있었습니다. 그러나 을사늑약으로 외교권이 박탈되었을 때도 일부 외교관들은 정부의 철수 명령을 직접 통보받지 못했다고 버티다가, 런던 주재 대리공사 이한응처럼 분개하여 자살하는 사람도 있었습니다. 많은 외교관들은 귀국하지 않고 그대로 해외 망명객이 되어 상하이 등지에서 고종의 밀사 외교를 담당합니다.

The clock tower withstood the 1906 earthquake, but incurred significant damage. The earthquake stopped the clock tower hands at 5:16 (a.m.), which remained suspended in time for more than a year before repairs could be conducted. Its damaged sandstone tower was subsequently replaced with concrete.

In Whan Chang and facsimile of the statement he prepared yesterday justifying his assault on Durham W. Stevens. Below is a portrait of General Min Yong Whan, whose name is being mentioned by local Coreans in the same breath with Stevens' assailants.

❶ 전명운과 장인환의 스티븐스 저격 내용을 다룬 1908년 3월 24일
　자 《샌프란시스코 크로니클》 신문
❷ 불발에 그친 권총을 손수건에 싼 채 스티븐스를 가격하는 전명운
❸ 스티븐스를 저격한 이유를 당당히 밝힌 장인환과 한글 성명서
❹ 해외 공관 폐쇄에 맞서 자실한 영국 주재 대리 공사 이한응
❺ 장인환 의사가 스티븐스를 암살한 샌프란시스코 페리 역

# 강대국의 흥정에 맡겨진 대한제국의 운명

1905년 1월 일본은 드디어 뤼순 항을 점령하고, 3월 봉천성 전투에서 승리합니다. 이어서 5월에 대한 해협 전투에서 크게 이긴 일본은 7월 29일 미국과 〈가쓰라-태프트 밀약*〉을 맺습니다. 미국의 필리핀 지배를 인정해 주는 대신 일본의 대한제국 지배를 승인받은 밀약이지요. 이어서 8월 12일에는 영국과 2차 영일 동맹을 맺어 영국의 지지도 얻습니다. 이러한 여세를 몰아 일본은 러시아와 강화 조약 체결에 나섭니다. 강대국 러시아를 상대로 전쟁을 계속하기에는 국력도 부족했고, 마침 러시아도 국내 사정으로 전쟁을 끝내기를 원했기 때문이지요.

미국의 루스벨트 대통령은 두 나라 외교관들을 미국 동부의 항구 도시 포츠머스에 불러 평화 조약 체결을 중재했습니다. 한 달 남짓 협상 과정을 거쳐 9월 5일 최종 체결된 〈포츠머스 조약〉에서, 러시아도 대한제국에 대한 일본의 '지도·감리·보호' 권리를 승인합니다. 대한제국의 의사와는 전혀 상관없이 강대국인 미국·영국·러시아가 차례로 대한제국을 일본에 넘겨 준 것입니다.

그런데도 일본 편에 선 루스벨트 대통령이 평화 조약을 중재한 공로로 다음 해인 1906년 노벨 평화상까지 받았다는 사실을 우리는 어떻게 생각해야 할까요? 우리나라 주권을 빼앗기는 계기가 된 포츠머스 조약을 중재한 대가로 루스벨트에게 평화상을 주다니, 당시 제국주의 열강들의 눈에는 조그마한 대한제국의 운명 따위는 안중에도 없었던 것입니다.

가쓰라 다로 일본 총리(왼쪽)와 윌리엄 태프트 미국 육군성 장관

포츠머스 조약 협상을 위해 러·일 대표가 머문 웬트워스 바이 더 시 호텔

905년 9월, 러·일 강화 회담이 열린 포츠머스 해군 기지 평화 빌딩

회담장에 모인 러시아와 일본 대표들

츠머스 회담을 알리는 기념 엽서(위)
쪽부터 니콜라이 Ⅱ세 러시아 차르, 루스벨트 미국 대통령, 메이지 일
천황이다.
츠머스 조약을 중재한 미국 대통령 루스벨트(가운데)와 러시아(왼
), 일본(오른쪽) 양국 대표단

# 을사늑약 무효화를 위한 외교 노력

### 을사늑약, 그날의 진실

일본은 포츠머스 조약 체결 이후 드디어 대한제국을 보호국화하기로 하고, 11월 10일 천황의 특사로 이토 히로부미를 파견합니다. 이토는 11월 13일부터 고종 황제 알현을 요구했으나, 고종은 아프다면서 계속 접견을 미룹니다. 11월 15일 오후 3시부터 억지로 고종을 알현한 이토는 7시까지 무려 네 시간 동안이나 보호 조약 체결을 강요하지요.

고종은 외교권을 위임하면 결국 오스트리아의 헝가리 병합이나 열강의 아프리카 침탈같이 독립 주권을 잃게 되는 것 아니냐고 걱정하면서, 정부 대신과 여론에 자문한 뒤 결정하겠다고 양해를 구했습니다. 하지만 이토는 대한제국은 황제가 모든 것을 결정하는 전제 국가인데 여론을 핑계로 결정을 미룬다면서 당장 조약을 체결하라고 윽박질렀습니다. 고종은 하는 수 없이 외부 대신을 통해 조약안을 제출하면, 정부에서 의논한 뒤에 재가*를 청하게 하겠다는 칙명을 내립니다.

다음 날인 11월 16일, 이토는 정부 대신들을 불러 모아 조약 체결은 피할 수 없는 흐름이라고 주장합니다. 그러고는 며칠만 연기해 달라는 고종의 요청에도 불구하고, 11월 17일 밤 8시 하세가와(長

**재가(裁可)**
왕이 직접 안건에 대해 승인하는 절차.

谷川好道) 주차군 대장과 함께 궁궐로 쳐들어옵니다. 일본군이 경운궁 주변을 삼엄하게 둘러싼 가운데 의정부 회의가 열리고, 결국 이날 밤을 넘긴 18일 새벽 1시, 하야시 주한 일본 공사와 박제순 외부대신 간에 협약이 체결됩니다. 하지만 조약 체결은 분명히 이토가 정부 대신들을 협박해서 얻은 결과였고, 이날 밤 고종은 끝내 이토를 만나 주지 않았습니다.

이날 밤 이른바 '을사 5적'이라고 불리는 박제순·이지용·이근택·권중현·이완용은 현재로서는 일본 측 요구를 받아들일 수밖에 없고, 장차 문명 발전에 매진하여 50년 정도 지나서 국권을 회복할 수 있을 거라고 생각했다 합니다. 그래서 이토의 여러 차례 강요에 못 이기는 척 찬성했다는 것이지요. 정부 대신 가운데 이하영과 민영기는 끝까지 반대했고, 총리 대신 한규설은 조약에 반대하다가 골방에 갇혔다는군요.

이러한 조약 체결 과정은 대한제국의 의정부 회의 절차를 어겼을

**대한제국의 을사 5적**
학부 대신 이완용, 군부 대신 이근택, 내부 대신 이지용, 농상공부 대신 권중현, 외부 대신 박제순(왼쪽부터)

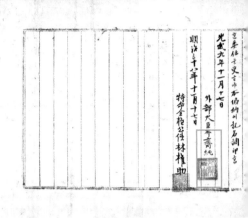

**제목도 없는 을사늑약**
을사늑약 원본에는 제목조차 없고, 외부 대신 박제순은 황제의 위임장도 없이 조약 체결에 나섰으므로, 국제법상 무효라는 주장이 꾸준히 제기되고 있있다.

뿐 아니라, 물리적 협박과 강제에 따른 체결이 명백하므로 국제법상으로도 무효입니다. 게다가 당시 대한제국의 주권자는 고종 황제인데, 조약문 어디에도 고종 황제의 도장이나 서명이 들어 있지 않습니다. 고종이 외부 대신 박제순에게 조약을 대신 체결하라고 위임장을 내린 적도 없습니다. 따라서 고종은 끝까지 조약 체결에 반대했으니, 조약이 무효가 될 줄로 생각한 것입니다.

11월 18일 새벽, 조약이 체결되었음을 전해 들은 고종은 정부 대신들의 무능과 무기력함을 한탄하면서 눈물을 흘렸습니다. 그러고는 몰래 각 지방에 밀지를 내려 의병 봉기를 지시했다고 합니다. 보호 조약 체결 소식이 알려지자, 조병세·이근명·심상훈·민영환·조동윤·민종묵·조병식·이종건·이용태 등 원로 대신들도 을사 5적을 탄핵하고 조약 체결에 반대하는 집단 상소를 올리기 시작합니다.

그 가운데 민영환은 영국·미국·프랑스·독일·청나라 5개국 공사에게 보내는 유서를 남기고, 11월 30일 자결했습니다. 1896년과 1897년 러시아 황제 대관식과 영국 여왕 즉위식 참석을 계기로 두 번씩이나 세계 여행을 한 민영환은, 자신이 나랏일을 잘못하여 이 지경에 이

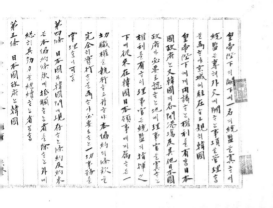

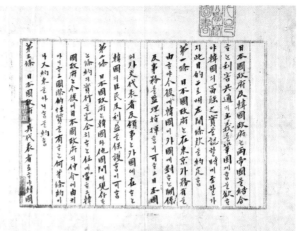

**자결로 보호 조약에 항거한 민영환**
조병세, 이한응, 홍만식 등의 잇따른 자결은 전국으로 번진 의병 운동의 도화선이 되었고, 을사 5적은 의병들의 표적이 되었다.

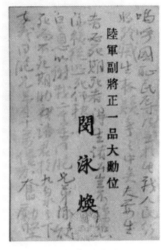

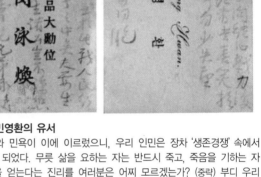

**명함에 남긴 민영환의 유서**
"슬프다. 국치와 민욕이 이에 이르렀으니, 우리 인민은 장차 '생존경쟁' 속에서 모두 멸망하게 되었다. 무릇 삶을 요하는 자는 반드시 죽고, 죽음을 기하는 자는 반드시 삶을 얻는다는 진리를 여러분은 어찌 모르겠는가? (중략) 부디 우리 동포 형제들은 천만으로 분려를 배가하여 자기를 굳게 하고 학문에 힘쓰고 결심육력하여 우리의 자유와 독립을 회복하면, 죽은 자가 마땅히 땅속에서 기뻐 웃을 것이다. 슬프다. 그러나 조금도 실망하지 말라."

르렀으니 죽음으로써 2000만 동포에게 사죄한다는 편지를 남겼지요. 또한 각국 공사들에게는 일본의 행위를 본국 정부에 알려 대한제국의 자유와 독립을 도와 달라고 호소했습니다. 다음 날인 12월 1일 원로 대신 조병세도 음독 자살하자, 전국의 여론은 크게 술렁입니다.

을사조약이 무효라고 주장하는 원로 대신들은, 조약 체결에 앞서 국민 여론을 수렴하지도 않았고 〈의정부 관제〉에 있는 회의 규정 및 재가 절차를 제대로 밟지 않았다는 이유를 들었습니다. 하지만 여론 수렴 과정이 없었다는 것은 국제 조약을 파기할 수 있는 이유가 되지 못합니다. 각국 공사관에 무효라고 알리거나 조약을 파기한다는 선언만으로 국가 간의 조약이 취소되지도 않습니다. 당시 국제법에서는 군사적 위협 속에 조약이 강제로 체결되었거나, 조약에 대한 주권자의 비준(동의) 절차가 없을 때 무효로 했습니다.

그렇다면 을사조약의 경우 명백히 일본군의 포위 속에서 강제된 것이고, 주권자인 고종은 결코 조약에 동의한 적이 없습니다. 외부 대신 박제순의 도장이 효력을 가지려면 고종이 박제순에게 내린 위임장이 있어야 하는데, 고종은 단지 의정부 회의에서 의논해 보라고 했을 뿐 박제순에게 위임장을 내린 적은 없습니다. 따라서 당시의 국제법 학자들은 을사조약을 무효라고 했습니다.

일본은 그때 얼마나 다급했는지 제목도 없이 조약문을 만들었습니다. 그래서 요즘 우리가 부르는 을사조약 혹은 을사보호조약이라는 명칭은 을사년(1905년)에 맺어진 보호 조약이라고 해서 붙여진 이름일 뿐, 공식적인 조약 명칭이 아닙니다. 현재 한국과 일본에 남아 있는 조약 원문 어디에도 제목이 없습니다. 게다가 고종의 어새나 국새도 찍히지 않았다는 사실을 기억해 둡시다. 그래서 이 조약을 강제로 체결된 조약이라고 해서 '을사늑약'이라고도 부릅니다.

고종은 당시 만국 공법이라고 불리던 국제법을 잘 알고 있었기 때문에 을사늑약이 무효라고 확신했습니다. 그리고 횡포한 나라가 이웃 나라의 자주권과 독립권을 침해했을 때, 세계 각국이 모두 들고 일어나 바로잡고 구제해 줄 것이라고 생각했습니다. 그래서 각국에 외교 밀사들을 파견하여 을사늑약이 무효라는 사실을 알리면, 국제 사회가 일본을 비난하고 대한제국을 구제하러 나설 줄 알았습니다. 하지만 약육강식의 제국주의 시대에 국제법은 한낱 이상적인 문구를 늘어놓은 데 불과했을 뿐, 실제로 약소국이 도움을 받을 수 있는 가능성은 없었습니다.

고종은 대한제국 선포 이후 스스로 만국 공법이 지배하는 국제 사회의 구성원이 되었다고 생각했고, 유럽 여러 나라에까지 외교관을 파견하는 등 국제 외교를 다져 나갔습니다. 만국 우편 조약, 적십자 조약, 헤이그 조약 같은 각종 국제 조약에도 가입했습니다. 하지만 근본적으로 외교는 국력이 바탕이 되어야 하는 것, 정작 을사늑약을 강요당했을 때 도와주는 나라는 어디에도 없었습니다. 미국은 물론 러시아마저도 약소국인 대한제국을 버렸습니다.

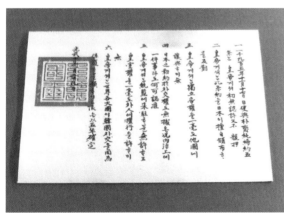

**영국의 《런던 트리뷴》지 기자 더글러스 스토리를 통해 영국에 보낸 고종의 〈을사늑약〉 무효 선언서**
① 1905년 11월 17일 일본 대사와 박제순이 맺은 5조항은 황제께서 처음부터 승인한 것이 아니며 국새도 찍지 않았다.
② 황제께서는 이 조약을 일본이 무단 반포함을 반대한다.
③ 황제께서는 독립된 황제권을 한 치도 외국에 내주지 않았다.
④ 일본의 외교권 늑약도 근거 없는데 하물며 내치상에 한 건이라도 어찌 인준할 수 있겠는가.
⑤ 황제께서는 통감의 상주를 허락치 않으시고, 황제권을 한 치도 외국인 맘대로 함을 허락치 않으신다.
⑥ 황제께서는 세계 각 대국이 한국 외교권을 함께 보호하길 원하시며 기간은 향후 5년으로 할 것을 원한다.
광무 10년(1906년) 1월 29일

## 통감이 대한제국을 장악하다

을사늑약으로 대한제국이 보호국이 되었다고 하는데요, 보호국이란 정확히 무슨 뜻일까요? 완전히 주권을 잃은 식민지와는 달리, 보호국이란 주권은 아직 남아 있으나 외교권이 박탈되어 국제 사회에서 독립국으로 취급되지 않는 나라를 말합니다. 일본은 세계 각국의 보호국에 대한 자료를 수년 전부터 모아 법률상 모든 것을 검토한 반면, 우리나라 사람들은 당시에 그 법적인 의미도 제대로 알지 못했습니다. 그저 막연히 나라가 망하게 생겼다는 생각만 했지요.

을사늑약으로 대한제국이 달라진 것은 첫째, 외교권을 일본에 넘긴 것이고, 둘째 통감부의 통치를 받게 된 것입니다. 조약문을 보면 통감(Resident General)이 외교권만 담당해야 하는데, 실제로는 대한제국의 모든 국정을 들었다 놨다 하게 된 것이 문제였습니다. 대한제국 외교는 이미 〈고문 협약〉 단계부터 각 나라에 파견했던 외교관을 철수하는 방식으로 제한되기 시작했고, 을사늑약 결과 각국 외교 사절단이 서울에서 떠나기 시작했습니다. 미국 정부가 가장 먼저 11월 24일 자로 공사관 철수 의사를 밝혀 오면서, 다른 나라 외교 사절들도 12월 초까지 대부분 철수합니다.

**선린과 우호를 강조하던 한복 차림의 이토 히로부미**
을사 5적 이지용이 1906년 12월 특파 대사로 일본에 갔을 때 한복 선물을 기념하여 찍은 사진이다. ❶, ❷는 특파 대사 수행원 박희병 내외, ❸, ❹는 이토 히로부미 내외, ❺, ❻은 특파 대사 이지용 내외, ❼은 이토의 딸이다.

1906년 1월 말 대한제국의 외교 업무를 담당하던 외부가 공식적으로 폐지되고, 2월부터 통감부가 업무를 시작했습니다. 초대 통감으로는 이토 히로부미가 부임했지요. 여러 고문관들을 거느리고 부임한 이토 통감은 단순한 외교관이 아니라 대한제국의 최고 통치자가 되고자 했습니다. 수시로 고종 황제를 알현하여 압박하고, 정부 회의에 참석해서 간섭했으며, 심지어 정부 관리를 추천하는 등 마치 황제처럼 행동했습니다.

고종은 이에 굴하지 않고 대한제국 황제로서 관리들에 대한 임면권*을 행사했습니다. 이토가 잠시 일본에 가 있는 동안에 친일파 대신들을 바로 면직시켜 버렸습니다. 을사 5적 가운데 한 사람인 박제순은 일본의 지원을 받아 참정 대신 자리에 앉아 있었는데요, 을사늑약 반대 운동자들이 날마다 시위를 벌이고 암살을 시도하는 등 신변이 매우 불안한 상태였습니다. 하세가와 요시미치 주차군 사령관과 일본 헌병대가 반대 운동자들을 무차별 체포하며 계엄 상태로 몰고 갔지만, 정국은 몹시 불안했습니다.

이토는 고종을 압박하며 "황제는 왜 나를 통감이라고 부르지 않소이까? 나를 인정하지 않는 것입니까?" 하고 윽박질렀다지요. 하지만 고종은 몰래 측근 심복들을 통해 의병 봉기를 지시하거나, 상하이 혹은 블라디보스토크 등지에 있는 망명객들에게 밀사 외교를 지시하기도 했습니다. 사실상 궁궐에 갇혀 있는 거나 마찬가지인 고종은 철저한 일본 측 첩보망을 뚫고 세계 열강을 향해 대한제국의 억울한 처지를 호소합니다.

**임면권(任免權)**
관리를 임명하고 해임할 수 있는 권한.

## 러시아를 향한 SOS

고종의 해외 밀사 외교는 〈한·일 의정서〉 체결 직후부터 시작되었습니다. 의정서 체결로 한반도에 일본군이 진주한 상황에서 대한제국의 독립을 보전하기 위해서는 러시아나 미국 같은 국제 열강의 도움을 받는 수밖에 없다고 생각했기 때문입니다.

황제의 근왕 세력 가운데 궁내관 이학균과 현상건은 러·일 전쟁이 일어나자 상하이로 망명합니다. 근왕 세력 가운데 가장 핵심인 이용익도 일본에 납치되었다가 10개월 만에 풀려난 뒤 1905년 8월 상하이로 출국했고요. 그곳에서 1880년대부터 망명 생활을 하고 있던 명성 황후의 조카 민영익, 그리고 현상건, 이학균과 함께 앞으로의 대책을 논의하기 위해서였지요.

이학균은 상하이에서 이미 여러 차례 러시아 황제에게 고종의 친서를 보내 지원을 호소했습니다. 러시아가 밀리고 있었음에도 불구하고 여전히 러시아의 승리를 기대하면서, 하루빨리 러시아 군이 한반도에 진주하여 일본의 압제를 제거해 줄 것을 희망하는 내용이었지요.

고종의 친서는 주로 서울→부산→일본 나가사키를 거쳐 밀사를 통해 상하이에 전달되었습니다. 일본이 러·일 전쟁 중 군사 용도라는 핑계로 대한제국의 모든 통신 기관을 장악하고 있었기 때문에, 고종은 전화나 전신을 사용하지 못하고 직접 사람을 통해 친서들을 해외로 내보냈다고 합니다. 하지만 그마저도 상하이에 있는 일본 영사관 측은 밀정들을 풀어서 거의 모두 알아챘습니다. 일본은 상하이를 오가는 상인들이나 외국인들을 더욱 철저히 감시하면서 러시아 황제에게 보내는 고종의 친서들을 중도에 압수하기도 했습니다.

이에 이용익은 자신이 직접 유럽을 거쳐 러시아에 가기로 결심합니다. 9월 29일 상하이를 출발하여 10월 31일 프랑스 마르세유 항구에 도착한 이용익은, 파리의 대한제국 공사관을 방문하고 다시 11월 27일 러시아아의 상트페테르부르크에 도착합니다. 거의 두 달이나 걸린 긴 여행 끝에 러시아 주재 공사 이범진을 만난 이용익은 러시아의 보호를 요청하는 고종 황제의 편지를 제시하고, 러시아 외무 대신 람스도르프와 여러 차례 만납니다. 하지만 러시아는 이미 포츠머스 강화 조약으로 일본의 대한제국 지배를 인정한 뒤였고, 또한 1차 볼셰비키 혁명이 일어난 터여서 한반도 문제에 깊이 개입할 여력이 없었습니다.

결국 이용익은 아무런 소득도 없이 1906년 1월 24일 러시아를 떠나 상하이로 돌아왔다가, 다시 고향인 함경도와 가까운 블라디보스토크로 이주합니다. 이곳에서 고종과 은밀히 연락을 주고받으며 헤이그 만국평화회의 참석을 준비하고 있었는데, 1907년 초에 갑자기 사망하는 바람에 모든 것이 물거품이 되고 말았지요.

이렇게 러시아를 향한 대한제국의 보호 요청은 기대만큼 호응을 얻지 못했습니다. 러시아는 오히려 1907년 7월 30일 1차 러·일 협상을 통해 일본과 타협하고, 1910년 7월 4일 2차 러·일 협상에서는 최종적으로 일본의 대한제국 병합을 승인합니다. 러시아는 1884년 처음 한반도에 진출한 뒤부터 청과 일본으로부터 주권을 지키려는 고종의 큰 기대를 받았습니다. 그리고 삼국 간섭과 아관파천을 통해 일본의 침략을 저지하기도 했지만, 만주를 우선하기 시작하면서 점차 대한제국에서 후퇴합니다. 대한제국이 중립국을 지향하면서도 위기 때마다 러시아에 보호를 요청한 것과 상관없이, 러시아에게 대한제국은 만주를 지키기 위한 하나의 카드일 뿐이었지요.

## 미국과 세계 여론을 향한 호소

고종은 미국에도 여러 차례 지원을 바라는 친서를 보냈습니다. 먼저 1904년 말 주미 한국 공사관 고문이자 컬럼비아 대학 총장인 니담 (C.W. Needham)으로 하여금 미국 국무장관에게 고종의 밀서를 전달하게 했습니다. 미국 정부가 대한제국의 독립을 위해 최선을 다해 줄 것을 부탁하는 편지였지요. 1905년 7월, 러·일 간 강화 담판이 루스벨트 대통령 중재로 미국 포츠머스에서 열리자, 고종은 이승만을 밀사로 파견하여 협상이 대한제국에 유리하게 결정되도록 교섭해 보라는 지시를 내렸습니다. 또 마침 이 해 9월에 루스벨트 대통령의 딸이 아시아 여행 도중 대한제국에 들렀는데요, 얼마나 융숭한 국빈 대접을 해 주었는지 해외 신문에는 고종이 그녀와 결혼했다는 오보가 실리기도 했습니다.

이승만은 독립협회 운동 당시 급진 공화 세력으로 활동하다가 체포되어 감옥 생활을 했습니다. 감옥에서 기독교로 개종한 이승만은 선교사들의 주선으로 미국에 가게 되었지요. 그 뒤 주한 미국 공사였던 딘스모어의 주선으로 미국 국무장관 헤이를 면담하고, 1905년 8월에는 루스벨트 대통령을 만나 대한제국의 주권과 독립 보전에 대한 청원을 전달했습니다. 그러나 미국은 이미 〈가쓰라-태프트 밀약〉

**고종 황제를 알현하러 가는
루스벨트 미국 대통령 딸
앨리스**
1905년 10월 8일 자 프랑스
잡지 《르 프티 파리지앙》에
실린 그림으로, 당시 앨리스
는 엄청난 환대를 받았다.

을 통해 일본의 보호국화를 승인한 상태였기 때문에 좋은 반응을 얻
지는 못했습니다.

이에 고종은 1905년 10월, 다시 미국인 헐버트를 통해 미국 대통
령에게 친서를 보냅니다. 1882년 조·미 조약에 중재 조항이 있는 만
큼, 미국이 나서서 〈한·일 의정서〉를 파기하고 열강이 대한제국을
공동으로 보호해 줄 것을 요청한 것입니다. 을사늑약 직후에도 헐버
트에게 조약은 무효라는 긴급 전문을 보냈으나, 미국은 이러한 고종
의 요구를 모조리 묵살했습니다.

전 주한 미국 공사 알렌에게는 1만 불을 건네며 유능한 법률가를
고용해서 미국이 대한제국 사태에 대한 진상 조사를 할 수 있도록
교섭해 달라고 부탁했습니다. 하지만 대한제국에서 고종의 극진한

**교육 기관인 육영공원에 초빙되어 아이들을 가르치고 있는 헐버트**
교육자이자 선교사, 독립 운동가, 역사학자, 언론인이었던 헐버트는 대한제국을 위해 수많은 업적을 남겼다. 1949년 7월 29일, "웨스트민스터 사원보다 한국에 묻히고 싶다"며 떠난 지 42년 만에 인천 항에 내린 그는 일주일 뒤에 세상을 떠나, 현재 서울시 마포구 합정동 양화진 외국인 묘지에 묻혀 있다.
**1909년 1월 초, 고종 황제가 헐버트에게 보낸 친서**
고종 황제는 미국 YMCA로 연수를 떠나는 조카 조남복을 잘 돌봐 달라는 친서를 쓰고 어새를 날인했다. 한편 학계에서는 2009년 3월 17일 국립고궁박물관이 입수한 고종 황제 어새와 비교한 결과 날인이 같다고 밝혔다.

대우를 받았던 알렌도 막상 미국에 돌아가서는 대한제국을 위해 로비를 펼치기 어려웠습니다. 루스벨트 대통령과 미국 정부가 친일로 완전히 기울어 있었기 때문이지요.

미국의 냉담한 반응에 실망한 고종은 다시 세계 열강을 상대로 을사늑약의 불법성을 알리고, 열강이 대한제국 문제에 개입해 줄 것을 호소하는 외교를 펼쳐 나갔습니다. 《런던 트리뷴》지 기자 더글러스 스토리에게 부탁해서 영국 측에 보낸 국서에서는 5년 간 열강의 '공동 보호'를 요청했습니다(《대한매일신보》 1907년 1월 16일 보도). 헐버트에게도 1906년 6월 미국·영국·프랑스·독일·러시아·오스트리아·헝가리·이탈리아·벨기에·중국 9개 나라 국가 원수에게 보내는 친서를 건넵니다. "을사늑약은 정부 대신들이 위협을 받아 강제로 이루

# 해외 망명 세력과 고종 황제의 비자금

을사늑약 이후 중국 상하이에는 해외 공사관에서 철수한 외교관들과 고종의 근왕 세력인 궁내관들이 망명중이었다. 외교관들은 대부분 민씨 척족들로, 1886년부터 해외 생활을 하고 있는 민영익을 중심으로 민영환의 동생이자 프랑스 주재 공사를 하다가 망명한 민영찬, 독일 주재 공사로 근무하던 민철훈 등이 상하이로 모여들었다.

이들 가운데 민영찬은 고종의 밀명으로 1905년 12월 11일 미국에 가서 미 국무장관 루트와 면담하기도 했으며, 형 민영환이 보호 조약으로 자결한 뒤에는 귀국하지 않고 상하이에 머물렀다. 민영익은 명성 황후의 가장 가까운 친족인 데다 여동생이 순종의 비가 되었으므로 해외에 있어도 여전히 고종이 신임이 두터웠다. 따라서 중국에서 홍삼을 판매한 대금으로 만든 고종 황제의 비자금은 모두 민영익이 관리하고 있었다.

을사늑약을 앞뒤로 하여 황제의 측근 궁내관들도 대부분 상하이로 망명하여 고종의 지시를 받아 해외 밀사 외교에 나서면서 막대한 자금이 필요했다. 고종은 일본의 눈을 피해 막대한 비자금을 만들어 홍콩 또는 상하이의 외국계 은행에 예치해 놓고 있었는데, 비자금은 주로 콜브란·보스트위크 같은 회사에 광산 특허를 주거나 전차·전기·전화 부설권 등 이권을 내주고 받은 특허료였다.

그런데 고종의 비자금 첩보를 입수한 일본은 상하이 덕화은행에 있던 고종의 비자금을 모두 빼가 버렸다. 자금이 없어야 고종이 자꾸만 해외에 밀사를 보내거나, 외국인들에게 열강을 상대로 로비하라는 부탁을 할 수 없기 때문이었다. 하지만 황제의 예금 인출 명령서를 위조하여 예금을 빼낸 것은 명백한 범죄 행위이다. 그러므로 독일과 일본은 지금이라도 예금의 행방에 대해 진실을 밝혀야 한다. 그리고 현재의 시세로 환산하여 한국에 돌려주어야 한다.

그러면 고종 황제의 비자금 규모는 어느 정도였을까? 1903년 12월 덕화 은행에 최초로 예금한 금액은 15만 엔 정도의 금괴 23개, 일본 지폐 18만 엔이고, 나중에 1만 8500원과 5만 원을 두 번에 걸쳐 예금한 결과, 원리금 합계가 1906년 12월 31일 독일 돈 51만 8800마르크(현재 250억 원 정도)였다. 이 돈을 일제가 1907~1908년 사이에 몰래 인출해 간 것이다.

고종은 1909년에야 미국인 헐버트에게 비자금을 찾아오라고 신임장을 내렸으나, 독일 은행에서는 이미 예금은 인출된 상태라고 대답했다. 독일 은행이 대한제국 황제의 돈을 불법적으로 일본에 넘긴 것이다. 헐버트는 해방 이후 이승만 정부에 일체의 관련 서류를 넘겨 주며 이 돈을 찾을 것을 요청했으나, 아직까지 독일 은행에서는 관련 사실을 확인할 수 없다는 답변만 되풀이하고 있다.

어진 것이고, 황제는 조인을 허가한 적이 없으므로 국제법을 위배한 것이니 당연히 무효"라는 주장을 담았지요. 또 이 사건을 네덜란드 헤이그에 있는 상설 중재 재판소에 제소하여 억울함을 풀어 달라는 지시도 내렸습니다.

고종의 친서는 결국 전달되지 못했지만, 이처럼 고종은 세계 열강을 향해 끊임없이 호소했습니다. 을사늑약이 명백한 불법이니 열강이 나서서 공동으로 진상 조사를 하면 무효가 될 것으로 기대했으니까요. 하지만 정작 국제법을 만든 제국주의 열강들은 약소국 대한제국의 절규를 철저히 외면했습니다.

## 헤이그 특사단의 피맺힌 절규

러시아와 미국의 냉담한 반응에도 불구하고, 고종은 다시 1907년 헤이그에서 열린 2차 만국평화회의에 특사를 파견합니다. 대한제국 문제를 국제 문제화하는 데 세계 47개 나라가 모이는 평화 회의는 더없이 좋은 기회라고 생각했지요. 대한제국은 1차 평화회의에는 참여하지 못했지만, 이미 1902년 2월 16일 자로 네덜란드 외무 장관에게 만국평화회의 가입 신청을 해 놓은 터라, 2차 평화회의가 열리기만을 손꼽아 기다렸습니다.

2차 만국평화회의는 러시아가 주관했습니다. 러시아는 포츠머스 강화 조약에서 억울하게 일본에 넘겨 준 대한제국 문제를 국제 회의 석상에서 다시 논의해 볼 생각으로 대한제국을 평화회의에 초청했습니다. 러시아를 믿고 있던 대한제국에 한 가닥 희망을 준 것이지요. 이처럼 포츠머스 강화 조약에도 불구하고 러시아가 아직 대한제국을 완전히 포기하지 않고 있었기 때문에, 일본은 서둘러 대한제국의 외교권을 박탈하는 을사늑약을 강행한 것입니다.

그런데 문제가 생겼습니다. 원래 1906년에 열릴 예정이던 2차 평화회의가 강대국 간 사정으로 1년 연기되는 바람에 1907년 6월에 열리게 되었고, 그동안 러시아 입장이 바뀌어 버린 것입니다. 일본과 타협하는 쪽으로 정책을 바꾼 러시아는 더 이상 대한제국을 도와줄 수 없다는 결정을 내렸습니다. 그렇지만 고종은 1907년 4월 법률에 밝은 검사 출신 이준을 특사로 선발하여, 이미 1906년 4월부터 블라디보스토크에 가 있던 이상설과 함께 페테르부르크에 파견합니다. 이들은 6월 4일 러시아에 도착하여 러시아 주재 공사 이범진의 아들로, 프랑스 유학 경험이 있는 이위종과 합류합니다.

특사단은 15일 동안이나 러시아에 머물면서 교섭을 벌였지만, 니콜라이 2세를 만나지는 못합니다. 1907년 7월 30일 러·일 협상 타결을 앞두고 있던 러시아는 오히려 헤이그에 연락해서 대한제국 특사단에 협조하지 말라고 지시할 정도였지요. 특사단은 할 수 없이 평화회의가 시작된 지 열흘이나 지난 6월 25일 헤이그에 도착하지만, 평화회의 참석은 불가능했습니다. 평화회의 의장인 러시아 대표 넬리도프 백작을 비롯하여 미국·프랑스·영국·독일의 주요국 위원 면담을 신청했지만, 모두 거절당하고 맙니다. 을사늑약으로 이미 외교권이 박탈되었기 때문에, 대한제국은 국제 회의에 참석할 자격이 없다는 것이었지요.

그래도 특사단은 미리 준비해 간 회견문을 언론을 통해 발표하고

5. Belgique.
6. Bolivie.
7. Brésil (Etats Unis de
8. Bulgarie.
9. Chili.
10. Chine.
11. Colombie.
12. Corée. 한국
13. Costa Rica.
14. Cuba.

2차 만국평화회의 초청국 47개 나라 가운데 열두 번째 나라 한국(왼쪽)
대한제국 특사단 사진과 함께 이위종의 인터뷰가 크게 실린 《만국평화회의보》 1면(1907. 7. 5)

기자 회견에 초청된 이위종은 유창한 프랑스어로 일본의 국제법 위반 행위를 폭로했습니다. 7월 14일 이준이 갑작스럽게 사망했지만, 그 뒤에도 이상설과 이위종은 헐버트와 함께 영국, 미국에 있는 여러 도시를 순방하며 대한제국의 독립을 지지해 달라고 호소했습니다. 만국평화회의에 집중된 국제 사회의 관심과 언론을 충분히 이용하여 국제법을 어긴 일본의 국권 침탈을 널리 알리고자 한 것입니다.

만국평화회의 특사 파견은 국제 정세에 어두운 고종이 즉흥적으로 시도한 무모한 사건이 아닙니다. 을사늑약 이전부터 대한제국이 열강을 상대로 펼쳐 온 국제 외교의 연장선에서 보아야 할 일이지요. 고종은 영·일 동맹, 가쓰라－태프트 밀약, 러·일 협상 같은 강대국 끼리 이루어지던 밀실 흥정과 이해 타산을 충분히 알고 있었지

만, 만국 공법(국제법)에 따른 대한제국의 정당
한 호소가 국제 사회의 여론을 움직일 수 있을
것으로 생각했습니다. 두 차례나 만국평화회
의를 개최한 국제 사회가 사실은 평화가 아
니라 약육강식을 인정하고 정의보다는 힘
에 의해 움직이는 세계였지만, 약소국으
로서 대한제국은 당당하게 일본의 주
권 침탈의 불법성을 국제 사회에 폭
로했습니다.

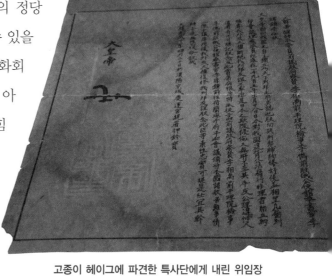

**고종이 헤이그에 파견한 특사단에게 내린 위임장**

　일본이 가장 두려워한 것은 이처럼
대한제국이 국제 사회를 상대로 호소하는
것이었기 때문에, 서둘러 외교권을 박탈하는 보호 조약을 강제한 것
입니다. 그런데도 평화회의 특사 파견이 이루어지자, 일본은 아예
고종을 폐위하기로 결정합니다.


## 고종 황제, 강제로 퇴위되다

일본은 헤이그 특사 파견을 빌미로 고종 황제 폐위를 무섭게 몰아붙
였습니다. 이 기회에 대한제국을 완전히 장악하고자 외무 대신 하야
시 다다스를 직접 파견했고, 일본 국민들도 강경론을 주문하고 있었
지요. 뿐만 아니라 친일파 이완용과 송병준이 앞장서서 황제 폐위를
추진하고 있었고요. 일찍이 일본에 저항적인 고종 황제를 누를 수
있는 마지막 수단은 폐위밖에 없다고 주장했던 사람들입니다.

이토 히로부미가 고종을 퇴위시킨 뒤 경운궁을 나오는 장면

고종은 죽어도 양위(讓位 : 임금 자리를 물려주는 것)를 할 수 없다고 버텼습니다. 하지만 이토의 재촉을 받은 송병준이 친일 단체 일진회 회원 수백 명을 시켜 궁궐을 에워싸고 협박하는 등 살벌한 분위기가 연출되었습니다. 7월 18일 오후 5시, 입궐한 이토는 고종에게 다시 한 번 양위를 강요했고, 버티던 고종은 어쩔 수 없이 새벽 5시 황태자에게 '대리'시킨다는 조칙에 도장을 찍고 맙니다.

이날 고종이 기거하던 경운궁 중명전에 들어갈 때, 정부 대신들은 고종을 협박하기 위해 권총을 품에 숨기고 들어갔다고 합니다. 고종 황제도 황태자를 비롯하여 다수의 궁내관과 시종들을 불러서 함께 자리하게 했으나, 송병준이 이들을 모두 내보내고 법부 대신 조중응은 궁중에서 외부와 연락할 수 있는 전화선을 모두 잘라 버린 뒤 양위를 압박했다고 합니다.

그리하여 7월 19일, 마침내 황태자 대리 조칙이 발표됩니다. 고종은 어디까지나 황태자에게 자신을 대신해서 국정을 맡기겠다고 선언한 것인데, 어찌 된 일인지 일본 측은 7월 20일 오전 9시 서둘러 양위식을 거행해 버립니다. 경운궁(지금의 덕수궁) 중화전에서 열린 양위식에는 고종과 순종이 직접 참석한 게 아니라, 내관들이 대신하는 권정례*로 치러졌습니다.

대한제국의 마지막 황제 순종은 이렇게 일제에 의해 강제로 즉위되었습니다. 일본은 순종이 건강이 좋지 않아 고종보다 다루기 쉬울 거라고 생각한 것 같습니다. 일본은 이 소식을 세계 각국에 알려 고종의 퇴위를 정해진 사실로 만들어 버렸습니다.

고종의 강제 퇴위 소식이 알려지자, 서울 시내 여기저기서 시민들이 모여 통곡하고 수천 명이 일본인들을 공격하는 폭동 사태가 일어났습니다. 이완용 집에 불을 지르고 통감을 저격 목표로 한 폭동이 계속되자, 정부 대신들은 통감 관저에서 가까운 송병준 집에서 임시 내각 회의를 할 정도로 신변의 위협을 느꼈습니다. 시위 군중 2000여 명은 종로에 모여 연설회를 개최하고, 일진회 기관지를 내는 국민신보사를 습격했습니다. 또 경운궁 대한문 앞 십자로에서 수백 명이 꿇어앉아 고종 황제에게 결코 양위하지 말라고 간청했습니다.

일제는 이러한 군중 시위를 경찰과 주차군을 불러 무자비하게 진압했습니다. 또 시위대가 양위 반대 쿠데타를 일으킬 거라는 첩보가 있다면서, 주차군 보병 1개 대대를 갑자기 경운궁에 입궐시켜 왕궁 일부를 점령했습니다. 서대문 밖에 있던 포병 1개 중대는 야포 6문을 이끌고 도성 안에 들어와 남산 왜성대 위에 포열을 갖추고 서울 시내를 감시했고요. 이는 서울 시내에 주둔하고 있는 대한제국 군대가 저항에 나설 것에 대비한 조처였지요. 이처럼 막강한 군사력을 동원한 일본의 제압으로 양위 반대 시위는 서서히 수그러들고 맙니다.

권정례(權停例)
임금이 본디 참석하는 조정의 축하 의식에 임금이 나오지 않은 채 임시방편으로 내관들이 대신하여 간단하게 거행하던 의식.

## 일본 관리들이 대거 진출하다

고종을 경운궁에, 순종을 창덕궁에 따로 살게 한 일본은 서울의 치안 유지를 내세워 혼성 1여단* 병력을 파견하는 살벌한 분위기를 만들면서, 7월 24일 3차 한일 협약(한일신협약 : 정미조약)을 강요합니다. 협약 내용은 중요한 법령을 제정하거나 행정 처분을 내릴 때 통감이 승인할 권리를 갖는다, 정부 고위 관리를 임명할 때 통감의 동의를 받아야 한다는 것 들로, 통감이 완전히 대한제국의 최고 감독 권자가 되는 것이었습니다. 또한 1904년 8월에 맺은 〈고문 협약〉은 폐지하고, 일본인을 직접 대한제국 정부의 관리로 임명하게 했습니다. 아직 일본의 식민지가 된 것도 아닌데, 벌써부터 일본인들이 대한제국 관리로 진출하게 된 것이지요.

일본인들은 각 부서 차관에 임명되어 실권을 장악하고(이른바 차관 정치), 내부 경무국장이나 경무사 같은 치안 경찰직을 장악해 갔습니다. 1907년 8월 2일 경무 고문 마루야마가 경시총감에 임명된 것을 시작으로 경부, 순사 자리에도 많은 일본 경찰이 임명되었습니다. 이제 일본 경찰이 직접 한국 사람들을 체포할 수 있게 된 것이지요. 일제 강점기의 그 무서운 일본 순사가 이때부터 등장한 것입니다.

1908년 6월에 이르면 대한제국 정부 관료 5096명 가운데 일본인이 1797명이고, 통감부 소속 일본인 관리는 4403명이나 되었습니다. 12월에는 다시 2080명으로 일본인 관리 수가 늘어났는데요, 나라 살림을 관장하는 탁지부 관리가 962명(46.3%)으로 가장 많았습니다. 무엇보다도 일본은 대한제국의 재정 장악을 먼저 생각했음을 보여 주는 수치이지요. 그리고 1909년 말이 되면 일본인 관리가 한

여단(旅團)
군대 편성 단위의 하나로, 보통 2개 연대로 이루어지며 사단보다 규모가 작다.

국인 관리와 비슷해질 정도로 많아집니다.

한편 일본은 대한제국의 정부 조직을 크게 정리하고, 특히 황실 관련 궁내부를 정리하면서 황실 재산도 모두 빼앗아 갔습니다. 통감은 통감 관저에 앉아서 대한제국 정부 대신들을 불러오거나, 각부의 일본인 차관들을 모아 모든 국정 운영을 직접 지휘했습니다. 황제에게 결재를 청하는 문안이 있더라도 통감이 먼저 승인해야 했으니, 대한제국의 황제는 이미 통감인 거나 마찬가지였지요.

또한 일반적인 행정 부서뿐 아니라 사법 사무도 일본이 장악해 갔습니다. 3차 한·일 협약 체결 당시 이토와 이완용이 따로 약속한 각서를 보면, 한·일 두 나라 사람으로 구성된 재판소를 신설할 것, 간수장 이하 반수를 일본인으로 하는 감옥을 만들 것 등이 포함되었습니다. 이에 따라 일본은 전국에 재판소를 신설하고, 재판소마다 일본인 법무 보좌관을 배치했습니다. 본디 대한제국의 재판 사무를 보면 평리원 등 상급 법원에만 판사가 있고, 지방에서는 여전히 지방관이 재판을 관할하고 있었습니다. 하지만 일본은 사법 사무 독립이라는 핑계로 각지에 재판소를 신설한 뒤 일본인 판사를 배치했지요. 경찰권과 함께 가장 중요한 국가 공권력인 사법권을 장악한 것입니다.

이제 일본에 저항하는 한국인이 있으면 일본 순사가 체포하고, 일본인 판사가 재판한 뒤 일본인 간수가 감독하는 감옥에 가두게 된 것입니다. 한 나라를 운영하는 데 필수적인 행정권과 감옥, 재판권까지 일본이 장악했으니, 사실상 대한제국의 공권력은 해체된 것이나 마찬가지였습니다. 마지막 남은 것은 나라를 지키는 최후의 수단인 군대이므로, 일본은 이제 대한제국 군대를 해산하려 듭니다.

# 국권 침탈에 맞선 의병 항쟁과 각계의 대응

## 군대 해산으로 의병 항쟁의 불길이 타오르다

1907년 7월 31일, 일본은 순종을 협박해 군대 해산 조칙을 얻어 냈습니다. 명분은 재정 부족에 있었지만, 사실은 고종을 강제로 퇴위시킬 때 일부 시위대 병사들이 양위 반대 쿠데타를 계획한 것이 직접적인 계기였습니다.

대한제국기 동안 고종은 정부 재정의 40% 이상을 들여 가며 근대식 군대 양성에 온 힘을 기울였습니다. 하지만 일본은 〈한·일 의정서〉 체결 뒤 주차군 사령부를 설치하고 대규모 일본군을 주둔시키면서 군부 고문을 파견하여 갖가지 명목으로 대한제국 군대를 축소시켰습니다. 1904년 5월 대한제국 군대는 모두 1만 6000여 명이었으나, 1905년 4월과 1907년 4월에 2단계에 걸쳐 대대적으로 줄인 결과, 군대 해산 당시에는 1만 명도 채 되지 않았습니다. 이런 숫자로 막강한 일본의 육군, 해군과 대적할 수 있었을까요?

주차군 사령관 하세가와의 지휘 아래 치밀하게 군대 해산 계획을 세운 일본은, 1907년 8월 1일 이른 아침 중앙군인 시위대*부터 해산시키기 시작했습니다. 훈련원 주위에 일본 군대를 배치하여 완벽한 전투 준비를 갖춘 가운데, 오전 7시 군부 대신 이병무가 시위대 각 대장들을 불러 모아 해산 조칙을 전달했습니다. 8시까지 각 대원들을 훈련원에 소집하고 10시에 해산식을 거행한다고 선언했지요. 시위대 제1연대 제1대대와 제2연대 제1대대는 미리 이 사실을 알고 현

---

**시위대(侍衛隊)**
대한제국 군의 핵심 부대로 1895년에 만들어져 국왕을 호위하고 왕실 경비를 맡았다. 1907년에 일부를 제외하고 완전히 해산되었다.

장에 오지 않았지만, 멋모르고 해산식에 온 군인들은 모자와 견장을 회수당하고 고향에 돌아가라는 명령을 받습니다. 대신 하사 80원, 병사 1년 이상자 50원, 병사 1년 미만자 25원의 은사금을 지급했습니다. 이날 훈련원 해산식에 참가한 인원은 1812명에 불과했습니다.

갑작스러운 해산 명령에 군인들은 비분강개했지만, 이미 무장이 해제되고 일본군이 총검을 겨누고 있는 상황에서 아무런 저항도 할 수 없었습니다. 일부 해산 군인들과 장교들은 서로 껴안고 땅바닥에 주저앉아 한탄했습니다.

그러나 해산식에 참가하지 않은 시위대 병사들은 무장한 채 탈영하여 서울 시내 곳곳에서 일본군과 치열한 전투를 벌였습니다. 특히 시위대 제1연대 제1대대장 참령 박성환이 군대 해산에 반대하여 자결하는 모습을 보고, 병사들은 더욱 힘을 냈습니다. 병영 안에 있던

**황실 근위부대 시위 제1연대 제1대대장 참령 박성환**
일제의 군대 해산 명령을 들은 박성환은 군인으로서 나라를 지키지 못하고 신하로서 충성을 다하지 못하면, 만 번 죽어도 애석하지 않다는 유서를 남기고 가슴에 권총을 쏘아 자결했다.

**황실 근위부대 시위 제2연대 제1대대를 점령한 일본군**
시위대 병사들은 군대 해산에 맞서 서울 시내로 흩어져 시가전을 펼쳤지만, 전사자 100여 명, 부상자 200여 명의 피해를 입었다고 당시 프랑스 시사 주간지 《릴뤼스트라시옹》은 사진과 함께 보도했다.

**광희문 담벽 아래 숨을 거둔 병사들**
1907년 8월 1일, 군대 해산에 맞서 싸우다가 목숨을 잃은 고귀한 주검들이 담장 아래에 누워 있다. 《릴뤼스트라시옹》에 실린 여섯 장의 사진 가운데 하나이다.

**포로가 된 대한제국 군사들**
《릴뤼스트라시옹》 1907년 9월 7일 자 신문에 '서울의 쿠테타'라는 제목으로 실린 여섯 장의 사진 가운데 하나이다. 체포된 대한제국 군인들의 손이 묶여 있고 목에도 밧줄이 걸려 있다.

일본인 교관을 향한 총격을 시작으로, 인근의 제2연대 병사들과 합세하여 병영 밖으로 뛰쳐나와서 남대문 부근에서 일본군과 맹렬한 총격전을 벌였지요.

한편 지방 군인 진위대*에 대해서는 8월 1일 각 지방 진위대 대대장에게 해산 지시가 내려졌습니다. 8월 3일 개성과 청주를 시작으로 9월 3일 북청 진위대까지 약 1개월에 걸친 해산 계획이 세워졌지요. 그러나 8월 6일 강원도 원주 진위대를 시작으로 강화도 분견대가 무장 봉기하고, 충주·제천 등 곳곳에서 진위대 군인들의 저항이 이어졌습니다. 이때 진압에 나선 일본군 사상자는 68명이었지만, 진위대 군인을 포함하여 우리 측 피해는 1850명으로 집계되었습니다.

해산 군인들의 저항은 8월 이후 전국적인 의병 봉기로 이어졌습니다. 서울에서 해산되어 내려온 시위대 병사나 각 지방 진위대 병사

**진위대(鎭衛隊)**
1895년 을미사변 이후에 만들어진 근대식 지방 군대. 일본식 편제로 처음에는 평양과 전주에 2개 대대(이때 1개 대대는 500명)였다가 1900년 이후 훨씬 증강되어 6개 연대 18개 대대(이때 1개 대대는 1000명)가 되었다. 1905년에 8개 대대로 줄었다가 1907년에는 완전히 해산되었다.

들이 무기를 가진 채 경기도·강원도 일대에서 차츰 충청도·호남 일
대로 내려가면서 의병 부대에 합류했지요.

을사늑약 이후 전국에서 일어난 의병 부대들은 처음에는 양반 유
생 출신 의병장들이 이끌었습니다. 민종식, 최익현 등 충청도 및 전
라도 양반 유생층이나 전직 관리들이 이끄는 의병은 1000명이 넘는
대규모 부대였지요. 하지만 양반 유
생층은 전투 지휘 능력이 떨어지고,
아직도 척사론적 입장에서 일본에 맞
서 유교의 가르침을 이어 가야 한다
고 주장하기도 했습니다.

전국의 양반 의병장들을 중심으로
조직된 13도 연합 부대는 1907년 11월
경기도 양주에서 집결하여 서울로 진
격할 계획이었습니다. 하지만 총대장
인 이인영이 부친 사망이라는 이유로
귀가해 버려, 제대로 싸워 보지도 못
하고 지도부가 붕괴됩니다.

반면 이들과 달리 동학의 남은 세력
과 화적떼 등 민중 세력들이 주도하
는 의병 부대가 있었습니다. 강원도
및 경상 북도 영해·영덕 지방에서 활
약한 신돌석 부대가 대표적인 평민
의병 부대이지요.

《르 프티 주르날》지에 실린 군대 해산에 항거하는 대한제국 군인들
일본의 강제적인 고종 퇴위에 이은 군대 해산 명령은 대한제국 백성들의
분노를 사기에 충분했다. 군대까지 들고일어나 일본군과 전투가 벌어지자,
일본은 잔인한 진압에 나섰다.

일본군의 의병 처형 장면

　더구나 해산 군인들이 참여하면서 의병 부대의 분위기는 주로 평민들이 주도하는 분위기로 바뀝니다. 이 당시 군인들은 하층민 출신인 경우가 대부분이었기 때문이지요. 민긍호, 지홍윤, 연기우가 대표적인 해산 군인 출신 의병장입니다. 해산 군인들은 정식으로 군사 훈련을 받은 사람들이었기 때문에, 이때부터 의병 부대는 실제로 전투력과 기동성을 갖추게 됩니다.

　따라서 의병 항쟁은 군대 해산 이후인 1908년에서 1909년 2년 동안 가장 격렬하게 전개됩니다. 또 서울·경기도뿐 아니라 충청도·경상도·전라도·강원도·평안도·함경도 한반도 전역에 걸쳐 의병 부대가 생겨납니다. 총을 잘 쏘는 사냥꾼(포수)들도 일본이 모두 총을 반납하라는 지시를 내리자 반발해서 의병 부대에 참여할 정도였으니까요. 유명한 의병장으로 나중에 독립군 대장이 되는 홍범도가 바로

황장일 김원국 양진여 심남일 조규문 안계홍 김병철 강사문 박시화 나성화

송병운 오성술 이강산 모천년 강무경 이영준

일본군의 남한 대토벌 작전으로 끝까지 싸우다가 체포된 호남의 의병장들

포수 출신입니다.

전라도 지역에서는 전해산, 심남일, 강무경, 안계홍 같은 의병장이 유명했습니다. 이들은 일본인 농장이나 우편 취급소, 금융 조합, 헌병 보조원, 순사, 세무관을 공격하여 일본 통치를 중단시키고자 했습니다. 하지만 1909년 하반기부터 일본군이 대대적인 남한 대토벌 작전을 펼치면서 호남 일대의 막강한 의병 부대들이 무너지기 시작합니다. 기록에 따르면, 이때 사망한 의병이 1만 6000명, 부상자는 3만 6000명에 달했다고 합니다. 살아남은 의병들은 할 수 없이 두만강, 압록강을 건너 만주나 연해주 등지로 이동할 수밖에 없었습니다. 이들이 곧 일제 강점기에 독립군으로 활약하지요.

**항일 의병 진압에 관한 기록 《진중일지》**
1907년 7월부터 1909년 6월까지 일본군 보병 14연대의 활동이 기록되어 있다. 각 지역의 물자와 교통, 토착민들의 동향을 열네 권에 자세히 기록하여 의병을 진압하는 데 활용했다.

## 하얼빈 역에서 울린 총소리

1909년 10월 26일 아침, 만주 하얼빈 역에서 세 발의 총성이 울렸습니다. 안중근이 침략의 원흉 이토 히로부미를 향해 쏜 총소리였지요. 안중근은 한때 서북학회 회원으로 참여한 문명 개화론자였으며 독실한 천주교 신자였습니다. 삼흥학교와 돈의학교를 운영하며 계몽 운동에 투신한 것도 이 때문이었지요. 러·일 전쟁에 대해서도, 일본이 선전하는 대로 황인종 대표(일본)가 동양 평화를 지키기 위해 백인 제국주의에 대항한 전쟁이라고 생각했습니다.

그런데 안중근은 어떻게 그런 생각을 바꾸어 이토 히로부미를 저격하기에 이르렀을까요? 안중근은 감옥에서 지은 〈동양 평화론〉에서, 러·일 전쟁 이후 일본이 을사늑약을 강요하고 고종 황제를 폐위

안중근 의사와 이토 히로부미

총을 쏜 안중근 의사와 쓰러지는 이토 히로부미

하얼빈 역 기차에서 내려 러시아 사람들의 영접을 받는 이토 히로부미(동그라미 안)

시키는 등 침략 행위를 일삼아 동양 평화를 깨뜨렸기 때문에, 그를 처단할 수밖에 없었다고 주장했습니다.

안중근은 을사늑약 이후 실력 양성 운동을 접고, 의병 활동을 하기 위해 1907년 연해주로 망명합니다. 1908년 6월 말에는 대한의군 참모중장으로서 의병 300여 명을 이끌고 두만강을 넘어와 일본군 부대를 공격하지요. 1909년 2월에는 동지 11명과 단지* 동맹을 맺고 스스로 손가락 한 마디를 끊어 독립 의지를 다지기도 합니다. 그리고 1909년 10월 만주 하얼빈에 이토가 온다는 사실을 알고 안중근은 동지들이 세운 암살 계획에 자원합니다.

당시 하얼빈은 러시아가 관할하던 곳으로, 이토 히로부미는 러시아 재무상 코코프체프를 만나 만주 철도 부설권 같은 이권을 협상하려고 방문했습니다. 더군다나 미국·영국 같은 구미 열강도 만주 이권을 노려 왔기 때문에, 이토의 하얼빈 행에 세계의 관심이 쏠려

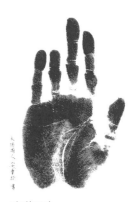

단지(斷指)
안중근의 왼쪽 네 번째 손가락(무명지) 마지막 마디가 잘려 나가 있다.

있었습니다. 안중근은 이 기회에 이토 히로부미를 암살하여 일본이 대한제국에 저지른 죄상을 폭로하고 세계 만방에 독립 의지를 알리려고 했습니다.

우덕순, 조도선 동지들과 함께 거사 며칠 전 하얼빈에 도착한 안중근은, 마침내 10월 26일 아침 9시 30분 무렵 하얼빈 역에 내려 러시아 의장대를 사열하는 이토 히로부미를 향해 총 세 발을 쏩니다. 이어서 총성이 두세 발 더 울렸지만, 첫 세 발이 이토의 복부에 명중했고, 열차 안으로 옮겨진 이토는 30여 분 뒤에 숨을 거둡니다. 메이지 유신과 일본 근대화의 주역이자, 대한제국 보호국화의 주범 이토를 약관 31세의 대한국인 안중근이 쓰러뜨린 순간이었지요.

안중근은 현장에서 "꼬레아 우라(대한국 만세의 러시아 말)"를 세 번 외치고 러시아 헌병에게 체포되었다가 일본 총영사관으로 넘겨집니다. 대한제국이 외교권을 잃고 일본의 보호국이 되었기에 대한제국

**빌렘 신부(등 보이는 사람)와 동생 정근, 공근을 마지막으로 면회하는 안중근 모습**
1910년 3월, 뤼순 감옥 면회에서 안중근 의사가 마지막 유언을 하고 있다.

국적인 안중근이 일본 영사관에 넘겨진 것입니다.

안중근은 11월 1일 일본이 관할하는 뤼순 감옥으로 옮겨지고, 여기서 11차례 심문을 받습니다. 재판은 이듬해 1910년 2월 7일부터 4일 동안 뤼순에 있는 일본의 관동 도독부 지방 법원에서 열렸고, 2월 14일 사형을 언도받아 3월 26일 오전 10시에 사형이 집행되었습니다.

안중근은 144일 동안 뤼순 감옥에 있으면서 자서전 《안응칠* 역사》와 미완성인 〈동양 평화론〉을 남겼고, 재판 과정에서 자신의 주장을 당당히 밝혔습니다. 이토 암살은 일본이 강제로 고종 황제를 폐위시킨 3년 전부터 생각해 온 것이라고 말하면서, 자신은 결코 한 개인의 원한이 아니라 대한제국 의병 참모중장 자격으로 결행한 것이라고 주장했습니다. 그러니 자신을 일개 살인 피고인으로 다루지 말고, 의병의 참모중장으로서 독립 전쟁을 수행하다가 잡힌 전쟁 포로로 취급해 달라고 요구합니다. 1899년 1차 만국평화회의에서 채택된 포로에 관한 법에 따라, 대한제국·청·일본 어느 한 나라의 법이 아닌 만국 공법, 곧 국제법에 따라 재판해 달라는 주장이었지요. 하지만 일본 측은 안중근 뒤에 대한제국 의병 조직이 있다는 걸 철저히 무시하고, 일부러 안중근 한 개인에 의한 테러 사건으로 의미를 축소했습니다. 대한제국 의병의 반일 저항 운동이 전 세계에 알려지는 것이 두려웠기 때문이지요.

사실 안중근은 서양 제국주의 열강들이 만국 공법, 즉 국제법을 지키지 않고 있고, 강자가 약자를 잡아먹는 험난한 제국주의 시대에 국제 조약은 아무런 도움이 되지 않는다는 것을 잘 알고 있었습니

**안응칠**
안중근의 어렸을 때 이름.

다. 그래서 일본이 국제 협약에 가입해 있고 세계가 감시하고 있으니, 일본이 대한제국을 멸망시킨다든가 병합할 수 없을 거라고 주장하는 일본 검찰관의 말을 믿지 않았습니다. 안중근은 오히려 일본이 대한제국을 병합하고자 하는데도 열강이 가만히 지켜보기만 하니 그들을 신뢰할 수 없고, 만국 공법이나 엄정 중립이라는 말도 모두 외교가의 교활한 속임수에 불과하다고 성토했습니다. 그렇지만 정작 안중근 자신은 의병 활동 중에 잡혀 온 일본군 포로들을 국제법에 따라 풀어 준 적이 있었습니다. 그랬기에 일본 법정에서도 강압에 따라 체결된 을사늑약의 불법성을 조목조목 지적하면서, 일본에게 국제법을 따르라고 당당하게 요구할 수 있었습니다

## 안중근의 〈동양 평화론〉

안중근은 자신의 거사가 단지 대한제국의 독립에 한정되지 않고 동양 평화를 위한 것이라는 점을 강조했습니다. 대한제국이 문명 개화에 이르지 못하여 다른 나라에 예속되면 일본의 안전과 동양 평화에 위협이 된다는 일본 측 주장에 대해서도, 통감부 통치가 오히려 대한제국의 독립에 도움이 되지 않고 동양의 분란을 불러오고 있다고 반박했습니다. 다시 말해서 동양 평화란 중국·일본·대한제국·샴(태국)·버마 등 모든 아시아 나라가 대등한 독립 상태에서 공존하는 것으로, 어느 한 나라라도 독립하지 않은 상태로는 동양 평화라고 볼 수 없다고 분명히 말했습니다. 그러므로 이토의 통치에 반발하여 대한제국 전역에서 의병이 일어나고 있는 상황은 결코 평화라고 할 수

없다고 주장했지요.

일찍이 이토 히로부미도 동양 평화론을 주장했습니다. 하지만 이토의 동양 평화론은 러시아에 대항하기 위해 한·일이 동맹해야 동양 평화가 오고, 그래야 대한제국의 국권이 보전된다는 주장이었지요. 그런데 이토는 입으로는 평화를 위한다고 말하면서 실제로는 대한제국 인민을 죽이고 황제를 폐위시키는 등, 동양 평화와 대한제국의 독립을 해쳤다는 것이 안중근의 주장입니다.

따라서 안중근의 동양 평화론은 일본이 주장한 것처럼 대한제국의 보호국화를 전제로 일본이 주인이 되는 동양 평화론이 아니라, 청·일과 대한제국, 동아시아 3국이 대등하게 제휴하는 동양 평화론이었습니다. 일본이 주장하는 동양 평화론과 안중근의 동양 평화론은 확실히 다르다는 사실, 잘 알겠지요?

안중근은 동양 평화를 실현하기 위한 구체적인 방법으로 동북아 평화회의 건설을 제안하고, 이를 실제로 운영하기 위한 몇 가지 아이디어를 제시했습니다. 먼저 일본이 점령하고 있는 뤼순을 청나라에 돌려준 뒤, 일본·청·대한제국 3국이 공동으로 관리하는 군항으로 만들어 세 나라에서 대표를 파견하고 평화회의를 조직하자고 했습니다. 이 도시를 운영할 자금으로 세 나라 수억의 국민들한테서 회비로 1원씩 모금하여 은행을 설립하고 공용 화폐를 발행하자고 제안했고요. 21세기 현재 유럽 연합에서 뻥용하고 있는 유로화 같은 공용 통화 개념을 이 시기에 안중근이 제안했다는 것은 놀랄 만한 일입니다.

다음으로 서양 열강의 침략으로부터 동양 평화를 지키기 위해서는

뤼순 감옥에 수감되어 있을 때의 안중근 모습

무장이 중요하다고 주장했습니다. 그래서 대한제국·청·일 3국에서 각각 대표를 파견하되, 세 나라 청년으로 군단을 만들고 이들이 2개 국 이상 언어를 배워서 형제처럼 지낼 수 있게 지도하자고 제안했습니다. 동양 3국의 영원한 평화 체제 구축을 위해서는 미래 세대인 청년들이 서로 연대하는 것이 관건임을 이미 파악한 것입니다.

이렇게 동양 3국이 평화 체제를 마련하면, 일본은 수출 증대로 재정 안정 효과를 볼 것이고, 대한제국과 청도 일본의 지도 아래 상공업이 발전하며, 인도·태국·베트남 등 아시아 각 나라들도 이 평화회의에 서둘러 참가할 거라고 전망했습니다. 기존의 만국평화회의가 강대국끼리 나눠 먹는 허울뿐인 국제 회의라면, 안중근이 구상한 동양평화회의는 금융 기관과 무장력까지 갖춘 실제 집행부가 있다는 점에서 발상이 전혀 다른, 아주 창조적인 공동체입니다.

이렇게 안중근은 재판 과정에서도 자신의 운명을 걱정하기보다는 대한제국의 독립 의지를 세계에 알리고, 나아가 일본에게 동양 평화에 동참하라고 요구하는 데 온 힘을 쏟았습니다. 비록 당시에는 한 이상주의자의 꿈처럼 들렸을지라도, 21세기를 사는 지금 우리는 바로 한·중·일 3국이 대등하게 평화를 지향하는 동아시아 공동체를 희망하고 있습니다.

그런 면에서 안중근은 100년 이상 시대를 앞서 간 선각자인 동시에 계몽 운동부터 의병 항쟁, 이토 히로부미 저격에 이르기까지 국권 회복을 위한 모든 방법들을 실행한 탁월한 실천가였습니다.

**안중근 의사의 부인 김아려 여사와 큰아들 분도, 작은아들 준생**
큰아들은 일제의 밀정에 의해 독살당했고, 작은아들은 1939년 이토 히로부미의 아들에게 아버지를 대신해 사과하면서 민족의 반역자가 되었다.

## 지식인층의 계몽 운동

양반 유생층과 평민, 해산 군인들이 의병 항쟁에 나선 반면, 개명 지식인들은 무장 투쟁은 무모한 모험이라 여겼습니다. 그보다는 학교 설립, 신문·잡지 발간을 통한 국민 계몽, 산업 진흥 같은 방법으로 실력을 양성한 뒤 서서히 국권을 회복해 나가야 한다고 생각했습니다. 또 이들은 일본이 통감부를 설치한 뒤 펼치는 시정 개선 사업을 통해 문명 개화를 배울 수 있다고 생각했고요. 대한제국이 일본의 보호국이 된 것은 실력이 부족해서이고, 강대국이 약소국을 지배하는 것은 당연한 결과이므로, 우리도 하루빨리 실력을 기르는 수밖에 없다고 생각했습니다.

당시 지식인들의 이런 생각을 '사회 진화론'이라고 하는데요, 말하자면 자연의 세계에서 통하는 약육강식, 적자생존이라는 진화론 논리를 제국주의 열강이 지배하는 인간 세계에도 그대로 적용하는 것입니다. 이른바 강자의 논리에 따라, 제국주의 침략에 나선 서구 선진국의 백인들이 약소국을 식민지로 지배하는 것을 당연하다고 생각했습니다. 서양을 그대로 배운 일본도 마찬가지 입장이었습니다. 대한제국이 뒤떨어져 있으니까 일본이 보호국으로 삼아 문명 개화를 시켜 주겠다는 논리를 펼쳤으니까요. 그리고 당시 대한제국의 지식인들도 여기에 동조하는 경우가 많았습니다.

이런 생각을 지닌 지식인들은 학회를 만들고 잡지를 발간하여 대중적인 문명 개화 운동을 펼쳐 나갔습니다. 전현직 관료나 일본 유학생 출신의 개명 지식인, 개신 유학자 그룹이 서북학회, 호남학회, 기호흥학회 같은 학회 활동을 주도했지요. 학회 활동 말고도 신교육 운

**월간 교양 잡지 《소년》 창간호**
1908년 11월 1일에 창간되어 1911년 5월 11일에 통권 23호를 끝으로 폐간되었다. 신체시의 효시로 알려진 최남선의 시 〈해에게서 소년에게〉가 이 잡지에 실렸다.

동을 펼쳐 1908년에 이미 사립 학교 수가 5000개를 넘었습니다.

언론을 통한 계몽 운동도 활발했는데요, 《대한매일신보》, 《황성신문》, 《제국신문》, 《만세보》 같은 신문과 《소년》을 비롯한 각종 잡지들이 애국심을 일깨워 주는 다양한 기사들을 실었습니다. 특히 《대한매일신보》에는 양기탁, 신채호, 박은식 등 대표적인 계몽 운동가들이 참여했습니다. 신채호는 우리나라 고대사에 대한 저술은 물론 《을지문덕전》, 《이순신전》 같은 위인전을 펴내 애국심을 드높였지요. 그 밖에 우리나라 국어와 지리에 관한 책들이 많이 출판되어 국민 계몽 운동에 앞장섰습니다.

종교계의 움직임도 활발했습니다. 1909년 나철, 오기호가 중심에 서서 대종교를 만들고, 유교의 폐단을 양명학을 통해 바꾸려고 노력한 박은식은 대동교를 만들었습니다.

한편 경제적으로 실력을 양성해서 보호국 처지에서 벗어나자는 운동도 펼쳐졌습니다. 먼저 1907년 대구에서 시작된 국채 보상 운동을 들 수 있습니다. 이는 그동안 일본에서 얻어 쓴 빚 1300만 원을 우리 힘으로 갚자는 국민적 성금 모금 운동이었는데요, 사람들이 다투어 담배를 끊고 금비녀를 내놓는 방법으로 600만 원 상당의 돈을 모으기도 했으나, 일제의 방해로 실패로 돌아가고 말았습니다.

다른 한편에는 직접 정치에 참여하여 개혁을 앞당기자는 계몽 운동 단체도 있었습니다. 헌정연구회(1905년), 대한자강회(1906년), 대한협회(1907년)는 입헌 정치 수립을 목표로 한 단체로, 일본의 보호국 체제 아래에서도 자신들이 정치에 참여하여 문명 개화를 이룰 수 있다고 생각했습니다. 일본의 보호국화로 황제정이 해체되면 입헌 정체 수립의 길이 열릴 거라 생각한 것입니다.

1905년 5월 이준·양한묵·윤효정이 중심이 되어 설립된 헌정연구회는, 예전에 독립협회에 참여했던 개화 계열 사람들과 개명된 유학자 그룹 사람들이 모여서 만든 단체입니다. 헌정연구회의 목표는 입헌 정체의 연구로, 전제군주국인 대한제국도 국가 발전을 위해 헌법을 제정하여 입헌 정치를 실시해야 한다는 입장이었습니다.

하지만 헌정연구회가 활동을 시작한 지 한두 달 만에 지지부진해지자, 회원들은 1906년 3월 윤효정이 설립한 대한자강회에 합류합니다. 대한자강회에는 장지연, 류근 등 더 많은 지식인들이 폭넓게 참여하여 지방 지부까지 갖춘 전국 조직으로 발전합니다. 예전에 독립협회가 그랬듯이 대한자강회는 일반 대중들도 참여할 수 있는 연설회를 개최하고, 교육 확장, 산업 발달과 같은 국민 계몽에 더욱 힘씁니다.

대한자강회가 현실 운동에 관여하다가 해산당한 뒤, 고문이었던 일본인 오가키(大垣丈夫)가 이토의 승낙을 받고 만든 단체가 대한협회입니다. 1907년 11월 10일 설립된 대한협회에는 윤효정·장지연이 속한 대한자강회 간부들, 《황성신문》 계열 사람들, 권동진·오세창이 속한 천도교 세력 들이 참여했고, 회원은 5000여 명에 이르렀습니다. 대한협회는 1909년 10월 서북학회와 함께 친일 단체인 일진회와 손을 잡으면서 단순히 실력 양성이 아니라 정권 획득을 목표로 직접 정치 운동에 뛰어듭니다. 이완용 내각 대신 세 단체가 연합하여 정권을 차지해 보겠다는 생각이었지요. 하지만 통감부가 지원하는 이완용 내각이 쉽게 물러났을까요? 게다가 일진회는 이완용 내각을 쓰러뜨린 뒤 한일 합방을 추진할 계획이었기 때문에 이들 연합은 결국 깨지고 맙니다. 대한협회는 국민 계몽 운동에서 나아가 정권에 진출하려다가 자칫 일진회와 같은 친일 단체가 될 뻔했지요.

반면 이 무렵 《대한매일신보》를 중심으로 모인 일부 계몽 운동론자들은 실력 양성보다 독립이 먼저라는 생각을 했습니다. 사실 실력을 다 다진 뒤 독립을 하자면 어느 세월에 가능할 것이며, 실력이 모자란다고 해서 반드시 남의 지배를 받아야 한다는 법도 없습니다. 독립국이 될 실력이 없다느니 하는 것은 식민지를 차지하기 위한 선진국의 침략 논리일 뿐이지요.

이런 생각을 가진 사람들이 모여 만든 단체가 1907년 안창호, 양기탁, 이동휘가 중심이 되어 설립한 신민회입니다. 신민회도 처음에는 민족 의식과 독립 사상을 드높이기 위해 교육 기관을 만들고 민족 자본 양성을 위한 상공업에 힘쓰다가 나중에 방향을 틀었습니다. 이동휘가 직접적인 무장 투쟁으로 먼저 독립을 이루자고 주장한 것입니다. 이들은 나중에 만주로 이동하여 무관 학교를 세우고 일제에 맞서 독립군 활동에 몸을 바칩니다.

## 친일 단체 일진회의 합방 청원 운동

국권 회복을 위해 의병 항쟁이나 계몽 운동, 혹은 안중근처럼 거사
에 나선 사람들이 있었는가 하면, 다른 한편에는 일본의 보호국화를
출세의 기회로 삼고 앞장서서 친일 행위에 나선 사람들도 있었습니
다. 친일 단체 일진회 회원들이 그들이지요. 일진회는 일본에서 오
랫동안 떠돌다가 돌아온 송병준이 1904년 8월 옛 독립협회 세력 일
부와 함께 결성한 유신회와, 같은 해 9월 이용구가 옛 동학도들을 토
대로 만든 진보회가 합쳐져서 태어났습니다. 일본 주차군의 보호로
겨우 명맥을 유지하던 일진회가 전국 각 지방에 회원들이 많은 진보
회를 매수해서 결성한 것입니다.

이용구는 1894년 갑오 농민 전쟁에 참여했
던 동학교도였고, 1899년 최시형이 사망한 뒤
에는 북한 지방에서 선교에 종사하다가 손병
희의 지시로 진보회를 만들었습니다. 동학은
원래 반외세적이었지만 손병희에 이르러 문명
개화 쪽으로 방향을 틀었는데요, 이용구가 아
예 진보회를 송병준의 친일 단체와 합쳐 버린
것입니다. 1894년 농민 전쟁에서 반일 저항의
깃발을 높이 들었던 동학교도들 가운데 일부
가 친일 단체 일진회를 결성했다니, 기막힌 일
입니다.

일진회는 1905년 11월 6일, 일본이 강요하
던 보호 조약 체결에 찬성한다는 선언서를 발

**출세가도를 달렸던 일진회 회장 이용구(오른쪽)**
송병준의 회유로 일진회 초대 회장이 된 이용구는 우치다 료
헤이(왼쪽)의 치밀한 계획 아래 다케다 한시(가운데) 등과 함
께 한일 합방 운동을 했다.

**일진회가 의병에 맞서 전국적인 자위단(自衛團)을 꾸리고 지방으로 출발하기 전에 찍은 기념 사진**
1908년 12월, 이용구 집에서 찍은 사진이다. 의병 항쟁에 위기감을 느낀 우치다 료헤이는 다케다 한시, 이용구, 송병준과 협의하여 일진회 중심의 자위단을 조직한다. 앉아 있는 오른쪽 네 번째부터 우치다 료헤이, 이용구, 이용구의 모, 이용구의 딸, 다케다 한시.

표하며 발벗고 친일 행위에 나섰습니다. 이미 〈한·일 의정서〉 체결과 〈고문 협약〉으로 일본에 의존하고 있는 상황에서, 새삼스럽게 외교권 박탈에 저항할 필요가 없다는 내용의 선언서였지요. 이토 통감이 부임할 때 데리고 온 우치다 료헤이를 고문으로 맞이하면서부터 일진회는 그의 지도로 정계 진출도 꾀합니다.

우치다는 대륙 낭인 계열의 인물로, 청·일 전쟁 때 이미 '천우협(天佑俠)'이라는 낭인 조직를 이끌고 조선에 온 경험이 있을 정도로 적극적인 대외 팽창론자였습니다. 이 때문에 이토 통감의 눈에 든 우치다는 일본의 유명한 대외 침략론자 스기야마를 통해 일본 군부를 대표하는 야마가타 아리토모, 가쓰라 다로, 데라우치 마사다케의 후원을 받고 있었지요. 그는 또 근대 일본 최대의 국가주의 단체로서 우익 대륙 낭인들이 만든 흑룡회(黑龍會)의 주간이기도 했습니다. 우치다는 빈약한 일진회의 재정 사정을 해결해 주고 일진회 고문으로 취임한 뒤, 뒤에서 매국적인 친일 활동을 조종하면서 일진회가 스스로 합방을 청원할 수 있게 모든 공작을 꾸밉니다.

송병준은 이미 오래전부터 공공연히 '일·한 연방설'을 주장해 왔고 고종 황제를 폐위할 때 누구보다도 앞장섰기 때문에, 이완용 내각에 농상공부 대신으로 발탁된 인물입니다. 하지만 송병준과 일진회 회원들의 지나친 친일 행각에 대해 여론의 반발이 심해지면서, 일본은 서서히 일진회를 따돌리기 시작합니다. 더구나 전국에서 일어난 의병 부대들이 일진회 회원들을 공격하고, 이에 맞서 일진회 회원들도 자위단을 결성하여 싸우면서 문제가 심각해지자, 통감부는 이들을 오히려 부담스럽게 여깁니다.

한편 일진회는 일본의 후원을 받아 언젠가는 정권을 장악하겠다는 꿈이 있는데, 이토 통감이 이완용만 신뢰하고 송병준을 소외시키자 불만을 가지게 됩니다. 주로 하층 계급 출신인 일진회 회원들은 기존의 양반 지배 질서를 철저히 해체하려 한 데 비해, 이완용을 비롯한 관료 대부분은 일진회를 하층민 출신이라고 멸시하니 양쪽의 갈등은 점점 깊어졌습니다.

우치다는 안팎으로 위기에 처한 일진회를 뒤에서 조종

**병합의 또 다른 공신 송병준(왼쪽)과 이용구**
1909년 내각에서 물러난 송병준은 이용구(오른쪽)와 함께 일본으로 건너가 일본의 실세들을 만나 한국 병합을 호소했다. 병합을 하는 데 1억 원이면 가능하다는 송병준의 말에 총리 대신 가쓰라는 너무 비싸니 반으로 깎자고 요구했다고 한다.

# 이완용과 송병준의 친일 경쟁

이완용은 명문 양반 가문 출신으로 과거에 합격했지만, 육영 공원에서 영어를 공부한 덕에 주미 공사관의 참찬관으로 근무한 경력도 있는 개명 관료였다. 이완용이 아관파천에 가담했다는 사실 때문에 그를 친러파라고 부르는 경우도 있으나, 그가 친러 입장을 보인 적은 한 번도 없다. 정동파로서 독립협회 초창기에 참여한 경력을 보면 오히려 친미 그룹에 속하고, 아관파천 이후 친러 세력 득세와 함께 정계에서 소외되었다가, 을사늑약을 전후로 일본의 진출과 함께 내놓고 친일파로 변신하였다.

송병준은 1876년 조·일 수호 조규(강화도 조약) 체결 당시 일본 대표인 구로다를 따라온 수행원과 인연을 맺어 일본에 건너가 인삼 재배, 염색·직물을 공부했다. 러·일 전쟁이 일어나자 오타니 소장의 통역관으로 귀국했으며, 일본군이 한반도 북부 지방으로 진출할 때 일진회 회원들을 동원하여 군수품을 운반하게 했다. 일진회 회원들은 러시아 군의 비밀 정탐을 위한 간첩 활동에도 앞장섰으며, 경의 철도 공사에도 거의 무보수로 참여했다. 이러한 공로로 일본의 지원을 받게 된 송병준은 농상공부 대신으로 이완용 내각에 진출했으나, 양반 출신인 이완용과 사사건건 대립했다. 양반 출신 관료들이 송병준과 일진회 회원들을 하층민 출신이라고 무시했기 때문이다.

하지만 이완용과 송병준은 고종 폐위, 한일 합방 청원 같은 친일 행위에 있어서는 서로 앞서거니 뒷서거니 하며 치열한 경쟁을 했다.

|  | 박제순 내각(1905) | 이완용 내각(1907) | 이완용 내각(1909) |
|---|---|---|---|
| 참정 대신(총리 대신) | 박제순 | 이완용 | 이완용 |
| 내부 대신 | 이지용 | 임선준 | 박제순 |
| 탁지부 대신 | 민영기 | 고영희 | 고영희 |
| 농상공부 대신 | 성기운 | 송병준 | 조중응 |
| 학부 대신 | 이완용 | 이재곤 | 이용직 |
| 법부 대신 | 이하영 | 조중응 | (폐지) |
| 군부 대신 | 권준현 | 이병무 | (폐지) |

친일 내각의 정부 대신 역임자 명단

하여 이토 통감 퇴진 운동을 벌입니다. 물론 일본 군부 강경파의 지시를 받았기에 가능한 일이었지요. 보호국 상태의 대한제국을 하루빨리 완전한 식민지로 병합해야 하는데, 이토가 과감하게 결행하지 못하고 시간만 끈다는 것이 이유였습니다.

일본 정부에서는 대한제국을 언제 식민지로 병합할 것인지를 두고 의견이 갈라졌습니다. 이토와 이노우에 가오루 같은 문관파들이 국제 열강의 눈치를 보며 신중하게 처리하자고 주장한 데 비해, 야마가타, 가쓰라, 데라우치 같은 군인파들은 당장 병합을 단행해야 한다고 주장해 왔습니다. 일본 군부와 대륙 침략에 적극적인 재야 운동가들도 이토 통감이 너무 유약하게 대한제국을 통치한다고 비판해 왔지요.

이토는 이런 여론에 부담을 느낀 나머지 1909년 6월 14일, 부통감 소네(曾禰荒助)에게 자리를 넘겨 주고 귀국합니다. 그리고 몇 달 뒤인 10월 26일 하얼빈에서 안중근에게 암살되지요. 안중근의 이토 암살 사건으로 인해 상황은 급변합니다. 일본은 대한제국을 보호국 상태로 두었다간 괜스레 열강이 간섭하게 될까 봐 병합을 서둘러 결정합니다. 사실 이토 역시 통감을 그만두기 전인 1909년 4월에 이미 병합 단행에 동의했다고 합니다.

이런 상황에서 일진회는 일본의 인정을 받기 위해 1909년 12월 4일 스스로 합방 청원서를 발표합니다. 합방 청원서는 우치다 등 일본인들이 써 준 것을 그대로 제출한 것이었지요. 이때부터 일진회의 합방 청원서에 반대하는 각계 각층의 집회와 시위가 이어졌습니다. 이에 일진회의 이용구는 합방은 일본이 대한제국을 일방적으로 병합하는 것이 아니라, 일본과 대한제국이 나란히 연방을 결성하는 것 (정합방)이라고 애써 변명합니다. 한·일 연방 국가가 되면 외교권은 일본에 위임하더라도, 대한제국의 황실은 그대로 유지되며, 내각 및 의회는 한국인들이 자치하는 국가가 된다고 강변했습니다.

물론 일본 측에서는 자치를 허락할 생각이 조금도 없었는데, 권력에 참여하려는 일진회 회원들은 혹시 일본이 군회나 면회 등 지방 자치 수준에서라도 정치 참여 기회를 주지 않을까 기대하며 합방 청원서를 낸 것입니다. 하지만 일본은 병합 조약을 체결한 뒤 모든 정치 단체를 해산시켰는데요, 매국적 친일 단체인 일진회도 예외는 아니었습니다.


## 병합 조약으로 대한제국은 역사 속으로 사라지다

1909년 7월 6일, 가쓰라 일본 총리가 일본 내각 회의에 제출한 〈한국 병합에 관한 건〉이 최종 확정되었습니다. 이때부터 대한제국을 공식적으로 병합하기 위한 세세한 준비가 시작됩니다. 일본 측은 병합을 위해 준비할 첫 번째 항목으로 대한제국의 질서 유지를 담당할 군대와 다수의 헌병 및 경찰을 꼽았습니다. 그리고 장차 대한제국을 식민지로 만든 뒤에는 대한제국의 철도를 만주 철도와 연결하여 궁극적으로 일본 철도와 대륙 철도를 통일할 것, 다수의 일본인을 이민 보내 일본과 한반도 간 경제 관계를 밀접히 할 것, 일본인 관리의 권한을 확장할 것 등이었습니다. 일본-한반도-만주 간 철도를 연결하여 한반도를 발판 삼아 대륙 침략에 나설 의도를 분명히 드러낸 것입니다.

이처럼 병합 준비를 모두 마친 일본은 1910년 2월, 해외 주재 일본 외교관들에게 대한제국 병합 방침을 알립니다. 그리고 4월에 러시아와 만주 문제를 두고 2차 협약을 의논하면서 대한제국 병합을 최종 승인받고, 5월에는 영국의 승인도 받습니다. 이제 국제 열강의 승인까지 받았으니, 남은 것은 행정적 절차뿐이었습니다.

1910년 5월 30일, 일제는 병합을 단행할 인물로 육군 대신 데라우치를 대한제국 통감에 임명하고, 마지막으로 병합 조약 체결에 대한 한국민의 저항을 제압하기 위해 6월 24일 경찰권 위탁에 대한 각서를 미리 강요합니다. 그리고 6월 30일 대한제국 경찰을 폐지하지요. 사실 1907년 신협약 체결 이후 이미 대한제국의 치안 경찰권은 일본이 완전히 장악한 상태였지만, 이때 대한제국의 경찰을 마지막으로 없앤 것입니다.

이렇게 모든 준비를 끝낸 뒤 7월 23일 데라우치가 대한제국에 도착합니다. 데라우치는 군인 출신답게 일본 헌병을 동원하여 모든 정치적 집회나 연설회를 금지하고, 이를 어길 경우 가차없이 감옥에 가두는 공포 분위기를 만들었습니다. 그리고 8월 16일, 드디어 대한제국 정부 총리 대신 이완용을 통감 관저로 불러 병합 조약 체결을 위한 담판을 시작합니다.

데라우치가 병합 조약안을 내밀자 이완용은 당연하다는 듯 받아들였고, 별다른 수정 없이 8월 18일 대한제국 정부의 내각 회의에서도 통과됩니다. 8월 22일

**초대 총독 데라우치 마사다케**
통감 데라우치는 일본 천황의 전권 위임을 받아 한·일 병합을 이끌어 낸 뒤, 초대 총독에 임명되었다.

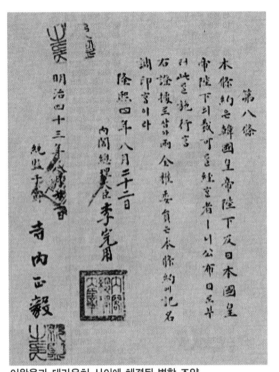

**이완용과 데라우치 사이에 체결된 병합 조약**

에는 눈가림식 어전 회의를 거쳐 이완용이 전권 위원으로 임명됩니다. 을사늑약 당시 고종이 끝까지 조약을 승인하지 않고 외부 대신에게 위임장도 내리지 않아 두고두고 무효설을 주장했던 경우를 거울 삼아, 이번에는 형식적인 절차를 모두 밟았습니다. 이 날 이완용과 데라우치 통감 사이에 병합 조약이 조인되었습니다.

순종은 아버지 고종 황제만큼 노련한 정치력도 없었고 사실상 통감부가 실권을 완전히 장악한 상태였으므로, 병합 조약 체결에 저항해 볼 여지가 거의 없었습니다. 게다가 이때 이미 일본은 대한제국의 국새와 황제의 어새들을 모두 빼앗아 버렸고, 심지어 병약한 순종의 자필 사인마저 위조해서 마음대로 사용하고 있는 형편이었지요. 그러니 설령 순종이 조약에 반대했다 하더라도 도장 찍는 데는 아무런 문제가 없었습니다. 하지만 나중에 밝혀진 바에 의하면, 순종은 병합 조약이 체결되었음을 공포하는 문서에 자필 서명을 하지 않음으로써 반대 의사를 표현했다고 합니다.

그래서 일본은 일주일이나 지난 8월 29일, 병합 조약이 체결되었음을 공포합니다. 일본에 의해 국호는 대한제국에서 다시 조선이 되었고, 옛 황실의 종친과 고위 관료, 이름 있는 정치인 76명에게 작위를 수여해 앞으로 식민 통치의 기반으로 삼고자 했습니다. 이재완·

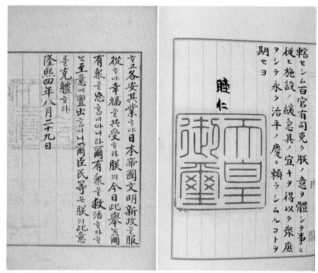

**한·일 병합이 무효인 이유**
오른쪽 자료는 한일 병합 조약 조인 일주일 뒤인 1910년 8월 29일, 일본 천황이 조약의 법적 효력을 공포하기 위해 내린 조서이다. 여기에는 일본 천황의 어새가 찍혀 있고 천황의 본명 '睦仁(무쓰히토)'라는 자필 서명이 있다. 반면에 우리 측(왼쪽) 순종 황제의 칙유에는 행정상 결재 때 찍는 '칙명지보'라는 도장만 찍혀 있을 뿐, 순종의 본명인 '이척(李坧)'이 자필로 서명되어 있지 않다. 이는 순종 황제가 병합 조약에 끝까지 반대하여 공포를 재가하지 않았음을 반증한다.

이재순·이지용 등 왕실의 친척, 윤덕영·윤택영 등 순종비 친정 식구, 그리고 왕실의 부마였던 박영효와 민영준·민병석·민영달 등 민씨 척족, 이완용·이하영·박제순·이근택·한규설·홍순형·민영달·조경호·윤용구 등 고위 관료, 개화파 중에서는 김윤식·조희연·유길준, 일진회의 송병준 등이 작위를 받았습니다. 이 가운데 한규설·유길준·홍순형·김석진·민영달·조경호·조정구·윤용구는 작위를 반납했습니다.

이렇게 대한제국은 세상에 나온 지 13년 만에 역사 속으로 사라졌습니다. 일제 강점기 동안 한국민들은 다시 국권을 회복하기 위해 36년이라는 시간을 견뎌야 했습니다. 일제 총독부 치하에서, 혹은 만주나 연해주, 때로는 중국 대륙을 떠돌며 독립을 부르짖어야 했습니다.

# 근대 편을 마치며

《아! 그렇구나 우리 역사》 근대 편이 드디어 세상에 나오게 되었습니다. 몇 년 동안 고민도 많이 했고 또 마지막 순간에 우여곡절도 있었지만, 이렇게 어엿한 모습으로 만나게 되어 기쁩니다. 우리 역사에서 근대는 어떤 시기일까요? 다른 나라의 근대와 우리나라 근대는 무엇이 다르고, 또 같은 점은 무엇일까요? 이 책에서는 무엇보다도 이런 점들을 고민하며 글을 풀어 갔습니다.

흔히들 한국의 근대는 실패와 좌절의 역사라고 말합니다. 서양보다, 아니 이웃 나라 일본보다도 한발 늦게 근대화를 시작해서 열심히 따라잡으려 노력했지만, 결국은 실패하고 일본의 식민지가 되었기 때문이겠지요. 하지만 실패의 역사라고 해서 외면만 하거나 애써 모른 척해서는 역사로부터 아무것도 배울 수 없습니다. 무엇이 실패의 원인이었는지 꼼꼼히 따져 보아야 다시는 그런 실수가 되풀이되지 않겠지요. 또 우리나라 근대 역사에서 꼭 어두운 면만 볼 필요도 없습니다. 실패와 좌절 속에서도 새로운 시대를 준비하는 희망이 싹트고 있었으니까요.

자, 그럼 문호 개방 앞에 선 우리나라 사람들이 각각 어떤 생각을 가지고 있었는지 정리해 볼까요? 먼저 위정 척사 세력은 물밀듯 들어오는 서양 문물 앞에서 원래의 사회 질서를 그대로 지켜야 한다고 생각했습니다. 이들은 외세의 침략을 막아 내는 데 앞장섰지만, 새로운 세상을 만들어 나갈 능력은 조금 부족했습니다. 이들 양반 유생층은 자기 재산을 모두 털어 농민층과 함께 의병 항쟁을 하고 일제 강점기에는 독립군 활동에도 나섰지만, 여전히 구시대에 대한 미련을 버리지 못했습니다.

한편 개화 세력은 나라 밖 세상이 어떻게 돌아가는지에 관심이 깊었습니다. 하지만 그들은 조급하게 갑신정변을 서두르다가 일을 그르치고 말았습니다. 갑오개혁으로 다시 기회를 잡았지만, 역시 외세인 일본의 힘을 빌려 근대 국가를 만들려고 하는 한계를 보였습니다. 때문에 당시 농민층의 신뢰를 얻지 못했지요. 독립협회 단계에 가서 일반 민중과 함께 대중 집회에 나서지만, 여전히 민중을 완전히 신뢰하지는 못했습니다.

그럼 동학 농민군 세력은 어떤가요? 어느 나라에서나 근대로 넘어가는 시기에 농민 세력의 운명은 비극적이라고 합니다. 낡은 봉건 시대의 사슬을 끊는 역할은 농민 세력에게 맡겨지지만, 정작 새로운 근대 세상을 이끌어 갈 임무는 개화 세력이 가져가기 때문이지요. 우리나라 동학 농민군도 결국 서울로 가는 우금치 고개를 넘지 못하고 좌절했습니다. 게다가 우리 농민군은 관군이 아니라 외세인 일본군에 의해 진압되었기에 그 비극은 한층 더 깊습니다.

다음은 대한제국을 선포한 고종 황제입니다. 원래 봉건 왕조 시대의 임금은 새로운 근대 세상이 열리면 뒷자리로 물러나 형식적으로 왕의 자리만 지키거나, 아니면 아예 왕조가 없어지고 국민들이 지도자를 선거로 뽑는 공화정으로 넘어갑니다. 물론 두 번째 예는 아주 드물지요. 그런데 우리나라에서는 왕조 권력을 대신할 새로운 정치 세력, 그러니까 개화 세력이 실패하는 바람에 다시 봉건 군주가 전면에 나서게 되었지요. 하지만 왕조 권력을 지키면서 근대 문물을 받아들이려는 노력은 모두 실패로 끝납니다. 일제가 대한제국을 식민지로 병합해 버렸기 때문이지요.

이렇게 우리나라 근대의 각 세력들은 모두 조금씩 한계를 지니고 있었습니다. 어떤 세력이 나서서 리더십을 발휘하여 다른 세력들을 이끌어 가며 근대 국가를 만들어 냈어야 하는데 그러지 못했지요. 여기에는 당시 우리나라를 둘러싼 국제 환경, 특히 호시탐탐 한반도 진출을 노리던 일본의 침략 야욕도 한 원인을 제공했습니다. 그러나 외세 침략을 막아 내지 못한 것 역시 우리 책임이라고 한다면, 우리나라가 일본의 식민지가 된 원인을 알아보는 일이 바로 《아! 그렇구나 우리 역사》 근대 편의 가장 큰 과제라고 하겠습니다.

이 책을 읽고 나서 위의 질문에 대한 대답을 얼마만큼이나 얻었을까요? 쉽지 않았을 것입니다. 이 시기를 20년 이상 연구해 온 필자 역시 아직 확실한 답을 찾지 못했으니까요. 다만 시시각각 조여 오는 외세의 국권 침탈 과정에서 우리나라 사람들이 각각 어떻게 고민하고 어떻게 대응했는지, 그 실상들을 조금 들여다봤을 뿐이지요. 사그라드는 왕조 질서를 뒤로 한 채 어떤 세력이 중심이 되어 근대 세계를 만들어 나가고 있었는지 앞으로 더 꼼꼼히 관찰하고 들여다볼 생각입니다.

독자 여러분이 우리나라 근대사를 이해하는 데 이 책이 조금이라도 도움이 되었기를 기대해 봅니다. 또 개인적으로는 고등학생인 큰아이 아라가 그동안 학교에서 배운 우리나라 근대사를 다시 한 번 정리할 수 있는 계기가 되기를, 중학생인 막내 유원에게는 이 책이 한국사 공부의 길잡이가 되기를 기대하며 글을 마칩니다.

2012년 정초에
글쓴이 서영희

# 근대 편 연표

★ 우리나라 역사 연표는 국사편찬위원회 자료를 참고 했습니다. 1895년까지 해당하는 우리나라 역사 연 표만 음력 기준이고, 나머지는 모두 양력입니다.

| 우리나라 역사 | 세 계 사 |
|---|---|
| | 1863. 1 미국 링컨 대통령, 노예 해방 선언. |
| | 7 미국 남북 전쟁. |
| 1863. 12 철종 붕어. 대왕대비 조씨의 전교로 흥선군 이하응의 둘째아들 명복(命福)이 즉위. 흥선 군 이하응을 흥선대원군으로 봉작함. 고종, 창덕궁 인정문에서 즉위식 거행. | |
| 1864. 1 대원군, 북인과 남인 등 인재를 고루 등용함. | 1864. 1 프로이센 · 오스트리아, 덴마크 침입. |
| 3 홍문관, 강독 책자로 《소학》 채택. 동학교조 최제우, 혹세무민 죄로 대구 감영에서 처형됨. | |
| 4 철종의 장례식을 거행(예릉-고양군). | 7 태평 천국 멸망. |
| 8 서원의 악습을 엄금시킴. | 9 런던에서 국제 노동자 협회(1인터네셔널) 창 |
| 10 전년 흉작으로 국결 납부가 안 된 읍에 대해 납부 가능 기한을 조사 보고토록 함. | 립. 제네바 조약 체결. |
| 1865. 1 남종삼, 대원군에게 러시아를 막기 위해 프 랑스 선교사를 만나 보라고 건의. 일이 여의 치 않자, 대원군은 프랑스 선교사 베르뇌·브 르트니에르·볼류·도리 및 남종삼·홍봉주 등 을 처형. | 1865. 오스트리아 생물학자 멘델, 《식물의 잡종에 관한 연구》에서 유전의 법칙 발표. |
| 3 경복궁 중건 공사장 화재 발생. 가건물 800여 간과 목재가 소실. 대왕대비, 민치록의 딸을 왕비로 정함. | 4 미국 대통령 링컨, 암살당함. |
| | 5 남군 항복으로 미국의 남북 전쟁 종결. |
| 7 엠페러호, 통상 요구 거절당하자 퇴각. 리델 주교, 대원군 박해를 피해 중국 스프로 탈출. 프랑스 신부 9명이 처형된 사실을 프랑스 함대 사령관 로즈에게 전보. 제너럴 셔면호, 평양 정박. 평양 관민, 셔어면호를 공격하여 반각도 까지 퇴각시킴. 제너럴 셔어면호, 대동강을 거 슬러 올라왔다가 평양 군민에 의해 불태워짐. | 1866. 도스토예프스키, 《죄와 벌》 완성. |
| | 6~7 프로이센·오스트리아 전쟁. |
| | 8 오스트리아 항복(프라하 조약). |
| 1866. 9 프랑스 함대, 강화도 갑곶진 점령. 이후 강 화부를 점령하고 방화 약탈을 자행. 프랑스 함대 사령관 로즈, 정부에 프랑스 신부 살해 주모자 엄징을 요구(병인양요). | |
| 10 프랑스군 정족산성을 공격, 양헌수 500여 군 사로 격퇴. 프랑스군, 다량의 서적과 문화재 를 약탈하여 강화도에서 철수. | |
| 11 금위영에서 당백전을 주조케 함. | |

12 당백전, 구전인 상평통보와 2대 1의 비율로 통용키로 함.

1867. 1 미국 슈펠트 함장, 대동강 어귀에 정박. 셔어 먼호 사건 해명을 요구.
2 서울 각 성문에 통과세 부과.

4 당백전 주조를 철폐.
11 경복궁 근정전, 경회루가 완성됨.

1868. 2 대원군 1냥 이내는 엽전을, 1냥 이상은 당백 전을 사용하도록 함(당백전 유통 강화).
4 독일 상인 오페르트, 덕산의 남연군 묘 도굴.
9 대원군, 사액 서원을 제외한 서원 철폐.

1869. 3 전라도 광양현에서 민란 발생.

7 대원군 8도, 4도에 원납전 납입을 독촉.
1870. 2 일본국 대표 부산에서 국교 교섭 재개.
5 일본국 주재 독일 공사 브란트가 탑승한 군 함 헬타호 부산에 내항.
9 대원군, 서원 철폐 지시.
12 세자, 세손의 묘호를 원(園)으로 고침.
1871. 1 서원을 청주로, 공충도를 충청도로 개칭.

3 사액 서원 47개 처 제외한 모든 서원을 철폐.
4 아시아 함대 사령관 로저스, 군함 5척을 이끌 고 통상 요구차 남양부 풍도에 도착(신미양요).
9 경상도 면농의 흉작으로 군포의 일부를 전으 로 대납케 함.
12 진주민란 주모자 이필제, 정기현 등을 처형.

1872. 2 김옥균, 알성문과 장원 급제.
영혜옹주 부마를 박영효로 정함.
4 경복궁 북문 신무문(神武門)의 개건을 명함.
6 초량 왜관을 철폐하고 일시 국교 단절.
9 경복궁 준공.
1873. 1 등과 후 10년이상 자는 6품직에 임용토록 함.
내탕전 1만 냥, 개성부에 지급.

1867. 스웨덴 화학자 노벨, 다이너마이트 발명. 미 국, 러시아에게 알레스카를 720만 달러에 구 입. 프랑스, 멕시코 원정 실패. 마르크스, 《자본론》 1권 발간. 메이지 천황 즉위.
5 룩셈부르크가 영세 중립국이 됨(런던 조약).

1869. 톨스토이, 《전쟁과 평화》 완성. 일본, 메이 지 시대(~1912) 시작.
5 미국, 대륙 횡단 철도 완성.
10 수에즈 운하 완성(1859~).
1870. 이탈리아군 로마 점령, 반도 통일 완성.
7 프랑스·프로이센(보불) 전쟁(~1871. 5)

9 스당 함락. 나폴레옹 3세 항복.

1871. 프로이센 왕 빌헬름 1세, 베르사유 궁전에서 독일 제국 재건 선포. 고고학자 슐리만, 트 로이 유적 발굴(~1873).
3 파리 코뮌 성립.
5 프랑크푸르트 조약으로 보불 전쟁 종결.

1872. 이탈리아 통일을 이끈 마치니 사망.
영국, 수마트라를 포기하고 네덜란드가 섬 을 정복(수마트라 조약).

1873. 비스마르크, 가톨릭 교도 억압을 위해 문화 전쟁 시작. 1차 프랑스·베트남 전쟁. 수마트 라의 아체인, 네덜란드에 저항했으나 패함 (아체전쟁).

6 평안도, 함경도, 황해도 일대에 폭우로 가옥 6857호가 유실.

10 동부승지 최익현, 대원군을 배척하는 내용의 시정 폐단 상소.

11 최익현, 재차 상소하여 대원군의 하야를 주장. 국왕, 친정 선포, 대원군 실각, 민씨 일파의 세도 정치 시작.

12 경복궁 순희당에서 화재 발생, 364간 소실. 국왕, 자경전 실화로 창덕궁에 이어.

1874. 1 호조의 재정 부족으로 경복궁 공사 중단. 서울의 물가 폭동으로 각 도 매점 금지.

2 원자(순종)의 탄생으로 죄인들을 사면 석방. 김옥균, 홍문관 교리에 임명.

7 만동묘 중건 완료.

10 영의정 이유원의 건의로 물가 앙등 억제 조절보다는 시세에 일임하기로 결정.

11 병조판서 민승호 일가족 폭사.

12 한성부, 전국 호수는 159만 3728호, 남 325만 5482명, 여 331만 7938명임을 보고.

1875. 1 일본 외무성 이사관 모리야마, 새로운 서계(書契)를 가지고 동래부에 도착.

2 민씨 정권, 모리야마 일행을 접대하고 외교 문서 격식의 재토 결정. 제주도에 유배된 최익현 석방. 왕세자의 책례(冊禮) 거행.

4 울산 민란, 발생. 일본 군함 운요호 등 3척, 부산에 입항.

5 경복궁 삼전각 중건 공사로 개인집 토목 공사 금지 명령. 고종, 경복궁으로 옮김.

8 운요호, 강화도에 침입하였으나 수군의 반격으로 격퇴당해 영종도에서 함포 사격. 기재를 파괴함(운요호 사건).

1876. 1 일본 군함 7척, 경기 해안 정박. 강화에서 조·일 수호 조규 체결을 위한 회담 시작. 최익현, 척사소 올리고 강화 조약 교섭을 반대하여 흑산도 유배.

2 조·일 수호 조규 조인. 김기수를 일본 수신사에 임명.

6 수신사 김기수가 국왕에게 귀국 보고.

10 독·오·러 3제 동맹 성립.

1874. 영국 탐험가 스탠리, 아프리카 대륙 탐험.
독일 정부, 올림피아 유적 발굴.
일본, 대만 침략.

3 프랑스·베트남 2차 사이공 조약 체결.

1875. 프랑스 화가 밀레 사망.
독일 사회주의 노동당 결성.

11 영국, 이집트의 수에즈 운하 사들임.

1876. 과학자 벨, 전화기 발명. 영국·프랑스가 이집트 재정을 공동 관리.

5 독·오·러 발칸 문제 조정안으로 베를린 각서 작성.

7 발칸 전쟁 발발.

11 경복궁 화재로 830여 간 소실.

12 부산항 일본인 거류지 조차 조약 조인.

1877. 5 동래 부사 홍우창이 곤도 신스케와 조·일 표
류선 취급 협정 조인.

8 일본 대리 공사 하나부사 부산 도착(10월 입경
하여 일본 사신의 주경 기한과 2개 항 개항장 선정
문제를 협의했으나 회담 실패, 귀국).

1878. 6 일본 제일은행이 부산에 지점 설치.

8 부산항 수출입 화물의 과세를 위한 세목, 통
행 규칙을 정함.

9 부산 두모진에 세관을 설치하자, 조·일 수호
조규에 위배된다고 일본 측이 동래부에 철폐
를 요구.

11 일본 대리 공사 하나부사가 부산에 해병을
상륙시켜 군사 시위. 일본 상인, 동래부에 난
입하여 세관 철폐 요구. 정부, 무력 시위에
굴복하여 부산 세관의 수세를 중지.

1879. 5 일본 공사가 요구한 일본 화폐 통용, 등대 설
치 허가. 하나부사에게 원산 개항을 허가하
고 인천 개항은 거절함.

7 청의 북양 대신 리훙장이 조선에서의 일본과
러시아 세력 견제를 위해 서양 제국과의 통상
권고. 원산 개항.

1880. 3 2차 일본 수신사에 예조참의 김홍집 임명.

8 김홍집 일행 귀국. 김홍집 귀국 보고시 청 외
교관 황쭌셴이 쓴 《조선책략》을 왕에게 바침.

9 밀사 이동인 일본에 파견하여 주일 청국 공
사 허루장에게 대미 수교 알선을 부탁.

12 정부 조직 대폭 개편. 삼군부 폐지. 통리기무
아문을 설치하고 군국기무를 총령케 함.

1881. 1 박정양, 어윤중, 조준영, 홍영식 등을 신사유
람단에 임명, 일본에 파견.

4 별기군 창설. 일본 공병 소위를 초빙하여 신
식 훈련 실시.

5 고종, 전국에 척사윤음 반포.

12 터키, 제헌 헌법 공포.

1877. 에디슨, 축음기 발명. 영국 빅토리아 여왕,
인도 황제로 즉위하면서 인도 제국(~1947)
성립. 러시아 · 투르크 전쟁(~1878).

1 영국, 인도 제국 선언.

4 러·터 전쟁 발발.

1878. 1 러·터 휴전 협정. 일본 육군사관학교 개설.

7 루마니아 독립(베를린회의).

1879. 에디슨, 필라멘트를 이용한 전구 발명. 노르
웨이 극작가 입센, 《인형의 집》 완성.

10 청·러, 이리 조약 조인.

1880. 3 일본, 동경외국어학교에 조선어학과 설치.

1881. 루마니아 왕국 성립. 프랑스, 튀니지 침입.

2 파나마 운하 공사 시작.

3 러시아 황제 알렉산더 2세 암살당함.

6 비스마르크 주도, 독·오·러 3제 동맹 성립.

10 일본 자유당 결성.

9 영선사 김윤식, 신식 무기 제조 학습을 위해 유학생을 이끌고 청국에 감.

1882. 4 조·미 수호 통상 조약 조인.

5 조·독 수호 조약 체결.

6 무위영 군병들의 폭동. 군민들이 경기 감영, 포도청, 의금부, 고위 관료의 집, 일본 공사관, 별기군 습격(임오군란). 대원군이 왕명으로 입궐하여 재집권. 김윤식과 어윤중이 청국에 난군 진압 요청.

7 청군, 대원군을 납치, 천진으로 호송.

8 조·중 상민 수륙 무역 장정 체결(치외법권, 어선 왕래 규정 포함).

1883. 1 인천항 개항. 태극기를 국기로 정함.

6 김옥균, 차관 교섭차 일본행.

9 다케조에 신이치로, 총세무사 묄렌도르프와 비밀 교섭하여 인천, 부산, 원산 등의 해관세 수세 업무를 일본 제일은행 각 지점에 위탁하는 계약 체결.

10 일본 제일은행, 인천에 출장소 개설.

1884. 1 일본 제일은행과 개항장 해관세 취급 약정을 조인.

3 청국 상인, 내지통상 허용. 우정총국 창설.

5 조·이, 조·러 수호 통상 조약 체결.

10 김옥균, 박영효 등이 갑신정변을 일으킴.

11 일본 외무경 이노우에 가오루가 군함 3척을 이끌고 인천 도착. 한성 조약 체결.

1885. 3 영국 극동 함대, 거문도 불법 점령.

8 대원군, 청에서 귀국. 아펜젤러, 정동에 배재학당 설립.

10 위안스카이, 주차조선총리교섭통상사의로 부임. 대리 상무 위원을 인천, 부산, 원산에 파견하여 관세 징수 업무 장악(관세 징수권이 일본 제일은행에서 청으로 넘어감).

1886. 1 노비 세습제 폐지.

3 선교사 스크랜튼, 이화학당 설립.

5 조·불 수호 통상 조약 체결.

1882. 독일 의학자 코흐, 결핵균 발견.

5 독·오·이, 3국 동맹 성립.

6 이집트, 독립 운동 일어남.

1883. 1 이집트, 영국의 속령이 됨.

3 마르크스, 런던에서 사망.

11 청, 베트남에 대한 종주권 주장.

1884. 2 남아프리카공화국 성립

6 베트남을 놓고 ·프 전쟁 발발.

11 유럽 열강, 아프리카 분할 논의(베를린 회의).

1885. 3 후쿠자와 유기치, 〈탈아론〉 발표.

6 프랑스, 청과의 전쟁에서 이겨 강화 조약 체결.

12 일본 내각 제도 확립, 총리에 이토 히로부미.

1886. 1 영국, 3차 미얀마 전쟁 승리.

6 육영 공원 설립.

1887. 2 영국 군함 거문도에서 철수.
8 주한 일본 공사 곤도 신스케 부임.
9 언더우드, 새문안 교회 설립.
10 아펜젤러, 정동 교회 설립.

1888. 7 조·러 육로 통상 장정 조인, 경흥 개시.
10 주일 공사에 김가진 임명.

1889. 2 절영도 및 원산에 러시아 저탄소 설치 허가.

9 함경 감사 조병식, 흉년을 이유로 10월부터
1년 간 미곡을 일본으로 수출 금지(방곡령).
10 일본공사, 방곡령의 철폐와 손해 배상 요구.
조·일 통어 장정 조인.
12 정부, 함경 감사 조병식에게 방곡령 철폐 훈
령. 조병식은 이를 거부.

1890. 1 서울 시전 상인, 연좌 시위 및 철시 투쟁.
7 일본 공사, 용산 일본 상인 조차지 확정 요청.
12 미국과 월미도 기지 조차 계약 체결.

1891. 3 제주도에서 민란 일어남.

11 일본 공사, 함경도 방곡령에 손해 배상 14만
7000여 원 요구. 평양 일대 광산을 담보로 연
안 경비용 군함을 영국에서 구입키로 결정.

1892. 5 동경에서 조·오 수호 통상 조약 조인.
11 동학교도들, 전라도 삼례역에 모여 교조의
신원과 관리들의 교도 탄압 중지 진정.

1893. 1 일본 공사가 일본 상인에게도 영·미·청나라
사람들과 같이 상점, 가옥 등의 소유를 인정
해 주도록 요청.
2 동학교도 박광호, 손병희 등 40여 명이 교조
신원을 위해 광화문에서 3일 간 복합 상소.
3 동학교도 2만여 명이 충청도 보은과 전라도
금구에 모여 척왜척양의 기치를 들고 농성.

1894. 1 전라도 고부 군민들이 전봉준 영도 아래 고
부 관아 점령(동학 농민 전쟁 시작).
2 안핵사로 임명된 이용태, 고부 농민 탄압.
홍종우, 상하이에서 김옥균 암살.

1887. 1 미국, 하와이로부터 진주만 사용권 얻음.

10 프랑스령 인도차이나 연방 성립. 포르투칼,
청에게서 마카오 할양.

1888. 8 노르웨이 탐험가 난센, 그린란드 횡단.
12 청, 북양 해군 창설.

1889. 5 프랑스, 파리 만국박람회 개최.
7 제2인터내셔널 창립, 파리에서 메이 데이 결정.

11 브라질 공화국 수립.

1890. 네덜란드 화가 고흐 사망.

1891. 5 러시아 블라디보스토크에서 시베리아 철도
건설 기공식(1905년 완성).

1892. 6 미국의 철강 파업, 전국으로 확산.
11 쿠베르탱, 올림픽 부활 제창.

1893. 미국의 에디슨, 활동 사진 발명. 러시아 음악
가 차이코프스키 사망. 스웨덴 탐험가 헤딘,
중국·중앙아시아 1차 탐험.

5 영국에서 공황 일어남.
12 프랑스, 라오스를 보호령으로 함.

1894. 러시아의 마지막 황제 니콜라이 2세 즉위.

3 동학 농민군, 고부 백산에서 봉기.

4 전주 감영군과 보부상군, 황토현에서 농민군에게 대패. 농민군 전주성 점령(27일). 정부는 위안스카이를 통해 청에 원군 요청.

5 청군 2100명 아산만 상륙(5일). 일본군 인천 도착(6일). 전주화약(7일). 농민군 전주성에서 철수(8일).

6 일본 측, 내정 개혁안을 제시하며 조선의 내정 개혁 강요. 일본군 경복궁 침입(21일).

7 과거제 폐지, 1차 김홍집 내각 성립.　　　　　　7 청·일 전쟁.

8 청군, 평양에서 일본군에게 대패.

9 동학 농민군은 일본군 축출을 위해 각지에서 재봉기.

10 전라도 농민군, 북상하여 논산에 집결. 농민　　10 프랑스 장교 드레퓌스, 스파이 혐의로 체포
　군, 공주 전투에서 일본군·관군 연합군에게　　　됨. 일본, 압록강 건너 청 본토로 진격.
　패배(10. 22~11. 12).

11 군국기무처와 승정원을 폐지하고 중추원을 설치. 2차 김홍집 내각 성립.

12 전봉준이 순창에서 체포되어 서울로 압송됨.　　12 쑨원, 하와이에서 흥중회 결성.
　홍범14조 제정.　　　　　　　　　　　　1895. 2 청, 일본에 항복.

1895. 3 을미개혁 단행. 전봉준 등 동학 지도자 처형.　　4 청·일, 시모노세키 조약 조인.
　　　　　　　　　　　　　　　　　　　　　　　프·독·러, 일본에 랴오둥 반도 반환 요구.
　　　　　　　　　　　　　　　　　　　　　　5 일본, 랴오둥 반도 포기.
7 3차 김홍집 내각 성립.　　　　　　　　　　　6 일본, 타이완에 총독부 설치.

8 (음력)일본 군인과 낭인들, 경복궁에 난입하여 명성 황후를 시해함(을미사변).

9 태양력을 사용하기로 함. 1895년 11월 17일을 1896년 1월 1일로 함. 시해 사건에 관련된 훈련대 해산. 친위대, 진위대 창설.

11 단발령 단행. 연호 제정(건양 원년으로 함).　　12 뤼미에르 형제, 최초로 영화 상영.

1896. 1 강원도를 비롯한 전국 각지에서 의병 봉기(명성 황후 시해 및 단발령에 항거).

2 아관파천. 친일 개화 정권 몰락하고 친러 정　1896. 3 에티오피아군, 이탈리아군에게 격파됨.
　권 성립. 유인석 의병 한때 충주 점령. 충주
　방면에서 의병과 일본군, 격렬한 공방전.

4 미국인 헌트에게 운산 광산 채굴권을 허가.　　4 아테네에서 제1회 근대 올림픽 개최.
　러시아인에게 경원, 경성의 광산 채굴권 허
　가. 독일인 월터가 광산 채굴권 획득.

5 조선 문제에 관한 일·러 협정(베베르-고무라 각서).
7 안경수, 박정양, 서재필, 윤치호 등 30여 명 독립협회를 결성. 프랑스에 경의 철도 부설권 허가.
1897. 2 고종이 러시아 공사관에서 경운궁(덕수궁)으로 환궁함.
3 인천에서 경인철도 기공식.
7 목포와 진남포를 개항키로 결정.
10 목포, 진남포 개항. 황제 즉위식을 환구단에서 거행하고 국호를 대한제국으로 고침.
1898. 3 독립협회, 서울 종로에서 만민공동회 개최. 러시아인 재정 고문, 군사 교관의 철수와 러시아의 절영도 조차 철회 주장.
7 보부상들이 황국중앙총상회(나중에 황국협회)를 조직하여 독립협회에 대항.
9 경부 철도 부설권을 일본인에게 허가.
10 독립협회는 관민합작 만민공동회(관민공동회)를 종로에서 열고 헌의 6조를 상주.
1899. 1 일본의 경인철도 인수조합이 미국인 모스에게 경인철도 부설권 인수. 마산·군산·성진 항구 개항.
5 서대문-청량리 간 전차 개통.
8 전문 9조의 대한국국제 반포(양력 10월).
1900. 3 러시아에 마산포 조차 허용(거제도 협약). 미국인 모건이 평북 운산에 광산 사업소 설립. 영국에 은산 광산 채굴 허가.
4 일본 공사는 은율, 재령의 철광과 장연, 안산의 금광 및 사금광 채굴 허가 요청함(정부는 거절).
5 영국인 허치슨에게 은산 금광 채굴권 허가.
7 한강 철교 준공. 경인철도 완전 개통. 최초로 경인 간 시외 전화 개통. 용산에 조폐국 완성, 업무 개시.
10 간도 거류민들이 정부에 관리 파견을 요청. 일인 어업 구역을 전라, 경상, 강원, 함경도에서 경기도를 추가 허가.

6 청·러, 일본의 공격에 대한 공동 방위 밀약.
10 아디스 아바바 조약.
1897. 6 미국, 하와이 합병 조약 조인.
8 스위스에서 제1회 시오니스트 회의 열림.
1898. 3 러시아, 뤼순과 다렌 조차.
4 미국.스페인 전쟁 시작. 러·일, 니시·로젠 협정 조인.
6 영국, 구룡 반도 조차. 청 광서제, 변법자강 선포. 필리핀 독립 운동가 아기날도, 독립 선언.
9 청 서태후, 무술정변으로 정권 장악.
12 미국, 스페인과 전쟁에서 이겨 필리핀 획득.
1899. 1 영국·이집트 협정.
7 제1차 헤이그 평화회의 개최.
9 의화단의 난.
10 보어 전쟁 시작.
1900. 5 일본 도쿄에서 전차 운전 시작.
8 서구 열강, 의화단 난으로 베이징 점령.
11 러시아, 하얼빈-여순 간 철도 부설권 얻음.
12 의화단의 난 진압됨.

11 일본의 미쓰이 물산에 관삼(官蔘) 위탁 판매 허가.

1901. 1 미국 특명 전권 공사에 이용태가 임명됨.

2 신식 화폐 조례 공포(금본위제 채택).

3 벨기에와 수호 통상 조약 조인.

5 정부는 일본의 요구에 따라 방곡령 등으로 인한 손해배상 11만 원의 6개년부 지불 약속. 마산, 일본 특별 거류지 설정을 발표.

9 일본 제일은행에서 조세를 담보로 50만 원 차관.

10 방곡령 해제 공포. 정부 전복 음모 사건에 연루된 활빈당원 하원홍, 엄주봉 등 9명 참형.

1901. 1 오스트리아 연방 성립.

9 미국 대통령 매킨리 암살당함.

11 리홍장 사망. 미국, 파나마 운하 건설 및 관리권 획득.

12 앙리 뒤낭, 뢴트겐 등 1회 노벨상 수상자로 선정.

1902. 3 내장원경 이용익이 사주전을 엄금하고 백동화를 각 지방에까지 통용시키고자 화폐 교구책 상소.

5 일본 제일은행, 1원 권을 조선에서 발행하여 유통시킴. 마산에 70만 평을 일본 거류지로 허가. 이범윤을 북간도 시찰원으로 파견.

7 덴마크와 수호 통상 조약 체결. 프랑스 공사는 1901년에 있었던 제주도 교민 충돌 사건에 대한 배상 요구.

8 일본 제일은행 발행 수표의 통용을 실시.

9 원수부(元帥府)는 10월 16일까지 단발을 명함. 서울 미곡상들이 납세 거부하며 철시.

12 1차 하와이 이민 100여 명 출발.

1902 영·일 동맹 체결.

5 영국, 보어 전쟁 승리. 쿠바 공화국 성립.

1903. 2 일본 제일은행권의 대량 통용으로 우리나라 화폐 가치 폭락. 한성 판윤 장화식이 일본 제일은행권 유통 금지령 공포(8일 만에 해제). 러시아 공사가 경의선 부설권을 요구.

4 일본 미쓰이 물산에서 구입한 군함 양무호 인천 압항. 미쓰이 물산과 관삼(官蔘) 위탁 판매 계약 체결.

5 러시아군 1만 2000명, 의주 부근에 진주.

7 러시아, 용암포-안동 간 전선 가설. 용암포 조차 요구.

1903 파나마 공화국 성립. 프랑스 화가 고갱 사망. 독일, 바그다드 철도 사업 시작.

6 미국 포드 자동차 회사 설립.

7 2회 러시아 사회민주노동당 대회, 볼셰비키와 멘셰비키로 분열.

10 미국과 캐나다, 알래스카 국경 확정.

12 미국인 콜브란·보스트위크가 서울 상수도 시설에 관한 특허 획득.

1904. 1 러·일 전쟁 시 대한제국의 전시 중립 선언.

2 러·일 전쟁 시작. 일본은 한·일 의정서 초안을 이지용에게 전달. 한·일 의정서 체결에 반대한 탁지부 대신 이용익 일본으로 압송. 한·일 의정서 조인.

3 일본군, 경의선 공사 강제로 착공(용산-마포). 용암포 개항.

4 일본, 대한제국에 주차 사령부 설치.

5 한·러 조약 폐지됨.

6 일본 공사, 대한제국 영토의 1/4에 해당하는 황무지 개척권 요구. 일본인에게 충청, 황해, 평안도 연안의 어업권을 특허함. 금산에서 경부 철도 공사중인 한·일 노동자 충돌.

8 일본 공사, 내정 개혁안 제시. 1차 한·일 협약 조인.

9 이용구, 송병준 등이 유신회와 진보회를 통합하여 일진회 조직. 이준, 이상재, 이동휘 등 보안회를 해체하고 협동회 조직.

10 일본 육군대장 하세가와 요시미치, 한국 주차사령관 임명.

1905. 1 일본 헌병, 서울 및 부근의 치안 경찰권 장악. 경무청, 고등 경찰 제도를 실시. 일본 화폐의 무제한 유통 허용. 경부 철도 개통.

2 일본은 독도를 강탈하여 죽도라 하고 시마네 현에 편입. 서울 상인들, 일본 상인의 종로 진출 금지를 경무청에 요구.

3 고종, 일본 견제를 호소하는 밀서를 상하이 러시아 소장 데시노에 전달.

4 통신권 박탈. 친위대 폐지, 대한제국 군대 축소.

7 일본, 백동화 교환 등 화폐 정리에 착수.

9 이용익, 보성전문학교(고려대학교 전신) 설립.

10 일본에 관세 사무 인계. 고종, 힐버트를 통해 일본의 불법적인 국권 침탈을 미국에 호소.

11 을사조약 강제 체결. 장지연, 《황성신문》에 〈시일야방성대곡〉 발표. 민영환 자결.

---

12 라이트 형제, 동력 비행 최초 성공.

1904. 2 러·일 전쟁 발발.

4 영·프 협상 조인, 이집트와 모로코에 대한 상호 권익 승인.

1905. 미국에서 세계 산업 노동자 동맹(IWW) 성립.

1 상트 페테르부르크 겨울 궁전 광장에서 러시아 차르 군대가 노동자를 살해(피의 일요일).

5 일본, 동해에서 러시아 발틱 함대 격파.

7 미·일 〈가쓰라-테프트〉 밀약 체결.

8 2차 영·일 동맹 체결. 쑨원, 도쿄에서 중국혁명동맹회를 결성하고 삼민주의 제창.

9 러·일 포츠머스 강화 조약 체결.

12 러시아 각지에서 무장 봉기(1차 러시아 혁명).

## 사진 제공

## 참고 문헌

### 교양서

까를로 로제티, 《꼬레아 꼬레아니》 서울학연구소, 1996

교수신문 엮음, 《고종황제 역사청문회》 푸른역사, 2005

국사편찬위원회, 《한국사 37 서세동점과 문호개방》 탐구당, 2000

국사편찬위원회, 《한국사38 개화와 수구의 갈등》 탐구당, 1999

국사편찬위원회, 《한국사 39 제국주의 침투와 동학농민전쟁》 탐구당, 1999

국사편찬위원회, 《한국사 40 청일전쟁과 갑오개혁》 탐구당, 2000

국사편찬위원회, 《한국사41 열강의 이권침탈과 독립협회》 탐구당, 1999

국사편찬위원회, 1999 《한국사 42 대한제국》 탐구당

국사편찬위원회, 《한국사 44 갑오개혁 이후의 사회경제적 변동》 탐구당, 2000

국사편찬위원회, 《한국사45 신문화운동1》 탐구당, 2000

국사편찬위원회, 《한국사46 신문화운동2》 탐구당, 2000

멕켄지(신복룡 역), 《대한제국의 비극》 평민사, 1985

민영환 저(조재곤 역), 《해천추범-1896년 민영환의 세계일주》 책과함께, 2007

박노자, 《나를 배반한 역사》 인물과사상사, 2003

박노자 허동현 《열강의 소용돌이에서 살아남기》 푸른역사, 2005

서울대 정치학과 독립신문 강독회, 《독립신문 다시읽기》 푸른역사, 2004

알렌(김원모 역), 《알렌의 일기》 단대출판부, 1991

역사신문편찬위원회, 《역사신문4, 5》 사계절, 1996

전국역사교사모임, 《살아 있는 한국사 교과서 1, 2》 휴머니스트, 2002

조재곤 《그래서 나는 김옥균을 쏘았다》, 푸른역사, 2005

한국사편집위원회, 《한국사11 근대민족의 형성1》 한길사, 1994

한국사편집위원회, 《한국사 12 근대민족의 형성 2》 한길사, 1994

한국사편집위원회, 《한국사25 연표1》 한길사, 1994

한국사편집위원회, 《한국사26 연표2》 한길사, 1994

한국역사연구회, 《한국역사》 역사비평사, 1992

한국역사연구회, 《한국역사입문 근현대편》 풀빛, 1992

한영우, 《다시 찾는 우리 역사》 경세원, 1997

해링튼(이광린 역), 《개화기의 한미관계》 일조각, 1973

황현(김준 역), 《매천야록》 교문사, 1994

### 연구서

강재언, 《근대한국사상사연구》 한울, 1983

국립고궁박물관, 《대한제국-잊혀진 100년전의 황제국》 민속원, 2011

권석봉, 《청말대조선정책사연구》 일조각, 1986

김도형, 《대한제국기의 정치사상연구》 지식산업사, 1994

김원모 편저, 《근대한국외교사년표》 단대출판부, 1984

김호일 엮음, 《대한제국인 안중근》 안중근의사숭모회, 2010

나카츠카아키라(박맹수 역), 《1894년 경복궁을 점령하라》 푸른역사, 2002

모리야마시게노리(김세민 역), 《근대한일관계사연구-조선식민지화와 국제관계》, 현음사, 1994

박종근(박영재 역), 《청일전쟁과 조선》 일조각, 1988

박찬승, 《한국근대정치사상사연구》 역사비평사, 1991

서영희, 《대한제국정치사연구》 서울대학교 출판부, 2003

송병기, 《근대한중관계사연구》 단대출판부, 1985

신용하, 《독립협회연구》 일조각, 1976

오영섭, 《고종황제와 한말의병》 선인, 2007

왕현종, 《한국 근대국가의 형성과 갑오개혁》 역사비평사, 2003

유영익, 《갑오경장연구》 일조각, 1990

연갑수, 《대원군집권기 부국강병정책연구》 서울대 출판부, 2001

연갑수, 《고종대 정치변동 연구》 일지사, 2008

이광린, 《한국 개화사의 제문제》 일조각, 1986

이광린, 《개화파와 개화사상 연구》 일조각, 1989

이광린, 《개화기의 인물》 연세대학교 출판부, 1993

이성환 이토 유키오 편저, 《한국과 이토 히로부미》 선인, 2009

이태진, 《일본의 대한제국 강점》 까치, 1995

이태진, 《고종시대의 재조명》 태학사, 2000

이태진 편저, 《한국병합 성립하지 않았다》 태학사, 2001

이태진, 《동경대생에게 들려준 한국사》 태학사, 2005

이태진 외, 《100년 후 만나는 헤이그 특사》 태학사, 2008

이태진 외, 《영원히 타오르는 불꽃-안중근의 하얼빈 의거와 동양평화론》 지식산업사, 2010

정성화 외, 《러일전쟁과 동북아의 변화》 선인, 2005

최기영, 《한국 근대 계몽운동 연구》 일조각, 1997

최덕수 외, 《조약으로 본 한국근대사》 열린책들, 2010

최문형, 《제국주의 시대의 열강과 한국》 민음사, 1990

최문형 외, 《명성황후 시해사건의 진실을 밝힌다》 민음사, 2002

한국사연구회 편, 《근대 국민국가와 민족문제》 지식산업사, 1995

한국역사연구회, 《1894년 농민전쟁연구 1-농민전쟁의 사회경제적 배경》 역사비평사, 1991

한국역사연구회, 《1894년 농민전쟁연구 2-18 · 19세기의 농민항쟁》 역사비평사, 1992

한국역사연구회, 《1894년 농민전쟁연구 3-농민전쟁의 정치 · 사상적 배경》 역사비평사, 1993

한국역사연구회, 《1894년 농민전쟁연구 4-농민전쟁의 전개과정》 역사비평사, 1995

한국역사연구회, 《1894년 농민전쟁연구 5-농민전쟁의 역사적 성격》 역사비평사, 1996

한국정치외교사학회 편, 《국치 100년, 국권 상실의 정치외교사적 재조명》 선인, 2012

한상일, 《일본제국주의의 한 연구-대륙랑인과 대륙팽창》 까치, 1980

한영우, 《대한제국과 명성황후》 효형출판, 2002

한영우 외, 《대한제국은 근대국가인가》 푸른역사, 2006

한철호, 《친미개화파연구》 국학자료원, 1998

현광호, 《대한제국의 대외정책》 신서원, 2002


연구 논문

강상규, 〈고종의 대내외 정세인식과 대한제국 외교의 배경〉 《대한제국은 근대국가인가》 푸른역사, 2006

권태억, 〈1904~1910년 일제의 한국침략 구상과 '시정개선'〉 《한국사론》 31, 1994

권태억, 〈통감부 설치기 일제의 조선 근대화론〉 《국사관논총》 53, 2001

권태억, 〈일제의 한국 강점 논리와 그 선전〉 《한국독립운동사연구》 37, 2010

구대열, 〈한일합방과 국제관계〉 《한국 국제관계사연구1》 역사비평사, 1995

김기석, 〈광무제의 주권수호 외교, 1905~1907: 을사늑약 무효선언을 중심으로〉 《일본의 대한제국 강점-"보호조약"에서 "병합조약"까지》 까치, 1995

김기정, 〈1901~1905년간의 미국의 대한정책 연구〉(1), (2) 《동방학지》 66·80, 1990·1993

김도형, 〈일제침략 초기(1905~1919) 친일세력의 정치론 연구〉 《계명사학》 3, 1992

도면회, 〈정치사적 측면에서 본 대한제국의 역사적 성격〉 《역사와 현실》 19, 1996

도면회, 〈황제권 중심 국민국가체제의 수립과 좌절(1895~1904)〉 《역사와 현실》 50, 2003

서영희, 〈1894~1904년의 정치체제 변동과 궁내부〉 《한국사론》 23, 1990

서영희, 〈개항기 봉건적 국가재정의 위기와 민중수탈의 강화〉 《1894년 농민전쟁연구 1》(한국역사연구회 편) 역사비평사, 1991

서영희, 〈개화파의 근대국가 구상과 그 실천〉 《근대국민국가와 민족문제》 (한국사연구회 편) 지식산업사, 1995

서영희, 〈일제의 한국 보호국화와 통감부의 통치권 수립과정〉 《한국문화》 18, 1996

서영희, 〈러일전쟁기 대한제국 집권세력의 시국대응〉 《역사와현실》 25, 1997

서영희, 〈광무개혁의 추진〉 《역사와현실》 26, 1997

서영희, 〈개화정책의 추진세력〉 《한국사》 38(국사편찬위원회), 1999

서영희, 〈대한제국의 종말〉 《한국사》 42(국사편찬위원회), 1999

서영희, 〈명성왕후 연구〉 《역사비평》 통권 57, 2000

서영희, 〈명성왕후 재평가〉 《역사비평》 통권 60, 2002

서영희, 〈국가론적 측면에서 본 대한제국의 성격〉 《대한제국은 근대국가인가》 푸른역사, 2006

서영희, 〈한청통상조약 이후 한중외교의 실제와 상호인식〉 《동북아역사논총》 13, 2006

서영희, 〈을사조약 이후 대한제국 집권세력의 정세인식과 대응방안〉 《역사와 현실》 66, 2007

서영희, 〈대한제국의 빛과 그림자-일제의 침략에 맞선 황제전제체제의 평가문제〉 《한국사시민강좌》 40, 2007

서영희, 〈국민신보를 통해 본 일진회의 합방론과 합방정국의 동향〉 《역사와현실》 69, 2008

서영희, 〈고종황제의 외교전략과 제2차 만국평화회의 특사 파견〉 《100년후 만나는 헤이그 특사》 태학사, 2008

서영희, 〈한국 근대 동양평화론의 기원 및 계보와 안중근〉 《영원히 타오르는 불꽃-안중근의 하얼빈 의거와 동양평화론》 지식산업사, 2010

서영희, 〈한국 근대국가 형성기 왕권의 위상과 일본의 궁내성제도 도입이 미친 영향〉 《한일근대국가 수립과 한일관계》 경인문화사, 2010

서영희, 〈대한제국 외교의 국제주의 전략과 일본의 병합추진 배경〉 《동아시아의 역사서술과 평화》 동북아역사재단, 2011

신용하, 〈19세기 한국의 근대국가 형성문제와 입헌공화국 수립운동〉 《한국 근대국가 형성과 민족문제》 문학과지성사, 1986

윤병석, 〈'을사5조약'의 신고찰〉 《국사관논총》 23, 1991

이민원, 〈대한제국의 성립과정과 열강과의 관계〉 《한국사연구》 64, 1989

이민원, 〈대한제국의 역사적 위치〉 《충북사학》 11 · 12, 2000

이상찬, 〈일제침략과 황실 재산 정리〉 《규장각》 15, 1992

이상찬, 〈을사조약과 병합조약은 성립하지 않았다〉 《역사비평》 31, 1995

이윤상 〈대한제국기 국가와 국왕의 위상제고사업〉 《진단학보》 95, 2003

이윤상 〈대한제국의 경제정책과 재정상황〉 《대한제국은 근대국가인가》 푸른역사, 2006

조재곤, 〈대한제국기 군사정책과 군사기구의 운영〉《역사와 현실》 19, 1996

조항래, 〈내전양평의 한국병탄행적〉《국사관논총》 3, 1989

주진오, 〈독립협회의 경제체제개혁 구상과 그 성격〉《한국민족주의론 3》 창작과비평사, 1985

주진오, 〈개화파의 성립과정과 정치사상적 동향〉《1894년 농민전쟁연구3》(한국역사연구회 편) 역사비평사, 1993

주진오, 〈한국 근대국민국가 수립과정에서 왕권의 역할(1880~1894)〉《역사와 현실》 50, 2003

Frederic A. Sharf, 〈Edward Sylrester Morse : An American Abroad, 1882~1883〉《The Korean Collection on the Peabody Essex Museum》, 1997

Frederic A. Sharf, 〈Yu Kil-Chun : A Korean Abroad, 1881~1885〉《The Korean Collection on the Peabody Essex Museum》, 1997